ヒューマン・ディベロップメント

青柳 肇・野田 満 ◉編
AOYAGI Hajime & NODA Mitsuru

ナカニシヤ出版

まえがき

　発達心理学は，他の心理学と大きく異なるところがあります。
　他の心理学のように人間行動を人間と環境の各々の要因とその相互作用や文脈からだけで理解しようとするのではありません。それに加えて，時間の要因を取り入れて検討していくところに他の心理学と異なる特徴があります。同時に，人間生活に役立つものでなければなりません。実験心理学をはじめとする基礎心理学は，必ずしも実生活への利用を目指したものではありません。一方，実践心理学は，実生活への利用を目指していますが，理論的な背景が弱いとか時には偏見ではないかと疑われるようなものもあります。
　編者は，かねてより心理学を基礎心理学と実践心理学（あるいは応用心理学）という二つに分けての分類には無理があると思っていました。こうした従来の考えでは，基礎心理学は理論を追求し，実践心理学は基礎心理学の理論に基づいて現実の人間の心理・行動的な問題を解決するものという考え方が一般的でした。基礎心理学で得られた理論を応用心理学で利用するという考え方は，一見納得のいく考えのように思えます。しかし，心理学ではそうした考えが必ずしもうまく当てはまっていなかったのです。それは，基礎心理学が扱う諸理論が現実の人間の生活と大きく乖離していたからです。だからといって，基礎心理学が無益だったというわけではありません。基礎的な研究は大事で，心理学の発展に大きな貢献をしてきました。しかし，基礎研究は人間の実生活と直接結びつけるには，無理があるのです。現実の人間は，生活空間の諸条件と密接につながっているのに対して，基礎心理学が扱う人間像は，そうした諸条件を可能な限り取り除いて設定されていったものだからです。
　そこで，編者の一人は，かつて，発達心理学会が中心になって臨床発達心理士を設立するにあたって基礎心理学と実践心理学の間に実践理論心理学という領域を加えることを提案しました。実践理論心理学をどのように打ち立てていくかは，難しい問題で今後の課題でもありますが，考え方の一つとして発達心理学がその領域に近いと個人的には考えています。この領域は，基礎心理学と実践心理学をつなぐ中間の心理学です。発達心理学は，基礎心理学的な知見と

人間の実生活での諸問題を解決する領域をつなぐ重要な役割があると思います。発達過程での心理・行動学的諸問題の解決は，実践者の経験だけに頼ってはならないのは言うまでもありません。科学的な理論に裏打ちされた知見に基づいたものでなければなりません。その理論は，人間の実生活からの問題意識と基礎的知見をともに含んだものである必要があります。

　こうした視点を書としてまとめたいという考えに基づいて本書は企画されました。

　本書では，発達の領域を大きく発達期の理解と発達過程の理解として取り上げました。この二つの領域がいわば実践理論心理学に当たります。ここでは，各発達期の概要を述べたあと従来の基礎心理学で得られた学習，認知，動機づけ，パーソナリティなどの知見を発達的な枠組みでとらえなおしました。実生活の諸問題は，各発達期で生じる心理行動的な問題を臨床的事象中心に取り上げた次第です。また，巻末には，現在の発達心理学に大きな影響を与えてきた"フロイト""エリクソン""ピアジェ""ヴィゴツキー"の４人の先達理論の概要を掲載しました。したがって，本文中には詳しく述べませんでした。学習に当たっては適宜それを読んでいただければ，役に立つと思います。

　最初の企画どおりにできたかどうかはなはだ心もとないのですが，発達心理学を学んでいくうえで多少なりとも役に立てられたら幸いです。

　本書は，企画から３年も要してしまいました。多くの方の原稿はすでに２年前にいただいていたのですが，ここでは申すことができないさまざまな問題が続いたためこのように時間が経過してしまった次第です。編者の力不足と不徳のいたすところで，責任を感じております。

　最後になりましたが，ナカニシヤ出版の編集長宍倉由高氏，編集員山本あかね氏には大変お世話になりました。このように長時間経過してしまった編者の力不足を常にお二人が陰で支えてくれ続けました。お二人の辛抱強い援助と激励がなければ，本書の出版はありえませんでした。このような簡単なことばで，感謝を申すのは失礼だとさえ思いますが，あえて，言わせていただきました。

　　　　　　　　　　　　　　　　　　　　　2007 年 2 月　　　　編者

目　次

まえがき　*i*

第 I 部　人間の発達期を理解する

1　発達とは何か ……………………………………………………… *3*
 1．発達という語の意味　*3*
 2．発達心理学の成立　*5*
 3．個体発達と系統発達　*6*
 4．個体発達の過程と発達期　*8*

2　発達研究の方法 ………………………………………………… *13*
 1．研究方法　*13*
 2．発達研究の倫理　*21*

3　胎児期とは何か ………………………………………………… *26*
 1．胎児期の概要　*26*
 2．胎内環境と発達　*31*

4　乳児期とは何か ………………………………………………… *37*
 1．乳児期とは　*37*
 2．乳児期における身体・行動発達　*38*
 3．人とのきずなの形成　*42*

5　タドラー期とは何か …………………………………………… *48*
 1．なぜタドラー期が取り上げられるのか　*48*
 2．身体と運動能力の発達——歩行　*49*

3．言語の獲得——二語文，質問期　*51*
　　　4．認知・情緒の発達と人との関わり　*54*

6　幼児期（就学前期）とは何か　*58*
　　　1．幼児期の位置づけ　*58*
　　　2．認知的発達と遊び　*59*
　　　3．社会性の発達と自立性の獲得　*62*
　　　4．保育・教育環境と幼児期の発達　*66*

7　児童期とは何か　*69*
　　　1．生涯発達のなかの児童期　*69*
　　　2．児童期における発達の諸相　*69*
　　　3．小学校入学　*73*
　　　4．本章のまとめ　*79*

8　青年期とは何か　*82*
　　　1．青年期とは　*82*
　　　2．青年期の「自己」の発達　*84*
　　　3．青年期の「関係」の発達　*87*

9　成人期とは何か　*94*
　　　1．大人になるということ　*94*
　　　2．職業人として　*94*
　　　3．家族の一員として　*98*
　　　4．中年の危機を乗り越えて　*103*

10　老年期とは何か　*105*
　　　1．人生の総仕上げ　*105*
　　　2．複合喪失への対処　*107*

3．よき老い方の意識化　*109*
　　4．4D症状　*110*

第Ⅱ部　人間の発達過程を理解する

11　学習・認知・言語の発達……………………………………………*117*
　　1．学習の発達　*117*
　　2．認知の発達　*122*
　　3．言語の発達　*127*

12　動機づけと感情の発達………………………………………………*137*
　　1．動機づけの萌芽　*137*
　　2．動機づけの発達　*138*
　　3．感情とは何か　*142*
　　4．感情の発達理論　*145*

13　社会性・パーソナリティの発達……………………………………*153*
　　1．社会性とは　*153*
　　2．社会性の発達　*154*
　　3．向社会性の発達　*158*
　　4．パーソナリティの発達　*163*
　　5．社会的認知の発達　*166*

第Ⅲ部　人間の発達を臨床的に支援する

14　臨床発達心理学の視点―発達モデルと医療モデルの統合―…………*177*
　　1．はじめに　*177*
　　2．臨床心理学と発達心理学の協働　*178*
　　3．「医療モデル」と「発達モデル」の統合　*181*

4．事例への応用　*182*

15　生殖補助医療 ……………………………………………… *185*
1．命の始まり（生と性の分断）　*185*
2．「授かりもの」から「つくるもの」へ？　*189*

16　個性の始まり ……………………………………………… *193*
1．個性とは何か　*193*
2．個性としての気質とその連続性　*193*
3．育ちの環境を動かす力としての個性　*194*

17　言語獲得の問題 …………………………………………… *196*
1．早期教育について——言語獲得期の言葉の遅れと障害　*196*
2．早期教育の効果　*197*

18　発達の遅れ ………………………………………………… *200*
1．発達の個人差　*200*
2．発達の偏り（LD，ADHD など）　*201*
3．発達障害（自閉症，言葉の遅れなど）　*202*
4．発達検査　*203*

19　学級崩壊 …………………………………………………… *206*
1．概　要　*206*
2．子どもをめぐる状況　*207*
3．教師はどうすべきか　*208*

20　アイデンティティ拡散 …………………………………… *210*
1．アイデンティティ拡散と「ひきこもり」　*210*
2．アイデンティティ拡散と「摂食障害」　*211*

21 母性・父性・親性のとらえ方 ………………………………………… 213
1．親としての発達（母性・父性の発達）　213
2．子育ての危機　216

22 児童虐待 ………………………………………………………………… 220
1．虐待の現状　220
2．虐待の発生要因　221
3．虐待の防止にむけて　222

23 人生の回顧 ……………………………………………………………… 224

Appendix

1 フロイト（Freud, S.）………………………………………………… 229
1．無意識過程を含めた精神の体系化　229
2．リビドーの概念　230

2 エリクソン（Erikson, E. H.）………………………………………… 234
1．はじめに　234
2．エリクソンの個人史　234
3．ライフサイクル論とアイデンティティ　236
4．エリクソンの発達論　237

3 ピアジェ（Piaget, J.）………………………………………………… 242
1．生い立ちと経緯　242
2．シェマ　242
3．同化と調節，均衡化　243
4．発達段階　244

4　ヴィゴツキー（Vygotsky, L. S.） ……………………………… 247
　　1．高次心理機能の記号による被媒介性　*247*
　　2．高次心理機能の社会的起源（内言理論）　*249*
　　3．発達の最近接領域　*250*

索　引　*253*

第Ⅰ部

人間の発達期を理解する

発達とは何か

1. 発達という語の意味

　お年寄りも発達しているというと驚かれる人も多いであろう。発達というと，一般には成長とか進歩といったイメージをもつ人が多い。そういう人たちは，高齢者は身体的にも知的にも衰えていく時期ととらえているのである。ところが，「発達」は，心理学のなかでは一般に「時間の経過にともなう行動の変化」と定義される。時間の変化にともなって行動が変化するといっても，その意味するところは簡単ではない。そこで，発達の語源から調べてみることにする。日本語の発達は，英語では development である。この語は，辞書によれば「発達・発育，成長」「開発」などの他に「現像」という意味がある。現像とは，写真の現像のことであるが，すでに潜在して存在するものが処理を施されて顕現化するという意味である。もともと欧米では，このように，心理学でいう発達を潜在していたものが顕在化するという意味で使われていたようだ。つまり，存在していたものが時間の経過にともない徐々に現われてくるという意味である。つまり，すでに出現が予定されていたものが現われてくるということであったのだ。

　一方，日本語では，出発の「発」と到達の「達」からなっている。日本語の発達は，ある時点にあるところから「出発」してある時点にあるところに「達する」という意味でとらえられる。つまり，出発点から到達点までの過程を意味する。現在の心理学では，発達の概念は英語などの欧米の言語より日本語の意味に近い。だとすると，どの時点が発達の始まりでどの時点が終わりなので

あろうか。

　1980 年頃まで発達心理学では人間の出発点は「出生」であり，到達点は「成人」になった時であった。しかし，人間の出発点は受精の瞬間であると考えられるようになった。こう考えられるようになったのは，以下の理由による。人間の行動は，遺伝と環境の相互作用により決定される。母胎にいる期間は遺伝の要因だけに規定されていると考えられてきたからである。しかし，母胎にいる約 280 日の胎児の行動は，単なる遺伝の要因だけが関係しているのではなく，母胎という環境の中で生じているのである。すなわち，母胎という環境によって行動が規定されているのである。たとえば，妊娠中の母親が喫煙や飲酒や薬物などの摂取，風疹などの罹患により，胎児の成長，あるいは出生以後の行動に致命的な影響を与えることがある。こう考えると子どもの発達は，胎児期から遺伝と環境の問題を同時に考えなければならなくなったのである。そこで，人間の出発点は受精の瞬間であり，この時点を個体発生的ゼロ点と呼んだのである。

　また，到達点は，成人ではなく死の瞬間をいう。確かに，成人するまでは，人間の行動は身体発達と同じように大きく変化する。成人以降はそれまでほど大きな変化は見られない。そこで，従来の発達心理学では成人以降は「発達」の領域に入れられず，「一般（心理学）」の領域で扱われてきた。しかし，成人以降も行動の変化はある。また，先に述べたように発達には成長や進歩というイメージがともなっているため，以前は高齢者も発達の対象にはならなかった。しかし，近年になり高齢者でも，たとえば語彙など進歩する面もあることがわかってきた。高齢者は，全体とすれば衰退しているが，部分的には進歩している領域がある。また，急激な成長期といわれる乳児期でも，たとえば味を感じる感覚器官である味蕾は，出生時最多であり，その後急激に減少する。さらに，大脳の神経細胞の数は出生時が最大であり，その後衰退するのみである。このようなことから考えると，発達は成長や進歩している時でさえ衰退も同時に存在するものであることがわかってきたのである。したがって，現在の発達心理学では，生きている限り発達現象は存在すると考え，高齢者にみられる衰退をも含めて「発達」とよぶようになったのである。

2. 発達心理学の成立

　心理学は，人間のこころ（意識）や行動を科学的に解明していこうとする学問である。科学としての心理学は，約130年前に成立した若い学問である。当初，心理学は時間概念をほとんど考慮に入れることはなかった。心理学の研究対象は，成人であった。子どもは，小型の成人であるとの考えがあったからだと思われる。成人と子どもは，量的に異なるだけという考え方には，質的には同じであるとの前提がある。そうだとすれば，子どもの研究は，行う必要はない。成人さえ研究していれば，子どものこともわかるからである。よく例に出されるのが，中世までの子どもを描いた絵画である。たとえば，聖母マリアが幼子キリストを抱く絵である。キリストは幼児であるが，体型は大人の雛形になっている。子どもの体型は，成人のプロポーションとは異なり，幼児はもっと頭が大きいのである。これは1つの例であるが，その考え方は教育の仕方にも関係している。たとえば，ヨーロッパの子どもの教育はラテン語を中心とした古典を教材に使用していたし，日本でも江戸時代までは『論語』をはじめとする古典教材で学習が行われていた。子どもの頃は，知識量が少ないから理解はできなくても，いずれ知識量の増大にともなって理解するようになるという考えが根底にあったと考えられる。

　ルソー（Rousseau, J.-J.）は，その著『エミール』（1762）の序の中で，「……人は子どもというものを知らない。子どもについてまちがった観念をもっているので，議論を進めれば進めるほど迷路にはいりこむ。このうえなく賢明な人々でさえ，大人が知らなければならないことに熱中して，子どもにはなにが学べるかを考えない。かれらは，子どものうちに大人をもとめ，大人になるまえに子どもがどういうものであるかを考えない。……」（今野訳，1973）と述べている。私たちは今まで，子どもを成人からの類推によって理解してきたので，子どもについては実際にはほとんど知らないまま教育がなされてきたと言いたいのである。このように，18世紀の半ばになって，子どもは成人と違う存在であることが言われるようになった。いわば，子どもの発見がなされたのである。ルソーは，子どもの発達は自発的なものであり，それを尊重する

ことが子どもの教育には重要であるというように，自発活動を教育方法上の基本と考えたのである。この後，ペスタロッチ（Pestalozzi, J. J.）やフレーベル（Froebel, F.）などが子ども独自の教育の必要性から，教育の実践をしたのである。

1787年には，ドイツの医師ティーデマン（Tiedemann, D.）は，自分の子どもを観察して，世界で初めての児童心理学書ともいえる『児童における精神の発達に関する観察』を公表した。その後，100年経過した19世紀には，アメリカではホール（Hall, G. S.）が質問紙による大量の児童に関する調査を行い，児童心理学の祖と呼ばれた。彼の業績はそればかりではなく，アメリカでの児童研究運動の指導者としての活躍であった。彼は，生物学者ヘッケル（Haeckel, E. H.）の系統発生反復説の児童心理学への適用を行い，児童研究運動（child study movement）を世界規模で行ったのである。このようにして，児童心理学が成立していったのであるが，現在では，単に誕生から成人までの過程を検討するだけではなく，誕生までの約9ヶ月間の胎児，成人期以降高齢期そして死に至るまでの生涯発達を含めて，発達心理学という用語が広く使われることになってきたのである。

3. 個体発達と系統発達

前節で述べたように，一般に発達というと受精から誕生を経て死に至るまでの行動の変化を扱う領域である「個体発達」を考えることが多い。しかしながら，発達には「系統発達」と呼ばれる領域も以前から研究されてきた。系統発達は，進化論の立場からの発達を意味する。進化の過程で最も低いのは原生動物であり，進化の過程で最も高い地位にいるのがヒトである。系統発達は，この原生動物からヒトまでの発達過程を意味する。仮に地球上の生命の起源が60億年前，動物の出現が6億年前，人類の起源500万年前，現生人類の出現が20万年前であるとすると，この進化の過程は個体発達の過程よりはるかに長い時間をかけて作られてきた発達である。心理学で系統発達の領域は，比較行動学を中心に研究されてきた。すなわち，ヒトと他の動物の行動の違いが比較されてきたのである。

前節でも述べたように、この2つの関係について、生物学者ヘッケルは、「個体発生は系統発生を反復する」という系統発生反復説を唱えた（生物学では発達ではなく発生という用語を使う）。ヒトの胎児の個体発生は、系統発生の過程を繰り返すという説である。

　前節で示したように、ホールは、この考えを発達心理学のなかに取り入れた。胎児期から誕生を経て成人までの行動の発達には、進化の過程をたどるというものである。たとえば、胎児期の出発点である受精卵の動きは単細胞動物のそれであり、出生後の子どもの、戦闘を模したごっこ遊びは、狩猟時代の名残りであるという考えである。この考えは、後に否定される。たとえば、受精卵の動きと単細胞動物の動きは同一ではない。すなわち、受精は、卵管で生じるがそこから子宮に着床するまでの動きは、排出液に流されていて受動的であるのに対して、単細胞動物の動きは能動的である。

　このように、このホールの考え方は心理学界で必ずしも全面的に受け入れられたものではなかったが、それでもヒトを単に個体発達だけで見るのではなく、系統発達的に見ていくことの重要性は受け入れられ、継承されている。こうした視点から、行動を進化の過程で見ていったのが、図1-1である。この図は、進化の過程による主たる行動様式を示したものである。ここでは、行動を走性、反射、本能、学習、知的の5つに分類して示している。この図から明らかなように、ヒトでは学習と知的な行動が圧倒的な多数を占め、他の行動は少ないことが示されている。

　ヒトの個体発達のうち乳児期を系統発達的に検討した生物学者のポルトマン（Portmann, A.）は、以下のようにヒトの特徴を記している。まず彼は、高等哺乳類と下等哺乳類に分類する。高等哺乳類では、妊娠期間が長く、1回の出産で1つの個体を生む。生まれた個体の身体は成熟していて、誕生後1～2時間で歩行するようになる。サルの場合は母親の発する危険信号（言葉？）も理解している。一方、下等哺乳類では、妊娠期間が短く、1回の出産で複数の個体を生む。生まれた個体の身体は未熟で歩行などはできず、移動する場合は自らの意思で行うのではなく親が行う。

　このような特徴があるとすると、高等哺乳類とされるヒトは、新生児の段階では下等哺乳類に近い。すなわち、ヒトは、移動が可能になるのは誕生後およ

8　1　発達とは何か

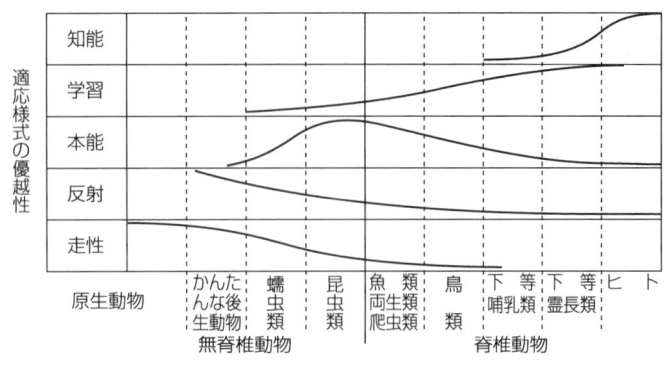

図1-1　系統発生と主要な適応様式
(Dethier & Stellar, 1961)

そ1年経過後である。ヒトが高等哺乳類であるなら母胎内で十分成熟し，誕生後すぐに歩行ができるはずである。しかし，ヒトの歩行はおよそ誕生後1年経過してからである。そこで，ポルトマンは，ヒトは1年早く生まれているのではないかという生理的早産説を提起したのである。この説の意味するところは，環境の重要性を暗黙のうちに示したことである。すなわち，ヒトは十分成熟せずに誕生し，歩行や言葉など1年間で獲得しなければならない。したがって歩行も言葉も胎内での成熟要因とともに環境要因（学習要因）も重要になってくるのである。

4.　個体発達の過程と発達期

　未熟な状態で生まれたヒトはその後どのように発達するのであろうか。詳細な説明は，各論として後の章に譲り，ここでは，成人期まであるいは生涯発達など大きな視点から，個体発達について概括を述べるにとどめる。

［1］発達の過程

　身体的な発達では，スキャモン（Scammon, R. E.）の発育型模式図が有名である。彼は，身体的に成人になる20歳の時の重量を100とした場合の各発達期の相対的な値を示した（図1-2）。この図から明らかなように，成人期ま

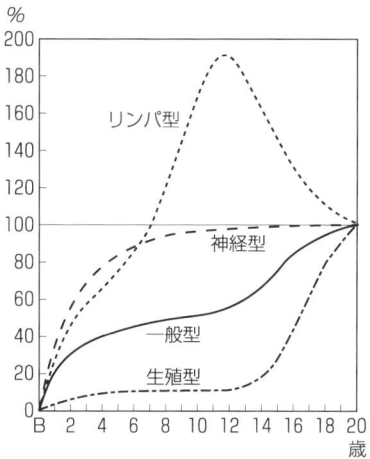

図1-2　スキャモンの発育型模式図
(Scammon, 1930)

での身体発達の過程は一様ではない。大脳や神経の発達に関する神経型は最も初期に発達し，5歳で成人の90％に達する。体重や身長などの身体発達（一般型）は，発達初期の5歳までと12歳から15歳までに急激な発達が見られる。2つの時期は各々，5歳までを第一発育急進期，12～15歳までを第二発育急進期と呼ぶ。

また，性的な成熟に関する生殖型は，10歳くらいまでほとんど停滞しているが，その後の発達は加速度的に進む。

また，腺などの発達に関するリンパ型は10歳頃まで急速に発達し，成人のほぼ2倍にまで発達するが，その後急速に減少する。

なお，身体的な発達のような環境要因より成熟要因の影響が強い領域でも，環境要因はまったく無関係なのではなく，先進諸国での最近の子どもの身長や体重の伸び率の増加（発達加速現象）や女子の初潮年齢の前傾化は，栄養状態や生活様式による影響が考えられ，環境要因が大きく関わっていることを示している。

生涯発達の視点から，発達に関わる要因の規定性について図示したのが，バルテス（Baltes et al., 1980）である。彼は，発達の規定要因として，「文化的・成育史的要因」「個別的要因」「年齢・成熟的要因」をあげる。ここで，

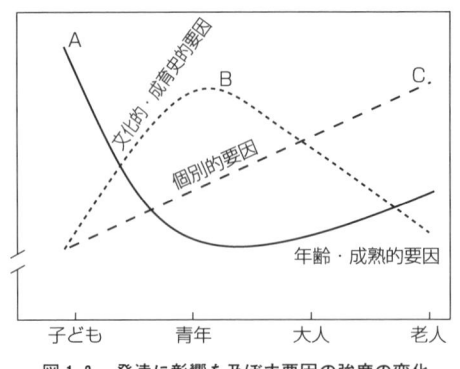

図 1-3 発達に影響を及ぼす要因の強度の変化
(Baltes et al., 1980)

「文化的・成育史的要因」とは特定の時代の特定の社会，文化的要因に強く規定されやすいことを，「個別的要因」は特定の個人の特定の経験に規定されることを，「年齢・成熟的要因」はすべての個人に均一に生物学的な要因に規定されやすいことを，各々示している。これらの規定因は，まったく独立しているのではなく，相互に影響しあって発達に関わるのである。図1-3のA，B，Cは，これを示したものである。

図1-3のBが示すように，低年齢では「年齢・成熟的要因」の，青年期では「文化的・成育史的要因」の，老年期では「個別的要因」の規定性が各々高いことになる。

[2] 発達の時期

発達の時期の区分は，時代によって大きく変わる。200年以上前は，人間には子どもと大人という区分しかなく，せいぜい成人を二分して高齢者が加わるといった程度であった。その後，社会の変革や寿命の伸びなどによる社会的な要請からさまざまな発達時期が作られていった。たとえば，青年期が問題とされるようになったのは，子どもから成人に至るまでの時期が引き延ばされるようになった産業革命以降のことであり，老人期が引き延ばされるようになったのは平均寿命が延びてきた近年になってのことである。また，近年の医学や発達心理学の進歩によって発達に対して新しい発見もあり，発達期が細分化されてきたという経緯もある。近年では，表1-1のように分類されることがある。

表 1-1　発達期の分類

発達期	年齢（月齢・日齢を含む）	主な特徴
胎児期	受精〜誕生まで（280日）	身体各部の形成
新生児期	誕生後〜1ヶ月	胎外環境への適応
乳児期	1ヶ月〜12ヶ月	急激な身体発達
タドラー期	1歳〜2歳	歩行開始と始語
幼児期	2歳〜6歳	社会性の発達
児童期	6歳〜12歳	安定期
思春期	12歳〜15歳	第二次性徴
青年期	15歳〜30歳	アイデンティティの確立
成人期	30歳〜65歳	社会人
老年期	65歳〜	加齢

しかし，これとて確定されたものではなく，今後の社会状況の変化や人間への新しい発見によって修正されるものであり，暫定的なものである。

また，この発達期の分類は，発生学などでは発達初期がさらに細分化されることもあるが，ここでは近年の発達心理学で使用されることが多い区分で示すことにする。さらに発達心理学でも，立場や人によって分類が異なることも注意しなければならない。また年齢は厳密なものではなく，おおよそのものである。発達期のうち，新生児期，タドラー期，青年期，老年期については，以下の点に注意しなければならない。

新生児期は，医学と心理学では視点がやや異なっている。医学ではおよそ2週間をいう。この時期は，生理的体重減少，生理的黄疸が出現する。環境が胎内から胎外に移行したための身体的適応のために起こる症状である。心理学では身体的適応以外に，環境移行による五感への刺激に適応するという心理的適応のために1ヶ月が必要であると考える。

タドラー期のタドラーとは，ヨチヨチ歩きの子という意味である。この時期は，従来発達心理学では幼児初期に入れられることが多かったが，近年では歩行の開始や始語など心理学的に重要な変化が生じる時期であるので，独立して取り上げられるようになってきた。

青年期は，社会変動により特にその終期が大きく変化する時期である。青年期の終わりが成人期の始まりにつながると考えられる。そこで，成人とはいかなるものであるかを明確にする必要がある。成人とは，精神的，経済的，社会

的に自立する時期ととらえるならば，親から独立し，職をもち，結婚する年齢と考えることも可能である。近年その年齢は上昇を示し，たとえば，平均初婚年齢は2004年度の厚生労働省の人口動態統計（概数）では男子29.6歳，女子27.8歳である。このようなことを鑑みて，近年の日本の発達心理学では30歳までを青年期とする考え方も増えてきている。

　老年期も近年のわが国の寿命の延びと無関係ではない。厚生労働省（2002）の「日本人の平均余命，2002年簡易生命表」によると男子78.32歳，女子85.23歳である。おそらく，この年齢もまだ伸びていくであろう。ちなみに，1947年は男子50.06歳，女子53.96歳で，1955年は男子63.60歳，女子67.75歳である。このことは，就業年齢の延長につながり，老年期の始まりを遅くすることになった。現在の日本では，老齢年金の支給開始年齢である65歳を老年期の開始とする考え方が一般的になっている。

引用・参考文献

Baltes, P. B., Reese, H. W., & Lipsitt, L. P. 1980 Life-span developmental psychology. *Annual Review of Psychology*, **31**, 65-110.

Dethier, V. G., & Stellar, E. 1961 *Animal behavior*. （日高敏隆・小原嘉明訳　1973　動物の行動　岩波書店）

柏木惠子・古澤頼雄・宮下孝広　1996　発達心理学への招待　ミネルヴァ書房

厚生労働省　http://www.mhlw.go.jp/toukei/

繁多　進・青柳　肇・田島信元・矢澤圭介　1991　社会性の発達心理学　福村出版

村田孝次　1992　発達心理学史　培風館

Mussen, P. H., Conger, J. J., & Kagan, J. 1974 *Child development and personality* (4th ed.) New York: Harper & Row. （三宅和夫・若井邦夫監訳　1984　発達心理学概論Ⅰ　誠信書房）

無藤　隆・高橋惠子・田島信元　1990　発達心理学入門　Ⅰ・Ⅱ　東京大学出版会

Portmann, A. 1951 *Biologische Fragmente zu einer Lehre von Menschen*. （高木正孝訳　1961　人間はどこまで動物か　岩波書店）

Rousseau, J.-J. 1762 *Emile ou de l'Education* （今野一雄訳　1962　エミール　上　岩波書店）

Scammon, R. E. 1930 The measurement of the body in childhood. In J. A. Harris, C. M. Jackson, D. G. Paterson, & R. E. Scammon, *The measurement of man*. Minneapolis: University of Minnesota.

矢野喜夫・落合正行　1991　発達心理学への招待　サイエンス社

発達研究の方法

　発達研究の場合は，年齢による行動の変化や，成人との比較が主たる目的となる。年齢に従った心の「変化」を明らかにしようとしている。一般心理学の説明は，年齢ごとに区分けせず，人生のある時期「成人」に限定して基準を設けている。しかし，乳幼児や児童の心の状態は成人と異なり，また老人も成人とは異なっている。発達の研究がグローバルなつぎはぎにみえるかもしれない。これは，発達の時期や領域によって行動のとらえ方，測定方法が異なることから，複雑にみえるのだろう。ある年齢や領域での行動を，上手に切り取ることが，発達研究の方法として求められている。つまり，発達研究には，一般心理学の研究方法を工夫し，さまざまな年齢に適用するなかで，「変化」の側面を常に意識した方法論が必要とされるのである。

1. 研究方法

[１] 縦断研究と横断研究

　成長とともに，変化の姿をとらえるうえで２通りの方法がある。同じ年に生まれた集団をそのまま追跡していく方法を縦断研究と呼び，同時期に，いくつもの異なる年齢グループを，調査研究する場合横断研究と呼ぶ。縦断研究では，データ収集に相当な時間を要するが，実際の対象者の時間経過をみることができる。一方，横断研究では，それほど時間をかけずに，広範な年齢の違いを比較検討できるメリットがある。その意味で，発達研究では横断的方法の占める割合が高い。
　だが，年齢の違いを検討するうえで，時間の背景にある要因に注意する必要

表 2-1 子どもの発達研究で使用されるデザイン (Kail, 1998より)

デザインのタイプ		定義	長所	短所
一般的デザイン	相関研究	観察変数は日常の中にあるものが使用されていて，それらの関係を知ることが目的	自然なままの行動が測定される。	原因や効果を決定することができない。
	実験研究	独立変数を操作し，従属変数の影響を決定することが目的	変数の統制により，原因と効果について結論が得られる。	実験は，人工的な実験室で行われることが多い。
発達デザイン	縦断的研究	一群の子どもたちを，時間を経ながら，彼らが発達するとともに，繰り返し検査する方法をとる	個々の発達をチャート化し，行動の経時的連続性をみる唯一の方法である。	金銭的にも時間的にもコストがかかる。被験児が見つからない場合がでる。繰り返される検査により成績が歪む可能性がある。
	横断的研究	異なる年齢の子ども達を，同時期に一度に検査する方法をとる	便利な方法。縦断的研究と関連し，すべての問題を解決する。	行動の連続性を研究できない。つまり，コホート効果がグループ間の違いによる解釈を複雑にしてしまう。

がある。そこには社会文化的な影響を含む年齢の側面と，生まれてから単純に経過した時間で示された年齢の側面がある。縦断研究は，同じ時期に生まれた集団だけを対象とするので，集団は生まれた時間の違いの影響は受けないはずである。しかし横断研究は，生まれた年がそもそも異なるために，その時々の社会や文化，環境の影響が異なる可能性をはらんでしまっている。

　2つの時間の違いを，わかりやすくするために，父親とその小学校1年生になる息子を例にとってみよう。父親にも子ども時代があり小学校1年生があったはずである。父子ともに同じ年齢で比較した場合，父親が7歳であった頃と，今の7歳の子どものおかれている社会の雰囲気，風潮，環境というものは，随分と違っている。個を取り巻く環境を抜きにして検討できる研究領域もあるが，個と環境が相互に関連しあう領域などでは，注意深く環境要因を検討しなければならない。そうでないと，得られた発見が，時代の影響によるのか，それを切り離した個の発達だけの影響なのか釈然としなくなる。この場合，同時期に生まれた集団のことを，世代またはコホート (cohort)，その集団の背景にあ

る歴史的要因の影響をコホート効果（cohort effect）と呼ぶ。

　しかし実際には，一群の子どもを時間を追って，何年にもわたり研究することは容易なものではない。転出他の理由で途中で連絡が取れなくなったり，最初は一箇所にいたものが成長するうちにさまざまな場所に散らばってしまう。1つの保育園で検査した子どもたちが，別々の小学校へ入り，さらにまた中学校や高校では異なる学校に進学をしていくといった具合である。こうした追跡には時間と費用がかかる。また繰り返し行われる調査や検査に対して，新奇性が失われバイアスがかかってくる可能性がある。

[2] 相関研究と実験研究

　日常の中にある行動と関連する変数は無限といってもいい。それらの中から研究のテーマに即した意味のある変数を抜き出してくる。その抜き出し方の違いが，相関と実験研究の違いとなって現れてくる。

　相関研究は，複数の変数の関係を調べることが中心となってくる。心理学的反応と個々の属性との関係を調べることができるので，個人差や性差にも有効な方法になる。その意味では，調べたい対象の周辺の変数を多く拾ってくることができ，日常の姿にきわめて近い状態を取り入れることができる。一般に，相関係数を求め，変数間の関係の強さや方向を知る。そこで注意しなければならないのは，正の相関と負の相関が混在した場合であって，結果として相関が無いと示されてしまう危険がある。たとえば，ある検査をしたところ，年齢とは関係なく無相関であった。だが注意深く，性別に計算しなおすと，男児は年齢とともに正の相関を示し，女児ではその反対の負の相関となっていたことがわかり，互いに打ち消しあって，被験児全体では相関係数の値がきわめて低い値であったことが判明するといった場合等がある。また，この方法では，複数の変数間の関係を統計的手法を通じて図式化できる。その意味では，全体状況をつかみ取るには良い方法といえる。だが，変数間の説明はあくまで共変関係であるので，どちらかの変数が先にあって，そのような結果を作り出す，という説明には不向きである。あくまで，関係の記述にとどまる。

　一方，実験研究では，実験結果に対してできるだけ余計な説明が生じないように，統制した独立変数を設ける。独立変数とは研究テーマで明らかにしたい

行動の原因である。その独立変数を操作してみよう。たとえば，当の研究者が，絵で反応した場合とカードを選択して反応した場合の違いが，そのテーマの認知過程を反映していると考えたとしよう。ここでの独立変数は反応様式（描画とカード選択）となる。そして，それぞれに得られた反応が従属変数ということになる。また，従属変数がどのように現れるかを事前に記述しておく必要がある。行動の原因と結果を明白に特定しようとすればするほど，事前のこの作業は重要となる。実験法は，因果関係を特定していく手法としては，大変良いのだが，実験室でのきわめて人工的な設定が，非日常的な状況であるため，説明される行動が限定される恐れもある。

［3］研究法各論

1) 観察法　そもそも，観察という手法は心理学だけではなく，人類学や社会学，動物行動学といったさまざまな領域で用いられている。観察は大きく参与観察と非参与観察とに分かれる。参与観察は，観察対象の中に一員として入り観察するという方法で，集団に対して長期的な関わりが必要とされる。探索的な手法であるので，この「関わり」が大事であり，そこから見えてくるものが，この観察の重要な目標となる。観察は日誌あるいはフィールドノートという記録帳に蓄積され，そこから仮説を導き出してくるという作業で進められる。人類学や社会学で得られるエスノメソドロジーも，同様の方法をとった観察法である。たとえば，子どもの集団の中で，ある場所が怖い場所であると認識されるに至った際，なぜその場所がそういう意味をもつようになってしまったかを知るうえで役に立つ視点を提供してくれる。最近では子どものエスノグラフィーに関する研究も出始めている（柴山，2006）。また，近年では，フィールド研究への関心の高まりから，発話や語り（ナラティブ：narative）に注目し，質的側面から，生活世界がいかにつくられているかの探求に用いられるようになってきている。

　一方，非参与観察は，観察対象との関わりが限定された場合を指す。観察者は観察対象からは見えないところにいて，ハーフミラーやＶＴＲを通じて観察する。たとえば，子ども同士のあそびを観察している場合は，観察者は直接その子どもたちと関わりがないので，その遊びの状況には参与していないことに

なる。観察者がその場にいたとしても,まったく関わりなく他人として存在し続けているなら,これも非参与といえる。彼らの表情の変化,視線の取り方,コミュニケーションのあり方,あそびの変化等々,研究のテーマに沿って観察すべき項目を,あらかじめ準備する必要がある。こうした場合を組織的観察と呼ぶ。研究を進めるに当たって,明らかにしたい事柄から導き出される仮説があり,それがどういう行動として観察されるか,事前に吟味しておく必要がある。絞り込みが十分できていれば,探索的ではなく検証的な視点で観察が可能となってくる。

組織的観察の方法として,時間とともに行動が変化する過程を追う場合は,操作的に定めた時間帯に絞り,行動をサンプリングしていくという時間見本法(タイムサンプリング)がある。一方,研究しようとする特定の行動に焦点をあてて,それがどういう文脈で出現したかをとらえていこうとするものに,事象見本法(イベントサンプリング)がある。評定尺度を使用し,該当する行動の評定を行うことも可能だ。記録の仕方は,該当する行動について,チェックリストに記入する方法や,イベントレコーダーに記録していくという方法がとられる。

2) 事例研究法　一般的に,対象を等質の集団であると仮定したうえで,その集団の代表値を指標に研究を進めている。こうしたスタイルを規範研究(normative study)という。しかし,規範研究のような平均値的な姿では個人差を誤差として扱うため,重要な要因が個人差の中に隠れてしまい,誤って見過ごしてしまう危険性がある。一方,事例研究(case study)の場合,個々の特性をさまざまな要因の中で知ることができる。たとえば,ジング牧師によって残された狼に育てられた子どもの生育記録や,医師のイタールによる野生児ヴィクトールの教育記録等は,時間経過とともに野生児達がどのような状況で機能を獲得していったかがつぶさに記載されている。それらは,その後の特殊教育の礎となり,初期発達への貴重な資料を提供している。現代心理学の枠組みで解釈しなおすなら,事例研究でありながら,日誌法に基づく参与観察研究の手法がとられているといえるだろう。だが,検証の仕方は,総じて状況の中での研究者の判断に委ねられ,規範研究のような仮説-検証を通じて行うものではない。

3）面接法　面接法には相談的面接法と調査的面接法がある。前者はカウンセリングや診断といった臨床場面，後者は社会調査におけるインタビューや，子どもへの質的調査（ピアジェの「批判臨床法」が代表的）を通じて発展してきた。相談的面接法でも調査的面接法でも研究は実施される。前者では，主にクライエントの理解や，心の変化をテーマにした研究が展開されることが多い。後者では，認知発達，思考過程を明らかにするために，発話のプロトコル分析や，インタビューを利用した面接法が，用いられることがある。質問者の自由裁量による面接も大切だが，質問内容を統一するために，あらかじめ定めた項目に基づきたずねる方法がとられることが多い。

4）質問紙法　アンケートという名称で親しまれている。だが，最初の段階は，正確には尺度構成のための質問紙である。観察や面接では資料収集において1対1で対処し，時間を要するが，この方法の場合は時間節約と同時に多数のデータを得ることが可能である。後述する検査法の場合は，あらかじめ知りえる領域が限定されており，どちらかというと異常値の検出が目的である。一方，この質問紙法は，研究者のテーマに則したかたちで準備することが可能である。

　明らかにしようとする内容を最もよく表した項目の選定から始め（内容的妥当性），バランスのとれたサンプリングと実際のデータ収集を実行する。評定の際に得られる5段階評定値は，順序尺度であるが，間隔尺度とみなすことがほとんどである。項目選定で注意が必要となる。最初に作成した尺度が，そのまま心理学的尺度として利用できることはまずない。繰り返しその質問紙を実行しデータのゆれを検討することや（再検査法），得られた項目ごとのデータの関係を検討すること（折半法）で信頼性を検証する必要がある。得られたデータが，実際に研究者の意図した側面を測っているかどうか検証するために，既存の検査と併せて，ある程度の高い相関を得られるか検討することも必要になってくる（外部基準妥当性）。また，最終的には，研究が依拠する理論との関連から，妥当な結果が得られたかどうかの検討が必要とされる（構成概念妥当性）。

5）検査法　標準化された検査は，正常値や異常値が得られるので，医療，教育場面で使用されることが多い。検査の手続きや得点化，解釈，標準化の作

表 2-2 心理検査の種類と対象年齢，簡便性

種類	検査名	対象年齢	簡便性
発達検査	津守式乳幼児精神検査	0〜7歳	1
	遠城寺式乳幼児分析的発達検査	0〜4歳7ヶ月	1
	デンバー式発達スクリーニング	0〜6歳	1
	フロスティッグ視知覚発達検査	4〜7歳11ヶ月	1
性格検査	本明ギルフォード性格検査（MG）	小学校4年〜高3	1
	矢田部ギルフォード性格検査（YG）	小学校2年〜成人	1
	MAS不安尺度　児童用	小学校4年〜中3	1
	P-Fスタディ	4歳〜成人	2
	バウムテスト	幼児〜成人	2
	文章完成法検査（精研SCT）	小学校1年〜成人	2
	内田クレペリン精神検査	幼児〜成人	2
	ロールシャッハ検査	幼児〜成人	3
	絵画統覚検査　幼児・児童（早大版）	5〜10歳，小4〜成人	3
知能検査（集団）	京大NX知能検査　NX5〜8，NX15〜	5〜8歳，15歳〜	1
	田中B式知能検査	4〜7歳，小学校3年〜成人	1
知能検査（個別）	グッドイナフ人物画知能検査（DAM）	3〜10歳	1
	コース立方体組み合わせテスト	6〜成人，ろう・難聴老人	1
	WPPSI（ウイプシー）	3歳10ヶ月〜7歳1ヶ月	2
	WISC-III（ウイスク・スリー）	5〜16歳11ヶ月	2
	WAIS-III（ウェイス・スリー）	16〜74歳11ヶ月	2
	田中ビネー知能検査 V	2歳〜成人	2
各種心理検査			
言語検査	PVT絵画語彙検査	3〜10歳11ヶ月	1
	ITPA言語学習能力診断検査	3〜9歳11ヶ月	3
親子関係	TK式親子関係検査	幼児〜中学生	1
記憶	ベンダーゲシュタルトテスト	5歳〜成人	1
自閉	CLAC自閉児の診断検査	幼児〜13歳	2〜3
社会性	S-M社会生活能力検査	乳幼児〜中学生	1
認知症（痴呆）	HDS-R長谷川式認知症スケール	成人	1
	MEDE多面的初期痴呆判定検査	成人	1
失語	老研版/失語症鑑別診断検査	成人	3

（注）検査の簡便性については，医科診療報酬基準ほかに基づき作成。数値は1から3の値をとり，1が最も簡便であり，3が最も複雑であることを示す。上記，検査名には通称を用いたものもある。

業等，検査マニュアルに記載されていて，信頼性と妥当性について十分な資料が示されている。研究に用いる場合は，あるテーマを明らかにするうえで，テストバッテリーとして併存させて利用するのが一般的であろう。検査は個別式と集団式に分かれる。検査の実施から得点化までの簡便さの程度でとらえるなら，表2-2に示すように3段階に分けられる。検査の種類も大きく分けて，発達検査，性格検査，知能検査の3分野がある。また特定機能を測定するうえで開発されたものがあり，表2-2に各種心理検査として示した。なお，市販されている検査は多数に及び，ここではすべて紹介していない。客観式の紙筆検査やチェックリスト形式は得点化が容易であるが，投影法が用いられた検査（表2-2ではロールシャッハ，SCT，P-Fスタディやバウムテスト，絵画統覚検査）の場合は，結果の解釈である程度の経験が必要になってくる。このことは個別式の検査（たとえば，田中ビネー知能検査）についても同様であり，初めて検査に触れた者がすぐに利用できるものではない。

6）実験法 相関研究と実験研究ですでに述べたとおり，因果関係を明らかにすることがこの研究法の目的である。統制された独立変数と，その結果得られる従属変数から，仮説を検証していくというスタイルをとる。なかでも，乳幼児研究で実験法に関心がもたれる理由は，彼らが言語報告ができない，あるいは不十分だからである。行動や生理レベルでの反応は言語を介す必要はなく，内的状態を示し得るので，刺激の与え方等の実験的工夫が試みられている。

実験研究では実験計画が重要な位置を占め，あらかじめ実験デザインを十分に検討しておく必要がある。実験計画の意義は，得られた効果が何によるのか，明確に示すことにある。基本型は，対象となる集団を，なんらかの操作を施す実験群と，自然のままの統制群とに分け，両群の成績差あるいは効果の差を検討することで，仮説検証がなされる。またプリテストとポストテストを組み入れる方法もある。たとえば，実験群において，ある特別な訓練を行う前の測定値（プリテスト）と，訓練後の測定値（ポストテスト）との差が得られる。一方，その訓練を行っていない統制群でも同様にして差が求められる。両群のあいだの差を比較することで，訓練の効果があったかどうかを検証するという方法である。

また，実験法では，変数の統制においてはさまざまなことを考慮しなくては

ならない。統制とは，独立変数だけが働くように，他の変数の影響を極力少なくするという作業である。被験児の選定（ランドマイゼーションやマッチングという手法を用いて，実験群や統制群に等質に振り分けることも含む），実験の時期（その集団が精神的に安定しているかどうか），実験している部屋の環境の整備から，教示などを含めた刺激の与え方，刺激それ自体の工夫等，注意すべき点は多い。

2. 発達研究の倫理

近年，分野を超えて「研究（者）倫理」への意識・関心が高まっている。「人間が人間を研究する」（古澤，2005）という心理学の本質に鑑みると，これを志す者にはとくに研究倫理への厳しい姿勢が問われる。

以下では，研究プロセスに沿って，「インフォームド・コンセント」「研究結果のフィードバック」「プライバシーの保護」という3点から発達研究の倫理についてみていこう。

1）インフォームド・コンセント（説明と同意）　実験や調査，観察に先立ち，原則としてまず踏むべき手続きがインフォームド・コンセントである。研究者は研究協力（参加）を依頼する相手に対し，研究内容やそれへの参加条件について適切な説明と交渉を行った上で，同意を取りつけなければならない。すなわち研究の目的（意義）や手続き，そして参加に伴う実質的負担（たとえば拘束時間），想定しうるリスク，報酬などに関する情報をできる限り明確に，協力者が理解し得る形で伝えておく必要がある。こうした説明が不十分であれば，彼らが研究に「協力するか否か」を適確に判断することは難しいからである。また，「途中で嫌になったら参加を止められる」といった協力者の権利，「結果のフィードバック」や「プライバシー（を含めた個人情報）の保護」といった研究者の基本的責務についても，明示しておくべきである。インフォームド・コンセントは，研究者と協力者の間で交わされる「契約」とみなせばよい（黒沢，2005）。

とはいえ心理学では，協力者にあらかじめ研究の詳しい内容や真の目的を知られると，研究そのものが成り立たなくなってしまう場合も多い。たとえば発

達研究でもよくみられる「心理検査」の実施に際しては，できるだけ自然な回答を引き出すため，通常，回答者にはその検査の内容や評価基準を前もって詳述することはない。また「ディセプション（欺瞞）」を組み込んだ実験を行う際は，当然，実験参加者には研究内容に関して部分的にウソの情報を与えておくことになる。このような場合，検査や実験の終了後速やかにその詳細や真の目的を説明した上で，あらためて協力者の同意（データの提供）を求める必要がある。併せて，「研究の性質上，詳しい内容の説明は事後になる」旨を協力者にあらかじめ提示し，納得しておいてもらうべきだろう。

　発達研究では，自らの意思を明確に表明し難い「子ども」（とくに乳幼児）や「高齢者」（たとえば認知症である場合）に研究協力を依頼することが少なくない。このような場合は基本的に，協力者本人への説明・意思確認とともに，適切な代理者（保護者など）の同意を要する。また，本人の意思をそうした代理者に推断してもらうなどの工夫・配慮も重要となる。

　2）研究結果のフィードバック　協力者によって提供されたデータをもとに研究結果が得られたら，たとえ臨床的介入の目的がなくても，それを彼らにフィードバックするのが原則である。少なくとも，彼らがそれを「知りたい」と希望するならば，研究者は何らかの形でフィードバックの機会を設けるべきだろう。したがってインフォームド・コンセントの段階で，どのようなフィードバックを行う（準備がある）かについても明らかにしておく必要がある。

　しかし，具体的に何を，どこまで，どのように報告すればよいかを適切に判断して実行するのは容易なことではない。論文化の要領で研究結果を厳密に述べようとすれば，それは多くの場合，協力者にとって非常に了解困難な報告になってしまう。そうかといって，淡々と記述統計レベルの結果を並べ立てたりするのでは，今度は主旨のぼやけた報告になってしまう。専門的な知見を協力者（フィードバック対象）に合わせた内容にするには，研究者の「裁量」の余地が大きい「翻訳作業」が必ず入ることになる（尾身，2005）。この「裁量」を誤らず，適切な「翻訳」を行うということこそ，フィードバックの難しさなのである。適切な「翻訳」——協力者にとって実のあるフィードバック——を行うためには，「研究目的（意義）」と「協力者の視点」の双方を念頭に置き，フィードバックの指針・計画をじゅうぶん立てておくことが何より肝要である。

この過程で、フィードバックが「何のため」になされるのか——単に協力者の「知る権利」を超えたその「意義」——が、研究者自身により問い直されることにもなるだろう。

 ところで、研究者はときに協力者から「専門家の意見」を求められることがある。発達研究では家庭訪問による親子の行動観察などがよく行われるが、たとえばそうした家庭訪問中に、母親から「子どもへの私の関わり方はどうでしょうか？」などと不意に聞かれる場合である。このようなとき研究者が発する一言も、おそらく協力者からみればフィードバックに違うまい。研究者は、ときにそうした「インフォーマルなフィードバック」を期待されること、またそれが協力者に重く受け取られる可能性があることにも、じゅうぶん留意した方がよい。

3) プライバシーの保護　研究結果は最終的に論文や学会報告などの形で公表されるが、その際、データを提供した協力者のプライバシーを侵害するようなことがあってはならない。彼らのプライバシーの保護は研究者の義務である。

 これに関してとくに慎重さを要するのは、個別「事例」を扱う研究だろう。そもそも心理学研究で収集される個々のデータの内容は、協力者（データ提供者）のプライバシーに深く関わるものである。よって個別データを部分的にでも公表する場合は、原則として、協力者本人を特定する個人情報（氏名・住所など）はもちろん、その可能性の高い情報についても適当な改変や抽象化、もしくは除去を行わなければならない。これは研究の性格や公表の場における違いに左右されるところが大きく、単に協力者の氏名や住んでいる地域を記号化すれば充分と判断される場合もあれば、データ中の細かな文脈情報にも手を加えざるを得ない場合もあるだろう。ただし、そもそもプライバシーに対する感覚には「個人差」が存在することも確かである。プライバシーとは「他人に知られたくない」と本人が感じる私的情報であるから、データ中のプライバシーにあたる部分・範囲が、協力者によってはじめから大きく異なる場合も考えられるわけである。極端にいえば、データの内容はもとより、氏名その他の個人情報さえ「誰に知られても構わない」と協力者自身が許可する限り、実名を含め全く改変なしの公表もあり得ることになる。

以上のように，研究の性格や公表の場，また感覚的な個人差によっても大きく事情が変わり得るプライバシーの問題については，やはりまずインフォームド・コンセントの段階で，すべての協力者に充分な説明をしておく必要がある。どのような情報を，どのような目的で，どのような場において公表する方針であるかということ，また公表によって協力者にどのようなリスクが生じうるかということの開示が，すべての研究において必要な手続きである。さらに個別データの公表を伴う場合は，公表前にあらためて，その具体的内容を協力者自身にも確認してもらう方がよい。

　最後に，協力者のプライバシーの侵害は，研究者のずさんなデータ管理によっていつでも引き起こされる可能性があることを付言しておきたい。発達研究で扱われる機会の多い「縦断データ」（協力者の個人情報を含む）を保管する場合は，とりわけ細心の注意を要する。

引用・参考文献

古澤頼雄　2005　人間が人間を研究する　日本パーソナリティ心理学会（企画）安藤寿康・安藤典明（編）　事例に学ぶ心理学者のための研究倫理　ナカニシヤ出版　pp.26-27.

保坂　亨・中澤　潤・大野木裕明（編）　2000　心理学マニュアル　面接法　北大路書房

Kail, R. 1998 Doing developmental research. In *Children and their development*. Prentice-Hall. pp. 17-29.

鯨岡　峻　1997　発達研究と倫理問題　発達心理学研究，8(1)，65-67.

黒沢　香　2005　契約としてのインフォームド・コンセント　日本パーソナリティ心理学会（企画）安藤寿康・安藤典明（編）　事例に学ぶ心理学者のための研究倫理　ナカニシヤ出版　pp.55-57.

宮田　昇　2003　学術論文のための著作権Q＆A　東海大学出版会

中澤　潤・大野木裕明・南　博文（編）　1997　心理学マニュアル　観察法　北大路書房

日本発達心理学会（監修）　古澤頼雄・斉藤こずゑ・都築　学（編集）　2000　心理学・倫理ガイドブック：リサーチと臨床　有斐閣

日本心理学会　1977　日本心理学会倫理綱領　心理学研究，**68**(3)，223.

尾身康博　2005　研究成果のフィードバックのあり方　日本パーソナリティ心理学会（企画）安藤寿康・安藤典明（編）　事例に学ぶ心理学者のための研究倫理　ナカニシヤ出版　pp.106-107.

柴山真琴　2006　子どもエスノグラフィー入門　新曜社
田島信元・西野泰広（編）　2000　発達研究の技法　福村出版

3

胎児期とは何か

　一般に，受精から出生までを胎児期といい，特に出産前後の時期（胎齢28週から出生後28日まで）を周産期と呼ぶ。周産期は，母子二つの個体について一まとめに言われる時期であり，子どもの発達期だけを意味するものではない。産科や小児科では，近年この時期が重視されるようになってきたが，それは医学的にみて母子ともに注意を要する時期だからである。子どもにとっては，胎児期の一部と新生児期とが重複した時期でもある。ここでは，こうしたことを含めて主として胎児期に触れる。

1. 胎児期の概要

　従来，胎児期の研究は，流産や早産で出生した未熟児の出生直後の状態で調べることがほとんどであった。近年での研究は，機器の進歩により，スキャナーあるいは子宮内へのカメラの導入などにより胎児期の状態についての研究は急激に進んだ。

　一般に，胎内にいる期間は10ヶ月と呼ばれるが，10ヶ月は太陽暦でいう約300日をさすわけではない。太陰暦で数え，1ヶ月を28日として計算するので約280日を指す。

　また，受精から出生までの時期は一般に胎児期と呼ばれる。このように，胎児期と一くくりに呼ばれる時期は，正確には次の3つの時期に分けて考えられている。

1. 胎児期の概要　27

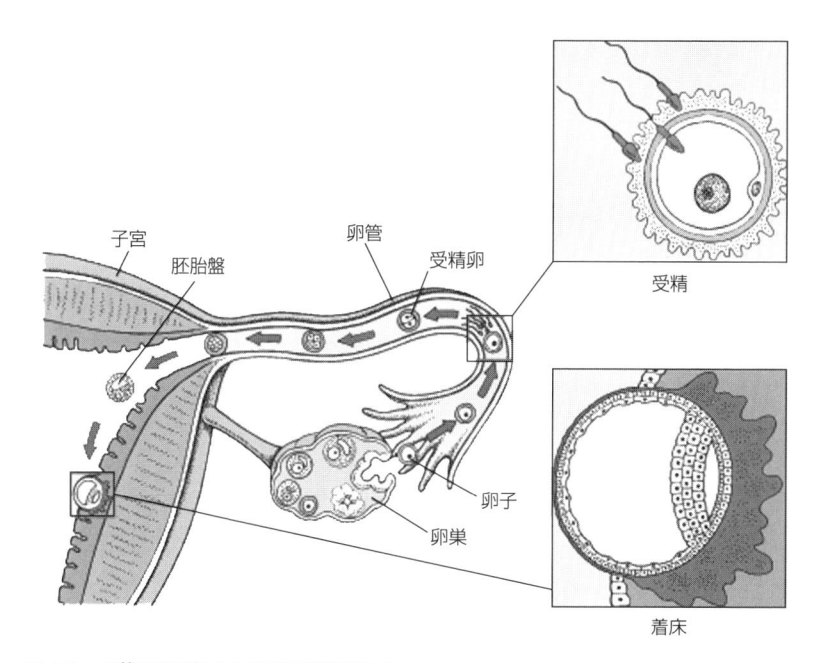

図 3-1　卵管での受精から子宮での着床まで
(Banyu, http://mmh.banyu.co.jp/mmhe2j/sec22/ch257/ch257c.html より引用，2006年8月10日)

［1］卵体期（germinal period：受精の瞬間から受精卵の子宮での着床までの時期。およそ10日から14日）

　卵管で精子と卵子は合体し受精する。受精卵は直径約0.15 mmである。精子と卵子は，それぞれ22個の常染色体と1個の性染色体が一緒になり46対の染色体が作られる。精子の性染色体は男子の場合はXYであり，女子ではXXである。それぞれ減数分裂するので，男子はXとYに分かれる。したがって，受精の瞬間に受精卵の性別は決定され，Y染色体を持った受精卵が男子になる。受精卵は，分裂を繰り返しながら，卵管を下り，受精後10日から2週間で子宮に着床する（図3-1）。着床のときには既に細胞分裂がすすみ，数十個の細胞になっている。

［2］胎芽期（period of embryo：着床から8週の終わりまで。ほとんどの器官の原基が形成される）

　受精卵は子宮に着床後，外胚葉（ectoderm），中胚葉（mesoderm），内胚葉（endoderm）の3つの層に分化していく。外胚葉は，神経系，感覚器，毛髪や皮膚などの器官を，中胚葉は，筋肉，骨格，循環器，生殖器，排泄器などの器官を，内胚葉は，胃腸肝臓などの消化器，肺や気管支などの呼吸器，甲状腺や唾液腺や胸腺などを各々形成させていく。したがって，この時期に異常が生じると各器官の発生が阻害され，奇形を生じる可能性が高くなる。一方，胎芽の周囲の細胞は，内側から羊膜と奬膜と被包脱落膜の3つの膜が形成され，その膜に覆われるようになる。胎児を包む袋状の囊を形成する。羊膜の内側は羊水で満たされている。羊水は，外側からの衝撃を緩衝する役割を果たし体温を一定に保つと同時に羊膜との粘着を防ぐ役割も果たす。さらに出産時に産道を潤し，胎児の子宮からの脱出を容易にする働きをも持つ。胎児を包む囊は，胎児から臍帯が母体と繋がる胎盤まで伸びている。胎児から胎盤までは2本の動脈が，胎盤から胎芽までは1本の静脈が血液を運搬する。母親の血液と胎児の血液は直接繋がってはいない。母親からの血管と胎児からの血管は，胎盤の薄い膜によって隔てられている。すなわち，胎芽の血液は，胎盤内の絨毛に進むのである。絨毛内の胎芽の血液と絨毛間腔に流れる母体の血液は，薄い膜によって隔てられていて，ガスや分子レベルの物質は通すが，血液は通さない。この膜を通して，母体と胎芽の間で物質の交換が行われる。

［3］胎児期（period of prenatal 胎生9週以降出生まで）

　この時期になると形態的にヒトらしさが明確になり，胎芽期までに形成されてきた身体の諸組織が量的に増大を続け，その機能も活発化していく。図3-2は，在胎期間中の身長と体重の発育曲線である。図から明らかなように，在胎中期までは身長のほうが体重より発育が早く，体重は在胎後期に急速に発育する。胎齢の16週～20週になると妊婦は，胎動を感じるようになる。胎齢20週では，身長と体重は各々およそ25 cm・250 gである（図3-3）。

　コール（Cole, M. & Cole, S. H., 1996）らは，胎齢10週以降の成長と発達を以下のようにまとめて示している。

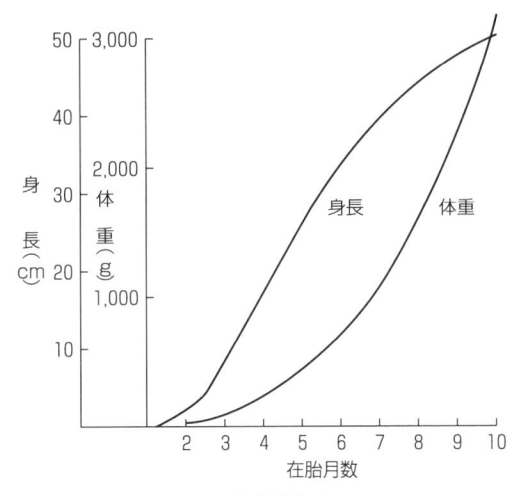

図 3-2　胎児の発育曲線（福井，1970）

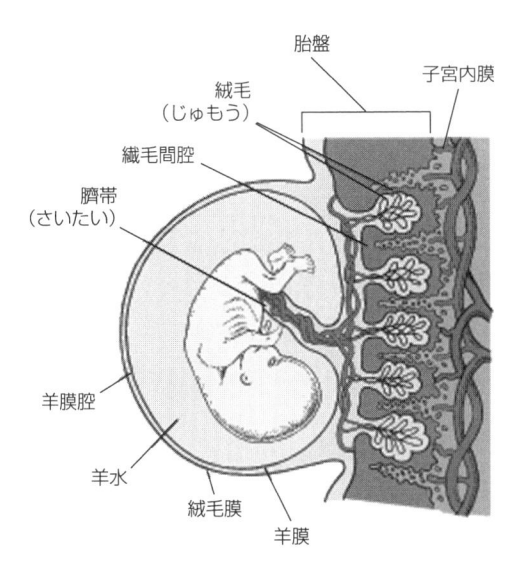

図 3-3　胎児期（period of fetus：受精後 9 週から出生まで）
（Banyu, http://mmh.banyu.co.jp/mmhe2j/sec22/ch257/ch257c.html より引用，2006年 8 月10日）

①胎齢10週：頭は直立している。消化管は，体内の部位に形成される。脊髄組織は，内部器官になる。
②胎齢12週：性差がはっきり区別できるようになる。血液は，骨髄で作られるようになる。眼球は，最終的な形態になる。
③胎齢4ヶ月の終わり：胎児の姿は人間らしくなる。毛髪が生え始める。頭部に比して軀幹の成長が進む。女子では子宮と膣が認められるようになる。男子では，睾丸が後に陰嚢に降下する直前の位置に存在するようになる。ほとんどの骨格と関節が現れる。大脳が二つの半球に分割する。嚥下（swallowing），吸啜（sucking）など多くの反射が働き始める。
④胎齢5ヶ月の終わり：褐色細胞（出生後の新生児の保温に役立つ細胞）が形成され始める。この細胞のおかげで，新生児は出生後の保温が可能となる。ヒトのもつ神経細胞すべてが存在するようになる。神経線維鞘が形成し始める。ただし，完全ではなく完成までには出生後数年を要する。
⑤胎齢6ヶ月の終わり：肺が衰弱を防ぐ化学物質のサーファクチン（surfactin）を作り始める。大脳の二つの半球の間にある裂溝がはっきりしてくる。
⑥胎齢7ヶ月の終わり：肺は呼吸の機能が可能になる。中枢神経系が発達し，呼吸のリズミックな動きをコントロールできるようになる。大量の脂肪が形成されるため，皮膚のしわが消えすべすべしてくる。閉じていた目が開き，光に反応できるようになる。
⑦胎齢8ヶ月の終わり：胎児の皮膚は滑らかになり，腕や足はふっくらした形になる。大脳のひだが現れるようになる。ただし，この時期では現れず出生後に現れるひだもある。
⑧胎齢9ヶ月：胎児は，まるまるとしてくる。最終月には体重の50％が増加するが，誕生が近づくと成長は鈍くなる。大脳は，かなり複雑になる。胎児は，多くの反射を有し，活発に動くが，大脳皮質が行動に影響しているわけではない。

2. 胎内環境と発達

　胎児は，羊水の中で成長する。羊水は，外からの衝撃に対するクッションの働きをしている。胎児は，環境的には体温も一定で視覚や聴覚などへの刺激も限定されている。このことは，胎児にとっては，安定した環境の中に存在していることになる。しかし，胎児には遺伝的要因だけが作用しているわけではない。既に述べたように，ヒトの発達は遺伝のみに規定されているのではない。このことは，胎児についても当てはまる。もちろん，胎児期の環境は，胎内環境に限られ，主として子宮内部での環境である。先に述べたように子宮内部は羊水で満たされ，安定した環境であるが，胎芽や胎児は，その健康状態や成長が母親に完全に依存しているため脆弱な存在でもある。

　子宮の形態や大きさ，羊水の状態も胎児に影響を与える。同時に子宮以外の母体の状態も胎児に環境要因として働く。子宮は母親の側に存在し，臍帯を通じて母親に通じている。したがって，母親の身体的，心理的な状態も胎児にとって環境と考えてよい。母親は，外部の世界（環境）と関係している。このことは，母親を介して胎外環境と繋がっているといってもよい。

　ハリス（Harris & Liebert, 1991）らは，胎児の発達に影響する要因として，Rh因子，病気の感染，トキソプラズマ，ヘルペス，エイズ，飲酒とタバコの害，心的ストレスなどについて述べている。ここではハリスらを引用して，代表的な要因について簡単に触れる。

[1] Rh因子

　母親の血液にある物質に抗体と呼ばれるたんぱく質がある。抗体は，抗原の進入によって免疫系で作られる。母親の血中の抗体は，胎児の血液に渡る。このことは，子どもは，病気に関する免疫をある程度もって生まれてくることを意味している。しかし，母親の抗体が胎児に有害に働くことがある。母親の血液がRhマイナス（以下Rh−）であって，Rhプラス（以下Rh＋）に敏感である場合，母親の免疫系にRh＋の血液細胞に対して抗体を作ってしまう。この抗体は，胎盤を通過しRh＋の胎児の血液細胞を攻撃する。場合によっては，

赤ん坊は，大脳が損傷されるか誕生直後に死亡する。

Rh－の女性は7人中1人であるから，Rh因子はほとんどの妊婦には危険は少ない。さらに，最初の妊娠では起こることはないといってよい。妊婦がそれまでにRh＋に接していなければ抗体は作られないからで，Rh＋への接触は，通常は出産，流産，堕胎，Rh＋をもった胎児の羊水穿刺（羊水採取）の場合にだけ生じるからである。

幸いなことに，現在ではRh－の女性の第二子以降の妊娠を救う方法がある。妊娠中に特殊な血清を注入することによりRh＋の抗体が母体にできなくするのである。

一度，女性がRh＋に対する抗体ができてしまうとその過程を食い止める術は今のところない。その場合には，かなりこまめに調べ，誕生直後あるいは誕生前でも輸血をすることになる。

[2] 病気の感染

妊婦の感染は，胎児に深刻な脅威を生む。病原菌をもった多くの微生物が，胎盤を通過し胎児に感染するからである。

1）梅毒　性感染による梅毒が，母親から胎児に感染することは，昔から知られていた。たいていの場合は，出生前か出生直後に死亡する。生きたとしても，梅毒菌は体の各器官とりわけ神経系を侵してしまう。1940年代以降，梅毒菌に有効な抗生物質が開発され，梅毒菌は完全に消滅したかに見える。しかし，近年再び増加し始めたという報告もある（Wendel, 1988）。梅毒の血液検査を行うことは，胎児期には重要である。母親が感染していることが判明したら，抗生物質による治療により母体も胎児も守れることになる。

2）風疹　風疹は，短期の発疹と熱以外はほとんど症状がみられない病気である。病気とは感じない場合もある。しかし，妊娠初期に感染すると風疹ウイルスは胎芽に侵入して，盲目，聾唖，心臓疾患，精神遅滞といった深刻な障害を生むことになる。風疹を予防するワクチンはあるが，多くの女性が予防接種を受けていないし，予防接種が有効でないこともある。血液検査により風疹への免疫があるか否かは調べられる。ない場合は，妊娠前に予防接種を行ったほうがよい。

3) トキソプラズマ　トキソプラズマは，生肉やネコのフンの中にいる寄生虫によって起こされる状態である。この寄生虫に触れたことのある女性は，免疫になっている可能性は高く，胎児に影響を与えない。出産をひかえた推定50％〜60％の女性は，トキソプラズマに対する免疫を持っていない。妊娠中に感染の可能性のある女性は，ほとんどその兆候を感じない。しかし，トキソプラズマは，胎盤を通過するし，胎児の眼球や大脳に深刻なダメージを生む。現在までのところトキソプラズマの予防接種はないが，女性が感染しているかどうか調べる検査はある。免疫がない場合には，妊婦は，ネコとの直接的，間接的な接触を避け，肉は生肉ではなく火を通したものを食べるようにしたほうがよい。

4) ヘルペス　ヘルペスウィルスは，世界中に広がっているので，多くの人が一度や二度感染している。この種のウィルスには，単純ウィルス（陰部ヘルペスの原因になる亜種），巨細胞ウィルス（成人も子どもも感染しても兆候はほとんどみられないが，感染は広まっている）がある。巨細胞ウィルスは，妊婦が妊娠初期に感染すると胎児には神経に重篤な障害を生み死亡することがある。ただし，感染の可能性は低い。陰部ヘルペスのほうが問題を起こしやすい。なぜなら，女性は，この病気に最初に感染したときばかりでなく，発症のたびにそれを見過ごしてしまうからである。この場合の問題は，赤ん坊が産道を通過するときに陰部ウィルスに晒される危険性があるからである。陰部ヘルペスに感染して生まれた新生児の状態は深刻で，脳や皮膚に感染していることが多い。治療をしないと60％以上の新生児が死亡し，治療を行っても大脳障害が残ることも多い。現在までのところ，ヘルペスウィルスの薬はない。妊婦の陰部ヘルペスが発症し活性化していると判断した場合，産科医師は赤ん坊のヘルペス感染を予防するため帝王切開を行うことになる。

5) エイズ（後天性免疫不全症候群）　しばらく前までは静脈注射や輸血（血液製剤）によってエイズウィルスに感染した妊婦がいたが，現在はほとんど見られない。エイズウィルスを持った人との性交渉によって感染する場合がほとんどである。人がエイズに感染すると通常5年以内で症状が現れる。エイズ感染者が最終的にエイズウィルスのために死ぬかどうかは依然として明確ではない。しかし，その可能性は低くはない。

エイズウィルスに感染した妊婦の胎児への感染は多少軽減されてきたが，エイズ感染者の母親の赤ん坊の約50％はウィルスに感染している（Feinkind & Minkoff, 1988）。感染児は，おそらくゆっくりと悲惨な死へ向かうことになろう。エイズ感染の危険性のある女性は，妊娠初期，できたら妊娠前に検査を受けるべきである。

[3] アルコール摂取と喫煙

アルコール中毒の母親から生れた赤ん坊は，胎児性アルコール症で出生する危険性が高い。これは，さまざまな疾患を生む。たとえば，顔や手の形態異常，心臓疾患，知的遅滞，発育不良などである。母親が妊娠中に飲酒量が多いほど，そうした疾患は生じやすく，また深刻になりやすい。適度な量であっても（1日グラス2～4杯のワイン，ビール，蒸留酒），その危険性は大きい。胎児へのアルコールの影響は，消失しない：妊娠中一日2～3杯以上摂取した母親の子どもは4歳児でも依然として残る。そうした子どもの多くは，異常な形の顔，耳，手，指の爪をしている；小頭症になりやすく，身長や体重も平均以下であることが多い。こうした子どもは，課題への注意の持続力が弱く，非飲酒者の子どもよりIQが有意に低い（Graham et al., 1988；Streissguth et al., 1989）。アルコールは，胎児の発達に3つ経路で影響する。第一は，アルコールは，胎盤を通過するので，細胞を破壊したり，成長を抑制するなど胎児に直接的な効果を持つ。第二は，胎盤の細胞も破壊するので胎児の酸素，栄養の供給を妨害する。第三に母親の栄養不足を招く。栄養不足は，二つの理由による。一つは飲酒により，必要なビタミン，ミネラル，たんぱく質の補給をすることなく空腹を満たすというように，カロリーゼロを生み出す。もうひとつは，特定のミネラルが尿に排出されるためにその供給を低めてしまうためである。ある研究者がまとめているように，"少なくとも，慢性的なアルコール摂取は，母体の栄養不足を生み，発達途上の胎児への適切でバランスの取れた栄養補給を阻害する（Fisher, 1988）。"

一方，タバコは，ニコチン，一酸化炭素，有害ガス，シアンを含む2000もの化学物質が含まれている（Maurer & Maurer, 1988）。

喫煙女性の子どもは，非喫煙者の母親のそれより，出生時体重で平均で200

g軽い。早く生まれるから小さいのではなく（未熟児出産も多いが），子宮のなかで成長できなかったからなのである。妊娠中の喫煙は，口唇裂，口蓋破裂，小頭症といったさまざまな異常の危険性が高い。

[4] 心的ストレス

　人が強い情動を経験するとき，人間の体は心拍や呼吸の増加，口内の渇き，腋の下の発汗などの反応を伴う。こうした反応は，アドレナリンのようなホルモン分泌を促す。ホルモンは，胎盤を通過するから，妊婦の情動状態が胎児の発達に影響するであろう。人間以外の動物での研究は，この考え方を支持している。妊娠中の羊やねずみなどの齧歯目の動物実験では，強いストレスにより正常な出産や健康な子孫の誕生は低くなる。幼少期の動物の行動にも臆病さが増すなど影響がある（Thompson & Grusec, 1970）。

　人間となると状況は不明確になる。確かに，人間の胎児は，下等動物の胎児より母胎のストレスに対して保護されていると考えてよい。過去の研究では，妊婦の不安やストレス事態が妊娠と出産に問題を生むという結果が多く存在した。しかし，近年ではそう考えられていない：ストレスだけが母親や赤ん坊のリスクを高めるという確かな証拠はない（Istvan, 1986）。ストレスと妊娠の関係を示した初期の研究結果は，実際には，ストレスが母親の行動に及ぼし，その行動が胎児に影響したためであったのかもしれない。たとえば，妊婦がストレス状況に対して，タバコを多く吸ったり，アルコールを多量に飲んだり，食事をよく取らなかったり，きちんと検査を受けなかったとすれば，妊婦にも赤ん坊にも妊娠や出産に多くの問題が生まれやすくなるのである。

引用・参考文献

Banyuホームページ（http://mmh.banyu.co.jp/mmhe2j/sec22/ch257/ch257c.html.　情報取得　2006年8月9日）

Cole, M., & Cole, R. S.　1996　*The development of children* (3rd ed.) New York: W. H. Freeman and Company.

Feinkind, L., & Minkoff, H. L.　1988　HIV in pregnancy. *Clinics in Perinatory*, **15**, 189-201.

福井靖典　1970　母児相関よりみた胎児発育に関する研究　第22回日産婦学会総会

宿題報告 日産婦誌, **22**, 809.

Graham, J. M., Hanson, J. W., Darby, B. L., Barr, H. M., & Streissguth, A. P. 1988 Independent dysmorphology evaluations at birth and 4 years of age for children exposed to varying amounts of alchol inutero. *Pedeatrics*, **81**, 772-778.

Harris, J. R., & Liebert, M. 1991 *The child: a contemporary view of development* (3rd ed.) Englewood cliffs, N J: Prentice-Hall.

Istvan, J. 1986 Stress, anxiety, and birth outcomes; A critical review of the evidence. *Psychological Bulletin,* **100**, 331-348.

Maurer, D., & Maurer, C. 1988 *The world of the newborn.* New York: Basic Books.

Mussen, P. H., Conger, J. J., & Kagan, J. 1974 *Child development and personality* (4th ed.) Harpar & Row.（三宅和夫・若井邦夫監訳 1986 発達心理学概論Ⅰ 誠信書房）

無藤 隆・高橋惠子・田島信元（編） 1990 発達心理学入門Ⅰ 東京大学出版会

Streissguth, A. P., Barr, H. M., Sampson, P. D., Darby, B. L., & Martin, D. C. 1989 IQ at age 4 in relation to maternal alchol use and smoking during pregnancy. *Developmental Psychology*, **25**, 3-11.

Thompson, R. A., & Grusec, J. E. 1970 Studies of early experience. In P. H. Mussen (Ed.), *Carmichael's manual of child psychology*. New York: Wiley.

Wendel, G. D. 1988 Gestational and congenital syphilis. *Clinics in Perinatology*, **15**, 287-303.

山内光哉（編） 1990 発達心理学 上 ナカニシヤ出版

4

乳児期とは何か

1. 乳児期とは

　発達心理学においては，出生後4週間までの子どもが新生児と呼ばれ，それ以降が乳児とされている。乳児期の次の時期は幼児期とされるが，2つの区分をどのように分けるかについては諸説あり，言葉によるコミュニケーションが可能になる生後1歳～1歳半頃が乳児期と幼児期の境界とされている場合が多い。英語で乳児を意味するinfantの語源は，「話せぬもの」という意味であり，出生から言葉を介したコミュニケーションが可能になるまでの時期を乳児期と考えられていることがうかがわれる。一般的には3歳以前の健診が「乳児健診」と呼ばれたり，保育園で0歳，1歳，2歳児のクラスを乳児クラスとしている場合もある（保育園の根拠条文となる児童福祉法においては，1歳未満の子どもを乳児としている）。

　1章で述べたようにポルトマン（Portmann, 1951）は，生まれたばかりの子どもの状態を，ネズミのように在胎期間が短く，たくさんの個体が同時に生まれ，運動能力が未熟である就巣性（晩成性）と，ウマなどのように在胎期間が長く，同腹の個体が少なく，生まれてすぐ立ち上がるなど，ある程度運動能力が成熟した離巣性（早成性）の2つに大別されると定義した。人間をこの区別に当てはめてみると，在胎期間が長く，一度に生まれる個体数は少なく，また，脳や中枢神経系の発達により，出生時においてすでに神経や知覚がかなり高度であるという点においては離巣性の特徴を備えていると同時に，就巣性のように，手足の成長や運動機能がきわめて未熟な状態で生まれてくる。このよ

うに就巣性・離巣性の両方の特徴をあわせもつ人間は，本来ならば胎内でさらに1年ほど成長して生まれるべきものが，胎内で大きくなりすぎると無事に出産することが難しくなってしまうため，恒常的に早産になったのだと考察されている。ポルトマンはこのような人間の生まれ方の特徴を，生理的早産と呼んだ。つまり，人間の乳児期は，本来ならば胎児として成長・発達する時期を子宮外で過ごしていることになり，この時期を胎外在胎期と呼ぶこともある。

以上の議論の流れから，乳児がかつての発達心理学研究において，感覚的にも認知的にもほとんど無力で未発達な存在であるとされてきたことがわかる。しかし，その後の研究によって，乳児期はもちろん，生まれて間もない新生児期の子どもであっても，それまで考えられてきたよりもずっと高度な能力をもっていることが明らかになってきている。本章では，生後1年までの乳児について，その身体・認知・社会的な特徴を見ていくことにする。

2. 乳児期における身体・行動発達

[1] 乳児期における身体・行動・生活の発達と変化

新生児は体重約3,000 g，身長約50 cm程度で出生し，その後の1年で体重が3倍の約9,000 g，身長は1.5倍の75 cmと身体が著しく成長する。これに加えて乳児期は，行動や能力なども劇的に変化・発達していく時期である。

全身運動の能力は，身体が成長するとともに飛躍的に上昇する。生後間もない時期の全身運動の多くは新生児反射（本章第2節2参照）によるものであるが，身体の発達に伴って自発的な運動が可能になる。生後3ヶ月頃に首が座ることによって寝返りがうてるようになり，4ヶ月頃には支えなしで座っていられるようになる。6ヶ月頃からつかまり立ちができるようになる。その後，ハイハイやつたい歩きが始まり，早い子では1歳前後に自力歩行が可能となる。

身体や運動の発達は，いくつかの基本原理に従って進んでいる。1つは頭部から脚部方向への発達の原理である。この原理は，身体の成長において，その成長の割合が胴体から足へと相対的に大きくなり，また，運動発達においても首座りのように頭の周辺の発達から，お座り→ハイハイ→歩行と，腰から足の方向へと発達していくという事実に現われている。もう1つの発達の原理は，

中心部から周辺部への原理である。これは，脳や脊髄の発達が比較的早いのに比べて手足の発達は緩やかであり，運動発達においても，たとえば腕部では上腕部から前腕部，そして手指と徐々にコントロールできる範囲が周辺部に向かっていくことからうかがわれる。3つ目の原理は，大まかな動きしかできない状態から，細やかな動きが可能になっていくという粗大運動から微細運動へというものである（西野，1992）。

また，乳児期は身体・行動だけでなく，生理的に基本となる行動ともいえる睡眠－覚醒のリズムや，食行動の形態も大幅に変化・発達する時期である。

乳児の生活リズムは，出生時から大人と同様，朝起きて夜寝るというリズムになっているわけではない。新生児の時には昼夜を問わず，2～3時間眠っては空腹や排泄によって覚醒している。これが生後半年の頃から，夜にまとまって睡眠し，昼間覚醒している時間が増加するようになり，1歳に近づく頃には午前午後の睡眠（いわゆる「昼寝」）を除いては，昼間の時間の大部分を覚醒して過ごすようになる（岡，1970）。このような変化は，出生直後には摂食や排泄といった生理的要因で決定されていた睡眠や覚醒が，ともに生活する大人の生活リズムに適応したリズムへと変化していったものと考えられる。つまり，眠りと覚醒というきわめて原初的な行動であっても，大人の生活という「文化」に合わせて発達的に変化していくものと考えられるのである（Roffwarg et al., 1966）。

食行動においてもその変化・発達は著しい。生後4ヶ月頃までは母乳やミルクのみから必要な栄養を摂取しているが，その後離乳食の導入とともに栄養摂取における乳状栄養の比率が下がっていく。食行動の変化は生後半年頃から乳歯が生え始めるのにともなっており，1歳代でかなりの割合で大人に近いものが摂取できるようになる。また，その頃には手づかみあるいは道具を使って自分のペースで自分の好きなように食べることも可能になっていく。食行動も睡眠リズムと同様，生理的な空腹にまかせて与えられたものを受動的に取り入れる栄養摂取の形態から，身体能力が高まっていくことによって食事の方法を習得し，自らの意思で能動的に栄養を摂取するように変化していくのである。

[2] 身体・行動発達の基本となっているもの

1) 新生児反射と生理的微笑
新生児には，特定の刺激に対して自動的に特定の反応を起こす反射が数多く認められる。これを新生児反射と呼ぶ。新生児反射は，進化の過程において新生児が厳しい環境の中で生き抜くために最低限必要な行動の名残りとして考えられており，それぞれの反射ごとに関連すると思われる行動も説明されている（表4-1）。

新生児反射が生存のために必要な機能の名残りとはいえ，自発的な行動を妨げてしまうことも考えられる。たとえば，手の平に何かが触れると自動的に強く握り締める把握反射は，自分の意思で何かをつかもうとするときにはかえって邪魔になってしまう。しかし実際の乳児においては，対象や状況に応じて適切にモノをつかもうという意思が具体的な行為として実現できるようになる頃（つまり，反射が意図的な行為の邪魔になる頃）には，把握反射は消失している。把握反射だけでなく，新生児反射の多くは関係する機能の発達に応じて，生後1ヶ月～1歳頃までに消失してしまうのである。

また，出生直後の新生児には，微笑のような表情が認められる。この表情は意図のもとに表出されるものではなく，ときには睡眠中にも認められる。このような新生児に特徴的な表情のことを，外的刺激に対して反応する笑いや微笑と区別して生理的微笑と呼ぶ。生理的微笑は，乳児の微笑む顔のかわいらしさによって養育者の養育行動を誘発する機能をもつと考えられており，生後3ヶ月頃その出現の頻度がピークとなる。しかし，特定の見慣れた人物や刺激に対して，社会的情緒の表現として自発的に生起する微笑みや笑いが増加するようになると，新生児反射と同様に消失してしまう。

出生から生後数ヶ月の乳児には，新生児反射や生理的微笑といった生存を保

表4-1 新生児反射とその関連する行動 （岡田，1972改）

反射の名称	説明	関連する行動
モロー反射	刺激を受けると両腕を左右に広げ，腕で何かを抱え込むような行動	母親に抱かれる行動
把握反射	手の平に刺激を受けたとき，それをつかもうとする行動	ものをつかむ行動
歩行反射	身体を支えて立たせるようにした時，歩くように足を動かす行動	歩く・走る行動
吸啜反射	唇に触れたものに吸い付く行動	食べる行動

証する機能をもった不随意的な行動が備わっており，この時期の行動の大部分を占めている。しかし，これらの行動は，発達によって自らの意思に基づき，状況に応じた目的適応的な行動をとることが可能になれば，消失していくものなのである。

2）新生児の五感と感覚間協応　新生児・乳児の行為は，不随意的で未発達なものばかりではない。視覚・聴覚・臭覚・味覚といった，いわゆる五感と呼ばれるものの能力は，従来考えられていたよりも高いことが明らかになっている。

かつては，乳児はある一定期間経たないと目が見えるようにならないとされていた。しかし，生後2時間以内の新生児でも対象物を眼で追い（Wolff, 1972），色の知覚も新生児期から可能であるとされている（Bornstein, 1978）。また，より複雑なパターンや対称的なパターンの対象物を好んで見ることも示されている（Brennan et al., 1966；Boswell, 1976）。また，奥行きや深さなど3次元の知覚も早い時期から可能である（Bower, 1964；Gibson & Walk, 1960）。

聴覚については，胎児は胎内において外界の音を聞いていることが明らかになっているが（Maurer & Maurer, 1988／吉田訳, 1992），生後3日以内の新生児であっても，母親の声を胎児の頃の学習によって識別していることがわかっている（DeCasper & Fifer, 1980）。

また，聴覚は言語発達の基礎ともなるものである。乳児は意味を含まない音声と会話の音声の違いを聞き分けられる（Jusczyk & Derrah, 1987）。これに加え，母国語を習得する前の乳児には，母国語をはじめとした多様な言語の音声（母国語にはない音声を含む）を識別できることがわかっている（Trehub, 1976）。しかし，この能力は月齢が上がり，母国語の習得が進むと，母国語以外の音声の識別能力が下がり，最終的に母国語に含まれる音声に対する識別の敏感性だけが残っていくとされている（Eimas et al., 1971）。

また私たちは，大人（特に母親）が子どもに話しかけている声が，上ずったり抑揚が大きくなっているのをよく耳にする。そのような子どもに対する話しかけの特徴は，マザリーズ（motherese）と呼ばれる。マザリーズは，多くの文化圏に共通して認められることがわかっており，乳児もマザリーズを好む傾

向があることが見出されている（正高，1993；林ら，1996）。

　子どもは言葉，特に母語の獲得を促進するような，聴覚的な敏感性を出生直後から有している一方，大人による子どもへの話しかけは，乳児が注意を向けやすい音声で行われており，子どもの言語獲得に有用な環境が自然に形成されている。このような両者の特徴の相互作用によって，子どもの言語獲得が導かれているものと考えられるのである。

　嗅覚においては，自分の母親が授乳中に乳房に当てた布のにおいを，新生児が識別していることが確認されている（MacFarlane, 1975）。また，味覚においても，新生児は甘みを好み，酸味や苦味を拒否する（Steiner, 1979）。乳房のにおいや乳の味という子ども自身の生存に直結する知覚は，生後からきわめて鋭敏であることがよくわかる。

　乳児期のかなり早い段階から，五感がある程度発達していることに加えて，2つ以上の感覚を統合して認知することも可能である（これを感覚間協応という）。たとえば，生後間もない時期から，乳児は音が聞こえた方向に顔や目をやることができる。これは，聴覚と視覚が協応して初めて可能な行為と考えられる（Harris, 1983）。また，触感の異なる2つのおしゃぶりを準備し，2ヶ月児に対して，その一方を暗闇で何も見えない状況でしゃぶらせた後，明るいところでもう一方のおしゃぶりとともに見せる実験では，自分がしゃぶった方のおしゃぶりを長く見ることが確認されている（Meltzoff & Borton, 1979）。これは，舌で感じた触覚と目で見たものが協応していることを示すものと考えられるだろう。

　以上から，五感は乳児の中に独立かつ並列的に存在するものではなく，複数の感覚情報は統合され，1つの世界を作り上げる手がかりになっており，乳児も大人と同様，感覚を統合して世界を認識していると考えられる。感覚間協応は，乳児期以降に発達する，言語獲得などのより高度な社会行動を発達させていくためにも，重要な基礎となるのである。

3. 人とのきずなの形成

　前節までの議論から，乳児は従来考えられてきたような無力な存在なのでは

なく,生存に必要な能力を有し,それをさらに発達させていくことによって,より環境に対して適応性を増していくことがうかがわれた。しかし,乳児にとって,父母から受ける養育や,養育者との関係が発達に不可欠であることは厳然たる事実である。また,親などの養育者との関係のみならず,きょうだいや友人,また保育施設や保育者,それを支える社会全体,文化といった子どもを中心とした同心円状の環境の中で,社会や人々との関係やきずなに支えられて,子どもは発達を遂げていくと考えられている(Bronfenbrenner, 1979／磯貝・福富訳, 1996)。

本節では,乳児が発達していくなかで形成される養育者をはじめとした他者との関係性の基本となる諸行動を概観した後,特に乳児と養育者との情緒的きずなともいえるアタッチメントについて述べていくことにする。

［1］きずなの基礎となるもの

人間の乳児はもちろん,生まれたての動物の多くは,大きくて丸い顔,大きくて低い位置の目,あごと鼻が小さいという顔の特徴や,頭部が大きく全体的に丸みを帯びた体つきの特徴を共通してもっている。養育者をはじめとした大人は,このような子ども独特の外見的な特徴をかわいいと感じ,子どものもつ外見的なかわいらしさは,大人の養育行動を生起させることにつながっていると考えられる。前節で触れた生理的微笑も,同様の解釈が可能である。

養育者が乳児の顔つきに引きつけられるのと同様,乳児の側にも人の顔に対する生得的な選好性がある。福笑いに似た模型を使って,顔の輪郭のみ,顔のパーツがばらばらになっている顔,顔らしく並んだ顔の3つをそれぞれ新生児に見せる実験を行ったところ,顔らしい顔を注視する時間が一番長いことがわかっている(Fantz, 1961)。また,新生児の頃は顔の輪郭を中心に見ているのが,2ヶ月に入ると目や口といった顔の中心に注意を向けるようになることも確認されている(Salapatek, 1975)。加えて,乳児はかなり早い段階から人の顔の模倣が可能であることも確認されている。大人が新生児の目の前で口を開けたり,舌を突き出したり,唇を突き出すような表情を見せると,同じ表情や顔の動きを新生児が行うことを確認されている(Meltzoff & Moore, 1977)。また,新生児は喜びや驚き,悲しみといった表情も模倣する(Field et al.,

1982)。つまり，出生直後から，新生児は対人コミュニケーションにを行ううえで最も重要な情報源となる人の顔や表情に対する敏感性をもち，対人コミュニケーションの基本ともいえる，相手の顔を見て反応することが可能であると考えられる。

［2］親子のきずなのシステムとしてのアタッチメント

養育を導く特徴をもち，最も原初的な他人コミュニケーションが可能である乳児に対し，養育者は敏感かつ適切に応答する——このような乳児と養育者の相互作用が毎日の育児のなかに繰り返されることにより，養育者と乳児の関係性——いわゆる「親子のきずな」が生成されていくと考えられる。

ボウルビー（Bowlby, 1969）は，乳児と養育者の相互交渉によって生まれる情緒的なきずなのことを，愛着（アタッチメント：attachment）と呼び，そのシステムについて理論化を試みている。

愛着の理論は，ハーロウ（Harlow, H. F.）による生後間もないアカゲザルを親から引き離す実験に強く影響を受けている。ハーロウはアカゲザルの赤ちゃんを，金網製の人形で哺乳瓶のついた母親型のものと，哺乳瓶はついていないが柔らかい布製の母親型の人形の2つが置かれた状況に隔離し，その行動を観察した。その結果，アカゲザルは，乳首を吸う時以外のほとんどを布製の人形にしがみついて過ごし，不安な状況では布製の母親から離れない様子が観察された。また，アカゲザルが怖がるような動く玩具を近づけると，はじめのうち怖がって布製の人形にしがみついたままのサルが，徐々に状況に慣れて恐怖心が薄れてくると，何かあればすぐに布の人形に戻れるように距離を保ちながらも，それまで恐怖を感じていた玩具に興味をもち，関わろうとする様子が観察された。この事実から，アカゲザルの赤ちゃんにとって空腹を満たすことと同じくらい，柔らかい人形との接触から得られる情緒的な安心感が重要であり，外界と関わるためには，布の人形から得られる情緒的安心感が存在する必要性が考察された（Harlow, 1958）。

ボウルビーはハーロウの実験を参考に，乳児が養育者ときずなを作り上げるために，4つの段階を経ることを理論化した（Bowlby, 1969）。第一段階は，人間一般に対して，微笑（生理的微笑）や泣き，注視などの行動を生起する段

階である（生後0〜2ヶ月）。第二段階は，第一段階の行動が，特定の対象（養育者，多くの場合は母親）に向けて絞られる段階である（生後6ヶ月頃まで）。第三段階は，後追いや抱きつきなど，乳児が自ら能動的に養育者との近接を保ち，養育者の養育行動を喚起しようと行動する段階である（生後1，2歳頃まで）。特定の対象に対して近接を保ったり，相互作用を求める乳児の行動は愛着行動と呼ばれる。

　第二，第三段階における乳児の愛着行動に対し，養育者が適切に応答することが繰り返されることにより，乳児は，不安な状況下においても，養育者の存在によって安全を確認し，情緒的安定を得る経験を重ねていく。このような経験から養育者は子どもに安全と安心感を与える安全基地として位置づけられ，養育者―子ども間の信頼関係が完成すると，子どもは養育者と離れて，新奇な状況を探索し行動できるようになる。ボウルビーは，養育者が子どもにとって安全基地となり，それを基盤として養育者から離れ，外界への探索行動ができるようになることを第四段階とした（2，3歳頃まで）。以上の第一から第四の4つの段階を経て愛着関係を築き上げる過程とは，子どもと養育者の間に「心のきずな」を作り上げ，子どもが親から離れて自律的に行動できるようになるまでの過程と考えることができよう。

　アタッチメント理論は，子どもにとっての親との心のきずなの完成とそのプロセスを理解するうえで重要な理論であるが，同時に，愛着の完成までの養育者の存在や関わりの重要性を強調する理論とも言える。この重要性が過度に強調された結果として理解できるのが，3歳児神話（子どもの生後3年間は母親の手で育てることを重要視する言説）である。特に，子どもを保育園などに預けて働く親にとって，3歳児神話のプレッシャーは大きなものとなっている。

　しかし，アタッチメント理論は決して，「母親」だけが子どもの安全基地となることを示唆しているものではない。乳児の愛着行動に適切に応答する特定の存在の重要性を強調しているものと考えられる。つまり，「特定の大人」として「母親（あるいは生みの親）」の重要性のみが強調される必要はなく，継続的に子どもの愛着行動に適切に応答する大人は，すべてが愛着対象となり，信頼関係をもつことが可能であると考えることができるのである。

　また，「特定の」養育者の存在の重要性が示唆されているために，母親など

誰か1人だけが子どもの愛着対象となり得る存在であり，その唯一の存在が欠けることの重大性を心配する向きもある。しかし研究によれば，子どもは特定の愛着対象が一時的に不在になったり，保育園などに通っている場合でも，子どもはその状況に次第に慣れ，父親をはじめ保育者や祖父母など，子どもの育ちを取り巻く複数の大人が同時に愛着対象となること可能であるという結果が示されている（荘厳，1997）。

引用・参考文献

Bornstein, M. H. 1978 Chromatic vision in infancy. In H. W. Reese, & L. P. Lipsitt (Eds.), *Advances in child development and behavior*, vol. 12. Academic Press. pp. 117-182.

Boswell, S. L. 1976 Young children's processing of asymmetrical and symmetrical patterns. *Journal of Experimental Child Psychology*, **22**, 309-318.

Bower, T. G. R. 1964 Discrimination of depth in premotor infants. *Psychonomic Science*, **1**, 368.

Bowlby, J. 1969 *Attachment and loss,* vol. 1: *Attachment.* The Hogarth Press. （黒田実郎ほか訳　1976　母子関係の理論Ｉ：愛着行動　岩崎学術出版社）

Brennan, W. M., Ames, E. W., & Moore, R. W. 1966 Age differences in infants' attention to patterns of different complexity. *Science*, **151**, 354-356.

Bronfenbrenner, U. 1979 *The ecology of human development: Experiments by nature and design.* Cambridge, MA: Harvard University Press. （磯貝芳郎・福富　護訳　1996　人間発達の生態学：発達心理学への挑戦　川島書店）

DeCasper, A. J., & Fifer, W. P. 1980 Of mothers voice. *Science*, **208**, 1174-1176.

Eimas, P. D., Siqueland, E. D., Jusczyk, P. W., & Vigorito, J. 1971 Speech perception in infants. *Science*, **171**, 303-306.

Fantz, R. L. 1961 The origin of form perception. *Scientific American*, **204**, 66-72.

Field, T., Woodson, R., & Cohen, D. 1982 Discrimination and imitation of facial expressions by neonates. *Science*, **218**, 179-181.

Gibson, E. J., & Walk, R. D. 1960 The 'visual cliff'. *Scientific American*, **202**, 64-71.

Harlow, H. F. 1958 The nature of love. *American Psychologist*, **13**, 673-685.

Harris, P. L. 1983 Infant cognition. In M. M. Harth, & J. J. Campos (Eds.), *Handbook of child psychology*, vol. 2: *Infancy and developmental Psychobiology.* New York: Wiley.

林　安紀子・出口利定・為川雄二・桐谷　滋　1996　マザリーズ音声に対する乳児の

選好聴取反応——選好反応の発達時変化に関する予備的検討　東京学芸大学特殊教育研究施設研究年報, 45-53.
Jusczyk. P. W., & Derrah. C.　1987　Representation of speech sounds by young infants. *Developmental Psychology*, **23**, 648-654.
MacFarlane, A.　1975　Olfaction in the development of social preferences in the human neonate. In M. A. Hofer (Ed.), *Parent-infant interaction*. Oxford: Elsevier Press. p. 103.
Meltzoff, A. N., & Moore, M. K.　1977　Imitation of facial and manual gestures by human neonates. *Science*, **198**, 75-78.
Meltzoff, A. N., & Borton, R.　1979　Intermodal matching by human neonates. *Nature*, **282**, 403-404.
正高信男　1993　0歳児がことばを獲得するとき　行動学からのアプローチ　中央公論社
Maurer, D., & Maurer, C.　1988　*The world of the newborn*. Penguin Books.（吉田利子訳　1992　赤ちゃんには世界がどう見えるか　草思社）
西野泰広　1992　身体・運動　東　洋・繁多　進・田島信元（編）　発達心理学ハンドブック　福村出版　pp. 641-659.
岡　宏子　1970　乳児期の発達　依田　新・東　洋（編）　児童心理学　新曜社　pp. 30-62.
Portmann, A.　1951　*Biologische Fragmente zu einer Lehre von Menschen*. Benno: Schwabe.（高木正孝訳　1961　人間はどこまで動物か：新しい人間像のために　岩波書店）
Roffwarg, H. P., Muzio. J. M., & Dement, W.　1966　Ontogenetic development of the human sleep-dream cycle. *Science*, **152**, 604-619.
Salapatek, A.　1975　Pattern perception in early infancy. In L. Cohen, & P. Salapatek (Eds.), *Infant perception: From sensation to cognition,* vol. 1: *Basic visual process*. Academic Press. pp. 133-248.
荘厳舜哉　1997　文化と感情の心理生態学　金子書房
Steiner, J. E.　1979　Human facial expressions in response to taste and smell stimuli. In L. P. Lipsitt, & H. W. Reese (Eds.), *Advances in child development*, vol. 13. New York: Academic Press. pp. 257-295.
Trehub, S. E.　1976　Discrimination of foreign speech contrasts by infants and adults. *Child Development*, **47**, 466-472.
Wolff, P.　1972　Observations on the early development of smiling. In B. M. Foss (Ed.), *Determinants of infant behavior*, II. Methuen. pp. 113-138.

5

タドラー期とは何か

　タドラー期とは一般的にはあまり耳慣れない言葉と思われる。タドラーとは英語のtoddlerであり，「よちよち歩きの子ども」を指す言葉である。日本語にはこの年齢層を指し示す特定の言葉が存在していないため，toddlerのカタカナ表記である「タドラー」が用いられている。タドラー期は，およそ1歳から2歳の範囲を指す。

1. なぜタドラー期が取り上げられるのか

　タドラー期はさまざまな意味で重要な発達的変化の見られる時期にあたる。こうした発達的変化を大別すると，大きく①心的な処理能力の発達を中心とした「認知的発達」，②成長や成熟に起因する「身体的発達」，③対人関係を中心とする「社会的発達」の3つに分けることができるであろう。

　認知的発達についてはピアジェの発達理論（Piaget, 1970）が代表的なものである。ピアジェによると，タドラー期は感覚運動期の後期から前操作的段階の初期にあたる。この時期では特に，「物の永続性」の概念を獲得したり，3次元的な物の見え方の違いを理解したりすることになる。こうした概念の獲得を経て，タドラー期には出生当初の反射的な行動の段階から，思考に基づいた行動の段階へと移行を開始する。

　身体的な発達という点では，タドラー期はさらに明確な重要性をもつと言える。一般的にはおよそ生後10ヶ月程度で「ハイハイ」による移動を開始すると考えられている（Shirley, 1933）が，これ以降子どもの移動能力は急速に発達する。つまりタドラー期とは人間の移動行動において中心となる直立二足歩

行を確立し，自由に移動することが可能となる時期と言える。こうした運動能力の発達は，子どもにとって社会的な関係性を拡大するための大きな手段となる。

社会的な関係性の発達から考えると，タドラー期は「母子関係」から発した対人関係が周辺の領域へと次第に拡大していく時期にあたっている。また社会的な関係性の形成を促進する1つの要因として，言語能力の発達をあげることができる。もちろんコミュニケーション能力の発達という観点から考えると，タドラー期以前の段階においてもさまざまな変化が見られるものである。タドラー期の言語発達では一般的に，およそ10ヶ月から15ヶ月の間に初語が出現し，これ以降言語を用いたコミュニケーションが急速に確立されていくことになる。こうした言語によるコミュニケーションの発達は，タドラー期の子どもにとって，社会的な関係性を確立していくための非常に有効なツールとして機能していると考えられる。

このようにタドラー期とは，子どもが人間としての身体的，認知的，社会的な基盤を確立するに従って自らの世界を急速に拡大していく過渡期にあるという意味において，非常に興味深い時期である。

2. 身体と運動能力の発達——歩行

運動能力の発達については一般的に，歩行などに代表される体全体を使った大きな動きである粗大運動と，指先の動きなどに代表される器用さを示す巧緻性に分けて考えることができる。またこうした運動能力の発達は，初期の発達段階において，各個人の発達の状態を判断するうえで非常に重要な基準の1つとしてとらえられている。このため，各種の発達テストにおいても何らかの形で運動能力の発達が検査項目の中に取り入れられている。

タドラー期の身体運動の発達は，まさに歩行の獲得であると言っても過言ではない。以下にタドラー期に見られる移動能力の変化を紹介する。これはシャーリー（Shirley, 1933）による歩行に至る発達過程の系列に，ゲゼルら（Gesell et al., 1974）の発達テストの項目を追加し，記載したものである。ただしこれらの発達段階は個人差が大きく，あくまでも目安程度のものとして理

解しておくことが望ましい。また，各文化によって発達の初期から歩行を励行するものや，積極的に歩行を促さないものなどの差異が見られ，これによって歩行の発達時期にも差が見られると考えられる。

1歳（月齢52週程度）では，子どもはそれまでの「ハイハイ」とは異なって，ひざを上げて足の裏をついた状態で手を地面について熊のように歩くようになる。ちょうど，私たちが二足歩行している状態から上体を屈め，膝を少し曲げて両手を突いて歩いているような形である。またこの時期には一方の手を持ってもらうことによって二足歩行を行うことができるようになる。これと同時期につかまり立ちも見られるようになる。

15ヶ月程度になってくると，階段を這って登ることができるようになってくる。またそれまでつかまり立ちしかできなかったものが一人立ちできるようになる。さらにしばらくすると，一人歩きができるようになってくる。ただしこの段階では角を曲がったり，急に止まったりといったことはできない。また何かにぶつかるとすぐに倒れてしまう。

18ヶ月頃になると，手すりにつかまったり，手を引いてもらったりして階段を登ることができるようになる。また，玩具を引きずったり抱えたりした状態でも歩行することができるようになる。

2歳程度になると，階段を一人で昇り降りすることができるようになる。ただし，成人がするように通常の歩行と同様に左右の足で交互に1段ずつ歩くことはできない。この時期の子どもは，1段ずつ，両足をそろえるようにして階段を歩く。また，この時期になると「歩く」ではなく，「走る」ことができるようになる。また，体のバランスを崩さずに物を投げることもできるようになる。

2歳半程度になると両足を使ってジャンプすることができるようになる。また，爪先立ちをすることもできるようになってくる。

このように，タドラー期の子どもの歩行の発達は，「ハイハイ」に始まって成人に近い段階まで急速に発達していくことがわかる。

身体運動の巧緻性の発達では，特に手の機能の発達が特徴的である。人間を他の動物と区別する最も大きな身体的特徴の1つとして，直立二足歩行とともに，「さまざまな道具を作り，使いこなすことのできる手先の器用さ」をあげ

ることができる。タドラー期においてはこの手先の器用さも，歩行と同様に急速に発達を遂げることになる。

およそ1歳程度になると，子どもは手にしたものを何でも口に持っていくという行動をとらなくなってくる。この時期の子どもは，手にしたものを床に向かって投げつけるという行動が見られるようになってくる。

15ヶ月程度になると，先に見られたような地面に向けて物を投げる行動は少なくなり，前方に向けて投げることができるようになる。また片手で2つの積み木をまとめて持ったり，2つの積み木を積んで塔を作ったりすることができるようになる。この時期にはコップを使って飲み物を飲むことができるようになるが，スプーンをうまく使うことはまだできない。ただし，養育者の助けを得ずに何とか食事をすることができるようになってくる。

18ヶ月程度になってくると，3から4個の積み木を積んで塔を作ることができるようになる。また物を投げる際に，すぐに落ちないように調節して投げることができるようになる。食事の際にはスプーンをうまく使うことができるようになる。さらに，手袋や靴下などを脱いだり，ジッパーを下ろしたりといったことができるようになってくる。

2歳くらいになると，6から7個の積み木を使って塔を作ることができるようになる。また，衣服の着脱ができるようになってくる。

3. 言語の獲得——二語文，質問期

[1] 語彙獲得の第一段階

言語産出以前の，言語理解を始めた時期からおよそ30〜50語程度を話せるようになる時期を語彙獲得の第一段階と呼ぶことができる。第一段階にあたるのはおよそ生後10ヶ月〜1歳半くらいまでである。語彙獲得の第一段階の特徴として，①語彙獲得の速度が比較的ゆっくりとしていること，②定着性が低く，消失する割合が大きいこと，③成人の語彙よりも過大般用してしまうことがあげられる。

子どもが最初に発する言葉を初語と言う。初語は生後10ヶ月から15ヶ月くらいの間に出現することが多いと言われているが，各個人によってその出現時

期に大きな差が見られる。こうした言語獲得の初期には，使用頻度の少ない言葉が自然に消失することが多い。綿巻（1999）による研究では，1歳5ヶ月までに現われた言葉のうちの約3割が1歳6ヶ月の段階で使われていなかった。しかし場合によっては消失の割合が少ない者もおり，初期言語の定着性には個人差が見られる。

　綿巻はこの研究の中で初期産出語の特徴をあげている。この特徴として，第一に普通名詞の多さがあげられる。初期産出語の中で，普通名詞は1/3から1/2を占めている。第二に，こうした普通名詞の中でも体，動物，食べ物，人を意味する言葉が多いことがあげられる。このことは，小さく，軽く，子どもでも動かしやすい物，また子どもが強い関心を示している物の名称が早期に獲得されることを示している。また第三の特徴として，定型化した挨拶など，子どもの日常生活に密着した言葉が多いことがあげられる。さらに第四の特徴として，大人が使用している言葉とは異なった意味で用いられることが多いことがあげられている。たとえば，「ワンワン」という言葉を四足歩行の動物すべてを指すものとして用いたり，「ブーブー」という言葉を，乗り物すべてを指すものとして用いたりといったことである。

[2] 語彙獲得の第二段階

　子どもの語彙は，自発的に産出する言葉が50語を越えたあたりから爆発的な増加を見せる（荻野・小林，1999）。この時期は一般的に1歳半程度の時期にあたり，語彙獲得の第二段階と呼ぶことができる。

　この時期になると，子どもは「物には名前がある」ということを理解するようになる。この時期の特徴として，知らないものを指差して「これ何？」という問いかけを発することが多くなる。こうした問いかけ，答えのやりとりは子どもの語彙を増やす役割以上に，親子間の交流を促進する働きをもっていると考えられる。さらにこの時期には，過大般用されていた言葉が適切なカテゴリーを指す言葉の獲得とともに使用範囲を狭くしていく。たとえば前田・前田（1983）の観察した子どもの場合，「まんま」という言葉を「ご飯」だけでなく，牛乳，パン，みかん，さらに「子どもが欲しいと思っているものすべて」というように過大般用が見られた。しかし1歳6ヶ月以降になると，「ごあん（ご

飯）」「うどん」「ぎゅ（牛乳）」などの言葉の獲得とともに「まんま」という言葉は使われなくなっていった。

［3］二語発話の出現

　二語発話が出現するのは一語文の出現からおよそ6〜8ヶ月後と言われている。二語文出現当初には非統合結語発話と呼ばれる形態の発話が見られる。非統合結語発話とは，複数の単語が連続して発話されるが，一続きのイントネーションをもたないものである。「パパ＼あっち＼」のように，単語の切れ目に下行調のイントネーションがある。このような非統合結語発話は，一語文から統合結語発話への移行段階であると考えられる。これに対して，大人と同じイントネーションをもった発話を統合結語発話と言う。アニスフェルド（Anisfeld, 1984）の研究による一語文から非統合結語発話，統合結語発話へと推移する過程を図5-1に示した。ここに示されているとおり，一語発話の減少にともなって非統合結語発話が次第に増加し，二語発話の開始から半年ほど遅れて統合結語発話が急速に増加していくことがわかる。

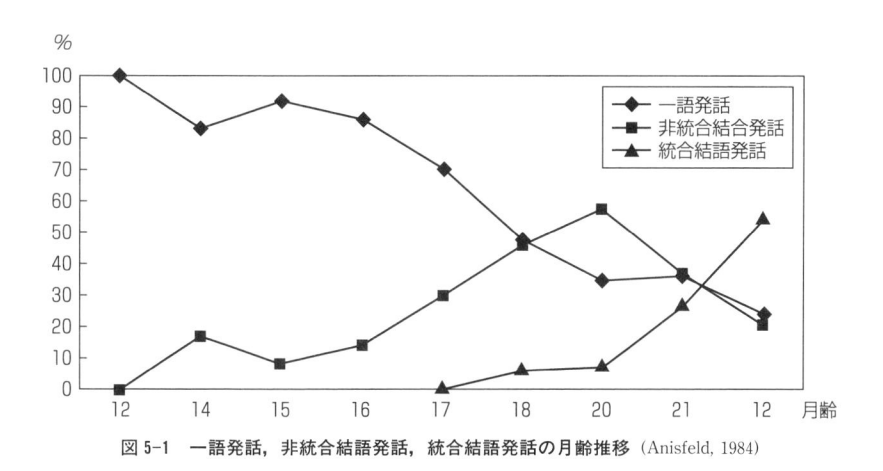

図5-1　一語発話，非統合結語発話，統合結語発話の月齢推移（Anisfeld, 1984）

4. 認知・情緒の発達と人との関わり

タドラー期の発達において，非常に特徴的なものとして「第一反抗期」「生活習慣の確立」「社会的関係の拡大」などをあげることができる。

[1] 第一反抗期

第一反抗期とは1歳を過ぎて，子どもの自我が発達してきた頃生じる「自己主張」である。子どもにとって生まれて初めての自己主張は，養育者の側から見るとそれまで従順であった子どもが急に言うことを聞かなくなったように受け止められる。しかし産まれてすぐ，自我の確立以前の段階にある子どもには，自らの意思に従って行動しようという意図は存在していない。つまり表面的に親の意思に従順であるように見えていただけである。これに対して生後1年を過ぎる頃になると，次第に自我が確立され，自らの欲求を明確に意識し始めるようになる。この段階になると，養育者の行動が自分の意図と異なっていた場合に，明確な拒否を示すようになってくる。2歳程度になってくるとこの傾向は特に顕著に現われ始める。この年齢の子どもたちによく見られる「見てて」という発言には，「手を出さないで自分だけでやらせて」という自己主張と「遠くへ行かずにそこで見守っていて」という依存の2つの意味が込められていると考えられる。こうした拒否の表出は3歳になるとさらに巧緻化し，さまざまな言語を用いて行われるようになる。また3歳後半くらいになってくると，相手との社会的な関係性を正確に把握し，相手によって態度を変えるなど，より一層大人を困らせることが多くなる。この時期の反抗の特徴として「自己の主張を効果的に行う能力の発達に対して，相手の立場を慮り妥協点を見出すといった能力の未熟さが目立つ」ことがあげられ，養育者のストレスの一因となることもある（倉島，2001）。

[2] 生活習慣の確立

タドラー期の生活習慣の確立において最も重要な点として排泄のコントロールがあげられる。フロイト（Freud, 1940）はこの時期を肛門期と呼んでいる。

この時期には性欲動（リビドー）が肛門に集中すると言われている。子どもの関心は，肛門期前期では排泄を行うことに，後期ではこれを我慢することに集中する。この時期は子どもにとって，生まれて初めて社会からの要請に応えることを求められる時期と言える。こうした要請は，ときとして子どもにとって大きな抑圧となると考えられている。

　同様に，エリクソン（Erikson, 1963）はこの時期を自律性対疑惑という発達課題を解決する時期として想定している。この時期に子どもに対して与えられる最も顕著な要請として，トイレットトレーニングがあげられている点はフロイトと同様である。

　また排泄と同様に，摂食についても変化が見られる。新生児期にはおよそ2時間ごとの授乳が必要であったものが，次第にその回数を減らし，1歳程度になると1日に3回程度の食事になってくる。またその内容も変化し，1歳程度になると後期離乳食というほぼ成人と同程度のものを食べるようになる。1歳半になると自らスプーンを使って食事ができるようになる。このようにして，少しずつ生活習慣の自立が行われる時期である。

［3］親子（アタッチメント）からきょうだい，周辺の人間関係へ

　乳児期に見られたように，対人関係の基礎となるアタッチメントは生後約6ヶ月程度には形成されると考えられる。この時期になると子どもは母親の関心を得るためにさまざまな行動を起こすことになる（Shirley, 1933）。

　タドラー期には子どもの移動能力の発達にともなって，こうした母親との接近状態を維持しようとする行動にも大きな変化が見られるようになる。アンダーソン（Anderson, 1972）による1歳3ヶ月から2歳半の子どもの観察研究では子どもたちが母親と一定の距離の間を行き来しながら遊ぶ様子が示されている。子どもたちは母親が近くにいる場合であっても相互に言葉を発することは少なく，離れている場合にはときおり独り言を発する程度であった。しかしこうした状況であっても，子どもたちは時折母親の存在を確認する。こうした行動は，この時期の子どもが母親を安全基地として利用し，行動範囲を広げていることを意味している。この証拠として，母親から離れて遊んでいる子どもたちが何らかの恐怖を感じた場合，子どもたちは母親の方へ近寄るか，母親の所

在や挙動を確認する。

　アタッチメントは母子関係のみに見られるものではない。特にきょうだい関係では，新規な場面においてきょうだい関係にあるものが相互にアタッチメント行動を示すことが知られている（Stewart, 1983）。さらにシャッファーら（Schaffer et al., 1964）は第二子以降の母親へのアタッチメントと兄姉へのアタッチメントが，ほぼ同時期に形成されることを示している。つまり，きょうだい関係は必ずしも母子関係のみを基盤にして形成されているのではないと考えることができる。また一般的には弟や妹が産まれることによって，兄や姉になる子どもが情緒的に変化するという意見もみられる。権平ら（1985）の研究によると，弟妹の出生時に兄姉が「甘えるようになった」と報告する母親が多かったものの，「年齢に応じた自立ができるようになった」と報告するものも多くみられた。また「おもらし」などの退行現象を報告したものはわずかであったが，「吃り」「反抗」などの情緒的な反応を心配する母親が多くみられた。

　きょうだいの存在と社会性の発達についてはさまざまな研究が見られ，意見が統一されていない。スノーら（Snow et al., 1981）によると「第一子」や「一人っ子」の方が「第二子」以降よりも社会性が優れているという研究や，「第二子」以降の方が優れているという研究が混在している。この原因として「社会性の測定方法」「出生準位群の定義」「社会経済的な変数」などが統一されていないことをあげている。きょうだい関係の研究には，きょうだい関係を構成している子どもだけではなく，両親やその社会，経済的状態などの家庭環境も含めてさらに研究が行われる必要がある。

引用・参考文献

Anderson, J. W.　1972　Attachment behavior out of doors. In N. B. Jones (Ed.), *Ethological studies of child behavior*. Cambridge: Cambridge University Press.

Anisfeld, M.　1984　*Language development from birth to three*. Lawrence Erlbaum Associates.

Erikson, E. H.　1963　*Childhood and society* (2nd ed.) New York: Norton.

Freud, S.,　1940　*An outline of psychoanalysis*. New York: Norton.

Gesell, A., & Amatruda, C. S.　1974　In H. Knocloch, & B. Pasamanic (Eds.), *Developmental diagnosis*. New York: Hoeber.

権平俊子・山本清恵・稗田涼子・結城静江・山田正子　1985　赤ちゃんの誕生が年長の同胞に及ぼす影響とその対策　日本総合愛育研究所紀要，**21**，195-208.

倉島加奈子　2001　乳幼児期の子育てについて　発達心理学の研究　(中央大学文学部都築研究室)，**3**，29-36.

前田富祺・前田紀代子　1983　幼児の語彙発達の研究　武蔵野書院

荻野美佐子・小林晴美　1999　語彙獲得の日米比較　桐谷　滋（編）　言葉の獲得　ミネルヴァ書房

Piaget, J.　1970　Piaget's theory. In P. H. Mussen (Ed.), *Carmichael's manual of child psychology*. New York: Wiley.

Schaffer, H. R., & Emerson, P. E.　1964　The development of social attachments in infancy. *Monographs of the Society for Research in Child Development*, **29** (6).

Shirley, M. M.　1933　The first two years: A study of twenty five babies, vol. II. Intellectual development. *Institute of child welfare monograph series*, No. 7. Minneapolis: University of Minneapolis Press.

Snow, M. E., Jacklin, C. N., & Maccoby, E. E.　1981　Birth-order differences in peer society at thirty-three degree months. *Child Development*, **52**, 589-595.

Stewart, R. B.　1983　Sibling attachment relationships. *Developmental Psychology*, **19**, 192-199.

綿巻　徹　1999　ダウン症児の言語発達における共通性と個人差　風間書房

幼児期（就学前期）とは何か

1. 幼児期の位置づけ

　一般に，幼児期は1歳から6歳までとされることもあるが，本章では特に幼児後期にあたる，3，4歳から就学前までの発達の様相を中心に概説していく。

　幼児後期は，身体的・運動機能的発達にともなって，子どもの行動範囲は飛躍的に拡大していく。行動範囲の広がりによるさまざまな経験は，子どもの興味・関心を外に広げて行く。興味・関心が外に向き，自らの意志で行動を始めるようになると，しだいに親への全面的な依存の状態から自立に向かい始める時期である。

　多くの子どもにとっては，保育園や幼稚園に通うことにより，それまでは限定的であった社会的環境の大きな変化を経験する。保育者や同年齢の多くのクラスメートなど，いろいろな人と交わることで，対人関係は急速な広がりを見せる。特に友達との関係では，自分の欲求をコントロールすること，他者への思いやりなど人間関係の方法を学んでいく。また，集団生活・集団活動を初めて経験することで，社会生活を行うために必要なルールや，基本的生活習慣を確立していく。

　世界各国の学校教育制度を見ると，5歳から6歳を就学年齢とする国が多いが，これは幼児期の終わりまでに，本格的な社会生活へ入る準備がある程度整うとみなされるからであろう。幼児期を就学前の準備期間とだけ位置づけると，幼児期の特有の発達の様相を見逃す可能性もあるが，本格的に社会の一員としてデビューをする第一歩を踏み出す時期であるということは間違いないだろう。

2. 認知的発達と遊び

[1]「直観的思考段階」の特徴

　ピアジェ（Piaget, J.）の提唱した認知発達の発達段階理論によると，2歳から7歳までは，論理的な思考ができるようになる前の段階という意味で「前操作的段階」と呼ばれている。この段階での思考的な特徴は，表象機能を使うことが可能になり，言葉を使って自分の中にイメージとしてある対象を表わしたり，あるモノを別のモノに見立てて遊ぶことができるようになることである。しかしいくつかの事柄を論理的に結びつけて考える，という意味での思考の操作はまだ難しい段階である。

　この「前操作的段階」の特に後半の4歳から7歳にかけてを，前半の2歳から4歳の「象徴的思考（前概念的思考）段階」と区別して，「直観的思考段階」呼ぶ場合もある。

　「直観的思考段階」の特徴として第一にあげられることは，物事の関連性やつながりについての判断が，見た目などに左右されやすく，直観的であるということである。たとえば，同じ大きさのグラスに入っている同じ量の2杯のジュースのうち，1杯を目の前で，背は高いが底の狭いグラスに移し換えて見せた後，どちらのグラスのジュースが量が多いかをたずねると，背の高いグラスに入ったジュースの方がたくさん入っている，と答える。こう答える子どもは，量の判断を行う際に2つの視点を判断に取り入れることがまだできておらず，「高さ」という見た目にのみ注目して判断を行っているのである。

　他にも，同じ数のおはじきを2列に並べた後，目の前で1つの列のおはじきだけ，間隔を広げて並べると，間隔の広がった方の列のおはじきの方が数が多いと答えたり，同じ大きさの粘土のボール2つのうち，1つだけを細長く延ばすと，延ばした方の粘土の方が大きいと答えたりする。

　このように，モノの一部の目立つ特徴にのみ注意が向いてしまったり，もとに戻せば同じになる，という思考的操作ができないために，「保存の法則」の理解ができていないのである。

　もう1つの特徴としてあげられるのは，自分の立場を離れた客観的な視点を

まだもつことができないという「自己中心性」である。子どもの認知発達で使う「自己中心性」という言葉の意味は，大人の場合の「わがままやエゴを押し通す」という意味とは少し異なる。

たとえば，3つの大きさの異なる山の模型を配置したテーブルの前に座らせて，テーブルの向い側に座っている人からはどう見えるかをたずねると，自分の位置から見える景色と同じように見える，と答える。これは子どもが自分の視点と他者の視点の違いに気づいていないためであるが，モノの見え方だけではなく，他者の知覚や認識，感情についても同じように主観的に判断する傾向がある。

[2] 認知的発達にともなう遊びの変化

幼児の遊びは，大人の余暇のための遊びとは違い，遊びそのものが発達と密接な関係をもつものである。幼児期によく見られる「ごっこ遊び」の変化を通して，子どもの認知発達や社会的な発達の様相を見ることができる。

2歳代では，たとえば積み木を車に「見立て」たり，葉っぱやお花を食べ物に「見立て」て食べる「ふり」をしたり，と目の前にあるモノにその場にはないモノに対して自分がもつイメージを反映させた遊びをする。これは，ピアジェの発達段階でいう「象徴的思考段階」に入り，表象機能を使って遊べるようになったことを示している。

3歳から4歳になってくると，自分がテレビのヒーローになってみたり，家族のメンバーの役を割りふってお母さんやペットの犬の役割を演じてみたりと，自分に他者とのイメージを重ねて他者になりきる，「ふり」遊びができるようになる。

このように，「見立て」遊びや「ふり」遊びができるようになるには，その対象に関する知識をもち，その対象のまとまったイメージを保持できているということ，さらに，その対象と見立てに使う別のモノとの共通点について概念的に結びつけて表現できること，という認知的能力が必要である。

さらに5歳から6歳になると，「ごっこ遊び」もより複雑に変化していき，たとえば登場人物の性格づけがその場の状況によって柔軟に変化したり，時間的・空間的な広がりをもつストーリーが展開されたりする。このように，子ど

もの内部に保持されているイメージを現実のモノや人に投影するだけではなく，そのイメージをもとに想像をさらにふくらませて変化させていく過程こそが遊びとなっていくようである。さらに遊びをより面白くするために，参加者がみんなで共有するイメージを具体的なルールに変化させていき，しだいに最初からルールのあるゲームや競技的な遊びも楽しめるようになっていく。

[3] 遊びの形態の変化

　遊びのイメージをふくらませるうえで重要なのは，一緒に遊ぶ友達との関わりである。1人の子どもの想像力よりも，複数の子どもたちがそれぞれのイメージを重ね合わせながら遊びを作っていく方が，広がりが出てより楽しく遊ぶことができる。しかし，他の子どもと一緒に遊べるようになるまでにも，いくつかの発達的段階を経る必要がある。

　パーテン（Parten, 1932）によると，2，3歳頃の子どもは他の子どもと一緒に遊んでいるように見えても，子ども同士の間にやりとりは見られない。この遊びの形態を「平行遊び」と言う。「平行遊び」の場合，先に遊び始めた子どもの活動に触発されて他の子どもも近くで同じような遊びを始める場合が多いため，お互いに全く関心がないわけではないが，お互いに遊びのイメージを共有してはいない状態である。

　幼児期後期には，子ども同士が何かのきっかけで同じ目的やイメージを重ねることができると，一緒にやりとりをしながら同じ遊びに携わる「連合遊び」が見られるようになる。数人で行う「ごっこ遊び」など他者とイメージを共有する遊びは，この段階になって発現する遊びの形態である。ただし「連合遊び」の段階では，そこに加わっている子どもたちの間で明確な目的は共有されておらず，最初にイメージを重ね合わせて遊びを始めても，お互いのイメージがずれてくればその遊びは成立しなくなってしまう。

　長い時間イメージを共有でき，さらに共同でイメージをふくらませていけるようになるのは，やはり5歳から6歳になってからである。この時期になると，遊びに参加している子どもたちのなかで，しっかりとした目的意識が共有され，役割分担が生まれることもある。

　このように，子どもの遊びの形態の発達は，それぞれの子どもの認知的発達

にともなって生じている面がある。また一方で，子どもの社会的発達や「自己中心性」からの脱却などが，遊びや社会的経験を通して促進されるという側面もある。

3. 社会性の発達と自立性の獲得

［1］友達との関わりの変化

　幼児期を就学前の準備期間という位置づけで見るならば，重要な発達課題として，小学校入学後の集団生活でつまずかない程度の，社会的な能力と基本的生活習慣を身につけることがあげられる。

　現代の日本では幼児期には多くの子どもが，幼稚園・保育園などに通うことによって，家庭内とは異なる人とのつながりを新たに経験するようになる。そのような経験のなかで，次第に親のもとを離れて友達と遊ぶことが，社会性の発達においては非常に重要になってくる。

　幼稚園の3年保育で入園したばかりの年少児は，同じ立場の子どもたちに対する関心はそれほど高くない。まずは保育者との関係を築いたり，幼稚園にあるさまざまな珍しい遊具に夢中になったりと，それぞれに自分自身が新しい環境に慣れることに精一杯である。しかし，しだいに集団で同じ作業をしたり同じ遊びに関心をもったりするうちに，他の子どもへの関心が高まってくる。幼児期後期になると，好きな活動や遊びが似ている子ども同士が仲良しの友達という存在になり，1対1の関係を築けるようになっていく。さらに年長になると複数の友達に関心が広がり，子どもだけの集団で遊んだり活動することを好むようになる。

　言葉の発達を基盤としたコミュニケーション能力，他者の気持ちを理解できるようになること，自分の欲求や感情をコントロールできるようになるなどが，このような友達との関わり方の変化を支えている。

［2］心の理論

　他者の気持ちがわかるようになること，に関しては「心の理論」(Wimmer & Perner, 1983) と呼ばれる認知的能力の獲得が重要な意味をもつ。これは，

他者の信念や欲求といった心の状態について理解し，他者の行動を推測したり解釈したりする能力であり，4歳頃になって獲得されると言われている。

「心の理論」が獲得されたかどうかを調べるには，幼児に以下のようなお話を聞かせる。

> 「サリーとアンという2人の女の子が遊んでいて，サリーはカゴにビー玉をしまって部屋を出ていきます。その後，アンがビー玉をカゴから取り出して，箱に入れます。さて，帰ってきたサリーはビー玉を探すためにどこを見るでしょうか」。

このお話を聞いた子ども自身は，アンがビー玉の場所を変えたことを知っているが，登場人物のサリーはそのことを知らないはずである。もし子どもの回答が，「カゴを探す」であれば，サリーの立場に立ってサリーがどう考えているか，ということが理解できるようになったということである。大人にとっては簡単なことであっても，4歳以前の子どもたちには正しく答えることはまだ難しい。このため，子安・木下（1997）が指摘するように，幼児に対してよく「お友達のことを考えましょう」「お友達が嫌がることはしないようにしましょう」と教えることがあるが，他者の気持ちがまだ正確に理解できない年齢の子どもたちにとっては，他者と共感したいという気持ちはあっても，選択した行動が的外れになる場合もある。

[3] 子どものいざこざ

他者の心の状態を理解する能力は，他者との関わる経験のなかで獲得されていくと考えられる。特に友達とのけんかやいざこざは，一見ネガティブな現象に見えるが，実は社会性の発達において重要な意味をもつ経験なのである。

2，3歳までの子ども同士のいざこざは，モノの取り合いや嫌なことをされたなどに端を発することが多いが，これは言葉でコミュニケーションする能力が不足していることが大きく関わっている。幼児期後期になると，お互いに言葉で欲求を伝え合うことはある程度できるようになるが，けんかやいざこざが減少するわけではない。一緒に遊んでいる子どもの間で，欲求がぶつかり合ったり，お互いの意図を正しく理解できなかったりすることが原因である。

大人が子どものけんかやいざこざに介入する場合，一方的に状況判断をして原因となった子どもに謝らせる，お互いに仲直りをさせるなど，表面的に収ま

ったように見える対応をとりがちである。しかしながら、子どもにとって自分と他者との欲求が異なることに気づくこと、自分の欲求を満たすだけでは友達と楽しく遊ぶという目的は成し遂げられないこと、などを学んでいく機会は重要なものである。幼児期の後期にもなると、しだいにお互いの欲求にどう折り合いをつけていけばいいかについて考える力もついてくる。仲間に入れてもらえなかった、友達と遊んでいるうちにけんかが始まったなどの経験も、協調性を身につけ、他者の気持ちを理解し、自分の行動をコントロールするという社会性の発達のためには必要なものであると言えるだろう。

[4] 基本的生活習慣の確立と自立性

　小学校への入学後の社会的生活を円滑に行うためにも、幼児期後期までにはひととおりの基本的生活習慣を修得することが期待されている。基本的生活習慣とは、食事・睡眠・排泄・着脱衣・清潔といった身体的・生理的生活に関する行為であり、幼児期前期から少しずつ形成されるが、幼児期後期には子ども自身でひととおりできるようになる。

　何歳くらいでこの程度のことができるという目安については、時代や文化によって異なってくるが、最近の傾向としては養育者や保育者からの自立への働きかけが早まっており、子どもの基本的生活習慣の確立の時期も早まる傾向がある。

　身の周りのことが自分でできるようになるということは、社会生活の側面だけではなく、子どもの心理的な側面の発達も促す。基本的生活習慣を獲得するということは、大人から期待された発達課題が1人でできるようになったということであり、子どもにとっては大変誇らしいことである。できるという自信は、他の出来事に関しても困難にぶつかった時に自分で解決しようと試みたり、新しいことに挑戦するという自主性や積極性を引き出し、子どもの心理的な自立を促すものとなる。

[5] 自立を促す働きかけ

　1人でできるという自信がついてくると、大人の仕事のお手伝いをしたがったり、新しい課題に積極的に挑戦するようになる。しかし、当然ながらうまく

できなかったり，時間がかかったり，余計に大人の手間が増えるという場合も多いだろう。このような時，大人が叱ったり，「もうお手伝いしなくていいよ」などと断ったりすると，せっかくの子どもの自立性の発達の芽を摘んでしまうことにもなりかねない。また，危ないから，失敗しそうだからといって，大人が先回りして状況を整えたり子どもの行動を制限したりすると，失敗を経験する機会が得られなかったり，自分で判断することができなくなったりする。

　それでは，子どもの自立の意欲を伸ばすような働きかけとはどのようなことが考えられるであろうか。

　基本的な生活習慣を習得するまでの間には，養育者や保育者から子どもに対して褒めたり叱ったりしながら「しつけ」を行っていく。その際に，子どもの行為の結果にのみ注目して褒めたり叱ったりすると，「失敗という結果＝否定的な他者からの評価」という図式が子どもに内面化される。幼児期は失敗を繰り返しながらさまざまな能力を習得する時期であるが，失敗することに対する否定的な意味づけをしてしまうと，新しいこと困難をともなうことに挑戦し，自らを伸ばしていこうとする意欲が低下してしまうだろう。

　また，褒めたり叱ったりする時に「あなたはとてもいい子ね」「どうしてあなたはダメなのかしら」など，子どもの人格に言及することがある。このように子どもの行為の結果と人格とを結びつけるようなフィードバックは，「結果＝他者からの評価＝自分の価値」という関連づけを子どもにもたせることになってしまう。結果に関係なく，子どもが取り組んだ過程に注目して褒める方が効果的である。

　さらに，幼児期は能力の個人差が大きい時期でもある。何かができたりできなかったりすることに対して，他の子どもと比較して褒めたり叱ったりしても，効果はあまりないと考えられる。それよりも，子ども自身が前よりもどの程度できるようになったかに注目して褒める方が，さらなる意欲を引き出すであろう。

4. 保育・教育環境と幼児期の発達

[1] 保育形態と発達への影響

　幼稚園や保育園などに通う子どもたちは全体の80％以上にのぼり，ほとんどの子どもが就学前に集団保育を経験していると言える。このため，家庭外での集団保育の環境も，子どもの発達にとって重要な要素と考えられるだろう。

　本来，幼稚園と保育園ではそれぞれの保育目的が異なっているはずであるが，最近では幼稚園でも3歳児未満の子どもを預かったり，時間外保育を行うなどの変化が起こっている。保育園においても，これまでは「保育に欠ける」子どもを受け入れるということで，子どもと一緒に生活をするという側面が強かったが，一部の保育園では文字や数字を教えるなど，幼児教育的カリキュラムに力を入れているところもある。このような変化を考えると，幼稚園だから，保育園だからという制度的側面による子どもの発達への影響の違いはあまりないと言えるのではないだろうか。

　一方，個別の園においては，自由保育／一斉保育といった保育の形態，集団の規模，縦割りクラス／同年齢のクラスといった集団の構成要員，カリキュラムの内容などにおいてそれぞれ特色を打ち出しており，その教育方針のバラエティは子どもが幼児期に経験する事柄の個人差となって現われる可能性が高い。

　たとえば，一斉保育においては集団で規律を守って行動する訓練の機会が多く身につけやすいと考えられるが，自由保育の場合は創造性や自主性の発達が優位である可能性が高い。同年齢の子どもが属するクラス編成では年齢や認知発達段階に即したカリキュラムを行いやすいと考えられ，異年齢の子どもたちによるクラス編成では集団におけるさまざまな立場を経験し社会性を身につけやすいかもしれない。このように保育形態の違いが子どもの発達に与える影響については，それぞれ特徴があり一長一短であると言えるが，長期的に見た影響について結論をするには今後さらに研究を重ねる必要がある。

[2] 早期教育やお受験準備

　早期教育とは，就学前の早い段階から子どもの能力を伸ばすために行われる

教育的働きかけである。しかし，早期教育を始める時期や内容などについてその定義は必ずしも一貫しているわけではない。現代の幼児の生活は，幼児向けのテレビ番組があったり，知育を促すおもちゃやビデオなどの教材的道具で遊んだり，と意図的ではなくてもある程度は早期教育的環境に置かれているとも言える。

　幼稚園や保育園においても，文字の読み書きや数についての知識はもとより，英語，鼓笛隊などの楽器演奏，水泳教室やリトミックなど，遊びを基盤とした活動以上に教科的であったり，特殊な目的をもった教育的なカリキュラムを取り入れているところは決して少なくない。

　さらに大都市圏の一部の現象ではあるが，有名小学校への入学試験いわゆる「お受験」対策として幼児向けの塾へ通わせたり，幼稚園が養育者向けに「お受験」対策の講座を開くことなどがクローズアップされている。小学校の入学試験の内容は，決して学力的に高いことや発達的に早いことを求めるものではなく，知的・身体的・社会的側面がいかにバランスよく年齢相応に発達しているか，を見るものである。しかしそれが試験内容となると，受験する側としては，いかに求められていることを適切にそつなく表現できるかということになり，日常的な保育や生活でさえ「お受験」のための訓練の場となってしまう。

　幼児期後期における早期教育の是非を考えるときに必要なのは，それは子どもがやりたくてやっているのか，効力感をもてているか，子どもなりに原理や意味を理解しているか，といった視点であろう。幼稚園や保育園での早期教育においても，家庭におけるお稽古ごとや「お受験準備」においても，その目的が「子どもの健全な発達」ではなく，「子どもが一定の成果を出すこと」にのみに主眼が置かれているとすると，結果的には自立性の阻害や偏った発達を促すことになる可能性もある。

引用・参考文献

子安増生・木下孝司　1997　〈心の理論〉研究の展望　心理学研究，68，51-67.
Parten, M. B.　1932　Social participation among pre-school children. *Journal of abnormal and social Psychology*, 27, 243-269.
Wimmer, H., & Perner, J.　1983　Beliefs about beliefs: Representation and constraining function of wrong beliefs in young children's understanding decep-

tion. *Cognition*, **13**, 103-128.

児童期とは何か

1. 生涯発達のなかの児童期

　かつて発達心理学は，児童心理学や青年心理学と呼ばれた。発達は，機能の獲得や向上といった狭義の意味でとらえられ，変化の顕著な子どもたちが，研究の対象とされたのである。ところが現在では，児童期はもちろん各期に固有の発達があり，機能の衰退や現状維持まで含めた移行の意味を探る作業に関心が集まっている。こうした生涯発達の見方を採用した時，児童期の発達も，生涯という時間軸上に，適切に位置づけられなければならない。果たして児童期という経験は，その後の発達にどのような意味をもつ時期と考えられるのだろうか。

2. 児童期における発達の諸相

[1] 身体の発達

　最新の学校保健統計調査（文部科学省，2006）によると，児童の身長は，わずかながら現在も伸び続けている。親の世代と比較すると，男子12歳時で3.9 cm，女子で2.4 cmの伸びが見られる（表7-1）。また，最大の伸び率を示す時期を比較すると，男女とも親の世代を早まっている。以上の傾向は体重についても同様に言え，身体の発達は，総じて成熟の早まりが特徴と言える。

　身体発達のこのような早期化は，身体と密接な関係にある心理発達へも影響を及ぼす。宮下（2002）は，児童期における身体発達の安定が，社会適応を学

表 7-1　年齢別　身長・体重の平均値（親の世代との比較）
（文部科学省，2006）

身長（単位：cm）

男子			年齢	女子		
平成17年度	昭和50年度（親の世代）	差		平成17年度	昭和50年度（親の世代）	差
116.6	115.1	1.5	6	115.8	114.4	1.4
122.5	120.9	1.6	7	121.7	120.1	1.6
128.2	126.0	2.2	8	127.5	125.5	2.0
133.6	131.6	2.0	9	133.5	131.6	1.9
139.0	136.4	2.6	10	140.1	137.6	2.5
145.1	142.0	3.1	11	146.9	144.2	2.7
152.5	148.6	3.9	12	152.0	149.6	2.4

体重（単位：kg）

男子			年齢	女子		
平成17年度	昭和50年度（親の世代）	差		平成17年度	昭和50年度（親の世代）	差
21.6	20.5	1.1	6	21.1	20.1	1.0
24.3	22.9	1.4	7	23.6	22.4	1.2
27.4	25.4	2.0	8	26.8	25.0	1.8
30.9	28.5	2.4	9	30.2	28.3	1.9
34.7	31.5	3.2	10	34.4	32.0	2.4
39.1	35.2	3.9	11	39.5	36.6	2.9
44.9	40.0	4.9	12	44.4	41.6	2.8

ぶうえで重要だとしている。宮下（2002）によれば児童期は，身体的に落ち着いた時期であるがゆえに，心理をゆっくりと発達させることができるのである。ところが身体発達の早期化は，子どもたちが心理発達にかける十分な時間を奪い，大人への背伸びを強いかねない。

こうした状況下で一部懸念されるのは，携帯電話を利用した不特定多数の人間関係や有害な情報への接触である。この問題には章の最後で再び触れるが，社会的規範（以下，規範）に対する認識が不十分なまま，子どもたちが大人の世界へ背伸びし，被害に巻き込まれるというケースが現実に見られる。その防衛策ともいうべき規範を身につけるうえで，児童期は大切な時期なのである。

続く青年期では，成長ホルモンの分泌がピークとなり，発育のスパートと呼ばれるほど身体のサイズが大きくなる。また，性ホルモンの分泌が盛んとなり，意識のうえでも性への目覚めが起こる。さらに，受験に代表される進路の決定

や，友人関係の広がりなど，身体の内外にさまざまな変化が起こり，情緒の安定が著しく損なわれやすい（菅原，2003 a）。こうした難しい時期を乗り越え，無事に発達の次のステージへ移行するためにも，比較的安定した児童期において，規範の基盤を学んでおく必要があるのである。

［2］遊びの変化と体の機能

身体成熟の早期化によって，今の子どもたちは，親の世代よりも早いうちから規範について学び始める必要が生じている。同様に，体の見かけと機能に生じるアンバランスも，児童期後半を迎える以前から取り組み，解消すべき課題と言える。

従来児童期の子どもたちは，身体活動性の遊びを通して体の使い方を身につけることができた。一方で現代は，時間・空間・仲間という3つの間を消失し，遊びもバーチャルな性格へと変容している。こうした状況下で子どもたちは，体格はよいが器用さを欠くといった状態に陥っている。

現在では，組織化されたスポーツが，遊びを代替するという見方もある。しかし，過度に専門化されたこの機会に，問題がないわけではない。専門化は参加へのハードルとなり，スポーツを行う子どもと行わない子どもの，二極化を引き起こしている。そして，し過ぎる子どものケガやバーンアウトの悩みを，しない子どもの肥満や体力維持の悩みを，生み出している。

スキャモン（Scammon, 1930）の発育発達の図（第Ⅰ部第1章図1-2参照）で示されているように，児童期は，筋や骨格，あるいは生殖器官などの諸器官に比べ，神経系の発達が特に著しい時期である。身体活動性の伝承遊び（以下，遊び）であるオニごっこや缶蹴り，あるいはかくれんぼなどは，この時期の子どもに必要な神経系に対する刺激を，必要な運動量とともに提供してきた。組織化されたスポーツが二極化の問題を解消し，遊びが担った機会を代替できるかは，子どもの身体機能の発達にとって，大きな課題と言える。

そこで根ヶ山（1998）を参考に，遊びの特徴を整理したい。第一に，スポーツが技能的な成熟を必要とする複雑なものであるのに対し，遊びは単純なため，幅広い年齢層の参加を許容するという特徴があげられる。このため遊びは，自然と力関係や役割関係が生じる素地をもつ。第二に，スポーツは整地されたフ

ィールドやルールを成立の条件とし，大人の監督下に置かれることが一般的である。これに対し遊びは，条件や前提から子どもたちの手で作られることが普通である。このため遊びは，子どもたちの好奇心や達成動機を刺激し，仲間との協力や対立を経験させる素地をもつ。ギャング集団とも呼ばれる遊び仲間集団は，以上の素地を前提としており，遊びを通じて子どもたちは，社会性を育む最良の機会も手にしていたのである。もちろんスポーツがもつ優位性に着目し，発展させる視点が重要であることは言うまでもない（竹中，2003）。しかしながら先んじてスポーツは，昔ながらの遊びから，多くを学ぶべきと言えるだろう。

[3] 認知の発達

遊びやスポーツとの関連から，児童期の身体・生理的特徴を見たが，こうした遊びやスポーツを成立させる条件として，児童期の認知発達がある。

児童期の認知的特徴を最もよく言い表わすのが，ピアジェ（Piaget, 1964／滝沢訳, 1999）の具体的操作期である。具体的操作期には，幼児期までの直観思考型の思考[1]や自己中心的な思考[2]を離れ，抽象的な思考が可能となる。このことによって，見え方や移動によって変わらないモノの実体を理解できるようになる。これを保存概念の獲得と呼ぶが，こうした事象認識の仕方は，自他を問わず対人認知にも働くようになる。人の言動に，その人がもつ内的な資質の現われを見てとるなどである。

またこの時期には，論理的な思考が可能となり，演繹的に解を導き出すこともできるようになる。こうした発達によって「AはBより早く，BはCより早ければ，何が一番早いか」といった三段論法的な推理も可能となり，必然性に基づいた解を導き出せるようになる。ただし，「自転車は車より早く，車は新幹線より早ければ，何が一番早いか」といった，実際にあり得ないような問題の前では，混乱を覚える。これが児童期の子どもの推理能力の限界である。児童期の子どもは，あくまで具体的に操作できる範囲内で能力を発揮するので

---

[1] 形状と重量が同じ2つの粘土の一方を，細長い形に変えると，重さを見誤るといった思考。
[2] 立ち位置の違う他者の目にも，自分の目前と同じ風景が広がっていると考えるような思考。

あり，完全に記号的で形式的な解を操作できるようになるのは，次の青年期を迎えてからである（矢野，2002）。

以上見たように，物事の不変性を理解し，また具体的事象を操作する能力を発達させることによって，児童期には，遊びのなかで対人関係を築いたり，ルールのあるスポーツに興じたりできるようになる。

3. 小学校入学

[1] 環境移行

児童期の子どもに訪れる最も大きな環境の変化は，小学校入学である。事前の準備として，保育園や幼稚園で集団生活を体験している子どもも多いが，小学校入学を機にすべての子どもが，家庭以外に生活の場をもち，人間関係を広げ始める。入学前に体験した保育園や幼稚園が，あくまで自由な雰囲気のなかで多様な刺激に触れることを目的とした場であるとすれば，小学校は，より目的的に，社会適応へ必要な課題に取り組む学びの場としての違いがある。

人は誰しも，環境移行に際して多少のストレスをもつ。小学校入学は，長いライフサイクルの最初に訪れる環境移行と言え，参照できるような経験の蓄積が子どもにまだない点で特徴がある。したがって，そもそもこの移行には最初から難しさが潜んでいるのだが，幼稚園や保育園からの移行につまずく1年生問題や，児童の勝手な振る舞いによって授業が不成立となる学級崩壊等の問題が顕現化する昨今，児童期の環境移行は，社会的な関心を集めるまでになっている（第Ⅲ部第19章参照）。

[2] 子どもが育つ環境

移行の問題を考えるうえで，子どもが育つ環境について整理したい。

子どもの育つ環境を理解・説明するうえでしばしば用いられるのは，ブロンフェンブレンナー（Bronfenbrenner, 1979／磯貝・福富訳, 1996）の生態学的システム・モデルである（図7-1）。このモデルでは，子どもの育つ環境を，子どもにとって身近な順に同心円状に広がる入れ子構造として想定する。各システムは互いに影響しながら，全体的なシステムとして，子どもの発達を直

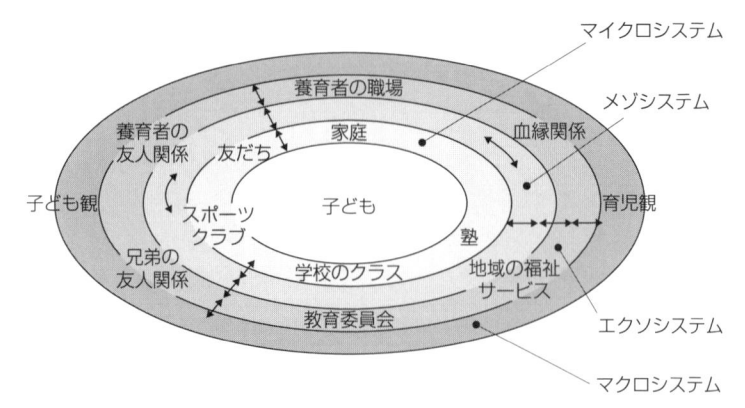

図7-1　生態学的システム・モデル（Bronfenbrenner, 1979より作成）

接・間接に支える。子どもを中心に広がる環境要因は，4つのレベルで考えられ，内側から，マイクロシステム（microsystem），メゾシステム（mesosystem），エクソシステム（exosystem），マクロシステム（macrosystem）と呼ばれる。

最も内側にあるマイクロシステムは，子どもが直接接し，属す環境を指し，家庭や学校のクラス，また一緒に遊ぶ友達などがこれにあたる。塾や地域のスポーツクラブに通う子どもも多く，これらもマイクロシステムの一部である。一般に子どもは複数のマイクロシステムに属しているが，家庭やクラスはそれぞれ独立したマイクロシステムである。

複数のマイクロシステムから構成され，マイクロシステム間の相互の影響を想定するのが，メゾシステムである。子どもの発達は，家庭やクラスといった単一の環境に閉じているわけではない。たとえば，学校と塾の先生で教え方に違いがある場合などは，子どもに混乱が生じたりする。また，家庭と学校とで子どもの育ちを支える話し合いがもたれるのは，両者の協力が子どもの育ちに不可欠と認識されるからである。このように，マイクロシステムは，相互に密接に影響し合っていると考えるべきである。

エクソシステムは，子どもが直接接し，また属しているわけではないが，子どもが直接関係するマイクロシステムやメゾシステムに影響を与える環境要因を指す。たとえば養育者が勤める職場や，学校の上位組織としての教育委員会

などである。養育者や兄弟の友人関係，また地域の福祉サービスや血縁関係などもこれに含まれる。

　以上の諸システムが成立する基盤であり，諸システムのありように共通の影響を及ぼすような信念や価値体系あるいは文化を，マクロシステムと呼ぶ。たとえば，国や宗教の違いは，子どもの発達を支える身近な環境を変容させることがある。これは，各文化に固有の子ども観や育児観が働き，そうした信念・価値体系のなかで，子どもの発達が支えられるためである。

　近年，次世代育成支援事業，特に，就学前後の子どもを対象とした子育て支援と呼ばれる事業が，各地で展開され始めている（柏木，2001；大日向，2005）。子育て支援を実施するうえで，養育者や養育者の属す職場，あるいは地域社会のありようを見直す必要があるという見方は，ようやく一般にも浸透してきたが，このことは，生態学的システム・モデルを援用して考えると理解しやすい。以下，菅原（2003b）を参考に例をあげよう。

　入学した当初の子どもは，クラス内の新しい出会いに，緊張と喜びで落ち着かない日々を過ごしている。この時，子どもを落ち着かせ，通学を励ます機能をもつのは，マイクロシステムの1つである家庭である。ただし，家庭も第一子を入学させたなどの場合では，「うちの子は大丈夫かしら？」などと不安に思い，その不安は子どもにも伝播するに違いない。この時家庭の不安を取り除くのは，「お子さんは元気で毎日過ごしていますよ」といった，家庭と学校の連絡，すなわちメゾシステムの機能が発揮されることだと考えられる。

　落ち着きが生じてくると，子どもの将来のために，できうる限りの応援をしてあげたいと考えるのが養育者の思いだろう。しかしながら，「子どもと毎晩夕食をともにし，その日あった出来事を聞いてあげたい」と養育者が願ったとしても，エクソシステムとしての勤務先の就労環境が整い，職場の人間関係も定時退社を快く承認してくれるようなものでないと，なかなか実現は難しい。また，子どもの緊張に付き合って親が疲れてしまい，「ちょっと息抜きでもしたいな」と考えた時には，子どもを安心して預けられる地域の福祉サービスや血縁関係など，エクソシステムの充実が求められる。ただし，こうした充実は，上位システムであるマクロシステムのあり方に支配されており，「子育ては親の責任である」といった強固な価値観に縛られるような場合では，養育者がた

まの気分転換を図ることさえ難しいかもしれない。

このように，多様なレベルの諸環境が相互に関連し，子どもの発達が支えられると考えるのが，生態学的システム・モデルである。このモデルを援用して，子育て支援を考えると，「子どものため」に，養育者支援や地域社会の充実を求める図式について，よく理解できるだろう。

[3] 学校適応

移行の難しさを，エリクソン（Erikson, 1950／仁科訳，1977/1980）は，危機（crisis）という概念で示している。この語には，うまく乗り越えることで人間的成長がもたらされるという転機の意味が込められている。エリクソンによれば，児童期の課題は，勤勉性を獲得し，劣等感を退けることとされる。児童期において入学と同時に開始される学業は，エリクソンの考える発達課題と，特に関わりが深いと考えられる。

入学当初，子どもたちは，それまでの生活で身につけた読み書き計算の力を駆使し，具体的操作の可能な範囲で教材と向き合える。そのため，授業へ一様に高い適応を示す。しかしながら，しだいに生活体験を離れた問いや概念の習得が求められるにつれて，つまずきを見せる子どもも出始める（吉田，1995）。児童期では，体育や図工など，実技教科におけるパフォーマンスや作品も，他の子どもの目にさらされて，子どもの相互評価の対象となりやすい。そのため知的教科の不振は必ずしも，学校不適応を直接的に導くわけではない。しかしながら，知的教科の成績を重く見る社会的な風潮が，子どもたちにも認識され出すなかで，しだいに大きな価値が学業成績に置かれるようになる。ピアジェによれば，子どもたちはこの時期に，保存概念を獲得する。青年期以降の大人にも見られる，保存概念の誤った転用，すなわち学業の出来・不出来を人の能力・資質の現われとみなすことによって，良い成績をとることが子どもたちの重圧ともなる（矢野，2002）。

これを回避するため，教師の役割について，矢野（2002）は，以下のように述べている。「テストなどによって評価される学業成績は，知能検査によって査定される知能のような，人間自身に帰属させられる内的能力そのものではなく，能力と努力を資源とする学習活動の結果であるということを，教師は児童

に理解させる必要がある」(p. 123)。

　勤勉性と劣等感は，動機づけ (motivation) 研究のテーマとも言える。矢野 (2002) の指摘を，認知の主観的な統制感の問題ととらえれば，関係する動機づけ理論には，ワイナー (Weiner, 1985) の原因帰属理論 (attributional theory)[3]，セリグマン (Seligman, 1975／平井・木村監訳, 1985) の学習性無力感理論 (learned helplessness theory)[4]，ドウェック (Dweck, 1986) の目標理論 (goal theory)[5]などがある。教師たちは，劣等感を退け勤勉性を獲得させるような働きかけを行うにあたって，これら知見を参照することもできる (詳細は，宮本・奈須, 1995)。ただしいずれの理論も，学習者である子どもの置かれた文脈を，あまり考慮していない点に注意する必要がある (大家, 2004)。

　動機づけ研究の特性論的な議論に対し，近年，再評価が進むヴィゴツキー (Vygotsky, 1956／柴田訳, 2001) は，子どもの学びを，文脈 (社会・文化・歴史) にとらえる先駆的な論者である。彼の思想は，今日の教育に深く影響しており，なかでも学びを，子どもと大人の相互交流としてとらえる発達の最近接領域 (zone of proximal development)[6] (本書アペンディックスの「ヴィゴツキー」を参照のこと) の議論は，それまでの学び，育ち観を一変させる重要なものである (石黒, 2004)。

　生態学的システム・モデルやヴィゴツキーの視点を援用することによって，学校は全体的なシステムとして，あるいは学びの共同体として，子どもたちの適応をデザインすることができる (佐伯・藤田・佐藤, 1996；小泉, 2004)。

---

(3) 行動体験の認知が次の行動の生起に関わるとする視点。たとえばテストの悪い結果を運の悪さに帰属すれば，次のテストに対する意欲が大幅に低下することはない。しかしながら能力など，変えにくいものに帰属すれば，ショックから二度と勉強したくないと思うようになる。
(4) 似た状況で繰り返し経験した失敗によって，あきらめに似た心理状態が学習されるという視点。たとえば毎年行われる運動会の徒競走で入賞を逃し続けた結果，6年生の運動会では，競技前から全力で走ることを放棄してしまうなど。
(5) 能力に対する認知によって，取り組みの目標や失敗経験のとらえ方が変わるという視点。たとえば能力は拡大すると認知する子どもは，自らの能力を伸ばそうと勉強し，テストの悪い結果も情報として活用できる。対して能力を固定されたものと認知する子どもは，テストの悪い結果にともなう悪い評価を避けようとし，意欲的に勉強しないなどの防衛行動を行うようになる。
(6) 子どもは独力で到達できない領域へ，大人などの力を借りて到達することができる。教育とはそうした狭間的領域への働きかけであると唱える視点。

このことがもたらすもっとも大きな功は，システムや共同体を形作る参加者として，子ども一人ひとりが学校に位置づけ直されることだろう。この結果，過去に「ちょっと問題だな」と思われていたような子どもも含め，より多くの個性が受容される可能性が生じる。

最近では動機づけ研究も，他者と関わる存在として人をとらえ，研究の前提として大切にしている（青柳，2003）。後の社会生活の基盤となる学校生活が，多くの子どもにとって適応経験の物語となるよう，理論には，移行の一助に向けた整備が期待される。

［4］社会変容のなかの子ども

「子どもを被害者にも加害者にもしない」といったフレーズを目や耳にしたことはないだろうか。このフレーズには逆説的に，「子どもでも簡単に，被害者や加害者になりうる」といった危惧が込められていると考えられる。

世間を騒がせる，近年の特徴的な犯罪や事件には，子どもにも普及が進む携帯電話をきっかけとしたものが少なくない。モバイル社会研究所（2005）の報告によれば，小学生ですでに16.7％が携帯電話を保有しており，割合はわずかながら，そのうち少数の子どもが，携帯電話を利用した出会い系サイトや，性や暴力画像といった有害な情報へ，アクセスした経験をもつという。

そもそも携帯電話は，塾や習い事の行き帰りを安全に行うため，親が子どもに持たせるケースが多い（モバイル社会研究所，2005）。そして多くの家庭では，利用額の限度を決めるなどの約束事が話され，本来の目的が遂行されるうえで役立てられている。しかしながら一方で，大人の目というフィルターをすり抜けた交友関係の拡大や，有害な情報へのアクセスは，いとも簡単に実現しやすい（下田，2004）。

警視庁でも携帯電話が犯罪の契機となる状況を踏まえ，警戒心を強めている（警視庁，2006）。「ハイテクキッズ」など，ウェブサイトを利用した啓発などは，活動の一例である。このように，こうした状況において必要なことは，「危険性があるから携帯電話を取り上げる」といった発想では決してないだろう。身体的，心理的に発達を遂げる子どもに対し，社会・文化的にも発達を支えることだろう。

コミュニケーション能力の低下を憂う声もあるが，一方で携帯電話には，利用者の「関係構築」や「行動力」を高めるといった効果もみられる（モバイル社会研究所，2005）。社会的な規範について適切な認識を養うことが，携帯電話普及に見られるような社会・文化的変容の中で，子どもの育ちを支えることに他ならない。

4. 本章のまとめ

　2003年，村上龍の『13歳のハローワーク』が話題となった。村上（2003）は，著書の冒頭でこう書いている。「『13歳のハローワーク』というタイトルにしたのは，13歳という年齢が大人の世界の入り口にいるからです」（p.7）。これを踏まえ好奇心を大切な武器として，仕事・職業という社会に向き合うことを，子どもたちに勧めている。

　発達心理学の一般的な区分に従って児童期を小学生時代ととらえれば，13歳は，ポスト児童期の最初の年となる。身体内外の変化が一度に起こり，大変な青年期の最初に，子どもたちが村上の言う好奇心を失わず，判断に必要な規範を身につけることができているか。すなわち児童期のうちに，発達に必要な経験を十分に積めているかどうかが，子どもが社会に向き合う前提であり，変わりゆく社会のなかで，大人に課せられた責任と言える。

　杉山（1996）は，3歳から10歳までの8年間，長男を対象にインタビューを継続している。以上述べたような責任を大人が果たすうえで，「子どものことは子どもに聞く」という対話の姿勢は，一様に重視されるべきものと考えられる。

引用・参考文献

青柳　肇　2003　社会的文脈での動機づけ　心理学評論，**46**，3-4.

Bronfenbrenner, U. 1979 *The ecology of human development: Experiments by nature and design.* Cambridge, MA: Harvard University Press.（磯貝芳郎・福富　護訳　1996　人間発達の生態学（エコロジー）―発達心理学への挑戦　川島書店）

Dweck, C. S. 1986 Motivation process affecting learning. *American Psycholo-*

gist, **41**, 1040-1048.
Erikson, E. H. 1950 *Childhood and society*. New York: W. W. Norton.（仁科弥生訳　1977/1980　幼児期と社会1・2　みすず書房）
石黒広昭（編）　2004　社会文化的アプローチの実際—学習活動の理解と変革のエスノグラフィー—　北大路書房
柏木惠子　2001　子育て支援を考える　変わる家族の時代に　岩波ブックレットNo. 555.
警視庁　2006　情報セキュリティ広場　ハイテク・キッズ（http://www.keishicho.metro.tokyo.jp/haiteku/hikids/hikids.htm. 2006年12月28日　情報取得）
小泉令三　2004　子どもを取り巻く環境—学校・家庭・社会—　稲垣佳代子・湯川隆子（責任編集）　児童心理学の進歩—2004年度版—　第2章　金子書房　pp. 31-53.
宮本美沙子・奈須正裕（編）　1995　達成動機の理論と展開　続・達成動機の心理学　金子書房
宮下充正　2002　子どものスポーツと才能教育　大修館書店
モバイル社会研究所（編）　2005　モバイル社会白書　2005　3章　子ども　pp. 1-33.（http://www.moba-ken.jp/activity/databook/top.html. 2005年5月20日　情報取得）
文部科学省　2006　平成17年度学校保健統計調査速報（http://www.mext.go.jp/b_menu/toukei/001/h17.htm 2006年12月28日　情報取得）
村上　龍　2003　13歳のハローワーク　幻冬舎
根ヶ山光一　1998　心理発達に及ぼす身体活動の影響　竹中晃二（編）　健康スポーツの心理学　大修館書店　pp. 116-124.
大日向雅美　2005　「子育て支援が親をダメにする」なんて言わせない　岩波書店
大家まゆみ　2004　社会文化的アプローチ　上淵　寿（編著）　動機づけ研究の最前線　北大路書房　pp. 128-145.
Piaget, J.　1964　*Six 'etudes de psychologie*.（滝沢武久訳　1999　思考の心理学：発達心理学の6研究　みすず書房）
佐伯　胖・藤田英典・佐藤　学　1996　学びあう共同体　東京大学出版会
Scammon, R. E.　1930　The measurement of the body in childhood. In J. A. Harris, C. M. Jackson, D. G. Patterson, & R. E. Scammon (Eds.), *The measurement of man*. University of Minnesota Press.（稲本俊輝　2000　運動スキルの発達プロセス　上田雅夫監修　スポーツ心理学ハンドブック　p. 89 より転載）
Seligman, M. E. P.　1975　*Helplessness: On depression, development and death*. San Francisco: W. H. Freeman.（平井　久・木村　駿監訳　1985　うつ病の行動学　学習性絶望感とは何か　誠信書房）

下田博次　2004　ケータイ・リテラシー　子どもたちの携帯電話・インターネットが危ない　NTT出版

菅原ますみ　2003a　思春期にさしかかった子どもとどう向き合うか　杉山千佳（編）　仕事と家庭の両立　現代のエスプリ, 429, 175.

菅原ますみ　2003b　個性はどう育つか　大修館書店

杉山　亮　1996　子どものことを子どもにきく　八年間の親子インタビューから　岩波書店

竹中晃二　2003　介入に役立つ社会的動機づけ研究への期待：健康心理学からの視点―梅崎論文を読んで―　心理学評論, **46**(1), 102-107.

Vygotsky, L. S.　1956　*Thought and Language*. (柴田義松訳　2001　思考と言語　新読書社)

Weiner, B.　1985　An attributional theory of achievement motivation and emotion. *Psychological Review*, **92**, 548-573.

矢野喜夫　2002　児童期　田島信元・子安増生・森永良子・前川久男・菅野　敦（編著）　認知発達とその支援　ミネルヴァ書房　pp. 109-125.

吉田　甫　1995　子どもはどこでつまずくか　内田伸子・南　博文（編著）　講座生涯発達心理学　第3巻　子ども時代を生きる―幼児から児童へ―　金子書房　pp. 95-129.

青年期とは何か

　青年期は，「第二の誕生」（Rousseau, 1762）と表わされるように，単に児童期の延長線上にあるのではない。著しい身体的・生理的変化を契機とし，自己，そして自己を取り巻く対人関係や社会的環境に大きな変化が起こる時期である。
　本章では，まず青年期の基本的特徴について概観し，次に「自己」および「関係」という側面から青年期の発達を見ていく。

1. 青年期とは

　青年期は，急激な身体的成長（思春期スパート）と性的成熟（二次性徴）をきっかけに始まる。男女とも身長や体重が著しく増加すると同時に，男子には精通，女子には初潮などが現われて，生殖能力を獲得する。この身体的・生理的変化の著しい時期（11, 12歳から14, 15歳くらいまで）を，特に「思春期」と区別して呼ぶことも多い。
　この急激な変化が，それまで緩やかに変遷しつつも「子ども」として比較的安定していた自己像を大きく揺るがすことになる。自らの男性性，女性性を受け入れながら，自己の再統合を図る必要が出てくる。一方，社会的には，この頃から進学や就職に向けて進路選択を迫られるようになる。将来を見据えたうえで，あらためて自己のあり方を決めていかなくてはならない。また高木(1992)のまとめを借りれば，認知的にも，この時期には論理的・抽象的思考能力が高まり（Inhelder & Piaget, 1958），さらに「自分自身の思考について思考する」といったメタ認知（Flavell, 1977）の発達によって内省力が高まる。自己へ向ける自身の眼差しそのものも変わってくるようだ。こうして，青年は

あらためて自分自身に向き合い，ときに大きな心理的葛藤や動揺をともないながら「自己を確立」していくことになる。これが青年期の基本的な特徴の1つである。

　では，青年期の終わりはいつ頃，どのようにやってくるのだろうか。その指標は一般に「心理的・社会的な自立（成熟）」とされている。青年は自己を確立するとともに，両親の庇護を離れ，一人の自立（成熟）した「大人」として社会へ参入していかなければならない。それは具体的には，就職によって経済的に独立することであったり，結婚によって新たな家庭を築くことであったり，自分自身の価値観・判断に従って行動全般をとれるようになることであったりするが，いずれにしても，いわゆる「親離れ」「巣立ち」といった親子関係の発達的変化を軸に問題をとらえ直すことができる。この「親からの自立」も，やはり青年期の重要な基本的特徴である。

　ただし，そうして青年期を終える時期がいつ頃なのかという点については，なかなか一致した見解は見られない。個人差が大きいことはもちろんであるが，その時期は時代とともにずれ込む傾向にある。殊に最近の日本では，社会経済的に不安定な状況や人々のライフコース・価値観の多様化などにより，青年期の終わりはますます曖昧になっている。たとえば巷間で「パラサイト・シングル」という言葉が使われるようになった。これは学卒後も親と同居し，基礎的な生活条件（家事・生活費）を親に依存しながら暮らす，20～30歳代中心の未婚男女のことである（山田，1999，2004）。彼らを1つの典型とする「脱青年期」という段階が，青年期から成人期へのさらなる移行期として，特に社会学の立場から注目されている（宮本，2004；山田，1999）。また少し前から，働きも学びもしていない若年層「ニート」（玄田・曲沼，2004）の存在が話題に上るようになった。これをめぐっては様々な議論があるが（たとえば，文春新書編集部，2006参照），パラサイト・シングルにしろニートにしろ，現代の曖昧な青年期終期の一端を表す言葉（概念）としてとらえることも可能だろう。

　以上のように，青年期はいくつかの基本的な特徴を示すが，それらがどのように展開されるかは，社会，また文化的な状況と連動する。18世紀ヨーロッパの産業革命以降，社会の工業化・都市化，また教育制度の整備が進むにつれて恵まれた階層の間に出現した「青年期」は，20世紀になって，中等・高等

教育の普及にともない大衆化した。そして現在も，単に長期化するだけでなく，その姿を変遷し続けている。

2. 青年期の「自己」の発達

「自分はいったい何者なのか」——青年はこのような自問自答を繰り返す。自己のあり方を問い直す作業である。この過程を「アイデンティティ(同一性)」という概念に従って見ていこう。

[1] アイデンティティ vs. アイデンティティ拡散

エリクソン (Erikson, 1959) は，人生周期を8段階に分け，「アイデンティティ (達成) vs. 拡散」を青年期の心理-社会的危機とした (図8-1)。アイデンティティの形成そのものは青年期に始まるわけでも終わるわけでもないが，それはこの時期に発達上の重要な危機を迎えるというのである。

	1	2	3	4	5	6	7	8
老年期								統合性 対 絶望
中年期							世代性 対 自己陶酔	
成人期						親密性 対 孤立		
青年期					同一性 対 同一性拡散			
児童期				勤勉性 対 劣等感				
幼児後期			自発性 対 罪悪感					
幼児前期		自律性 対 恥・疑惑						
乳児期	基本的信頼 対 不信							

図8-1 心理・社会的発達段階と危機 (Erikson, 1959；岡本, 1997を参考)

青年期には身体・生理的あるいは社会的に見て著しい変化が起こることで，「自分は自分という一個の存在である」という斉一性（sameness）の感覚や，「自分は過去から現在，未来へ向かって歩を進めている」という連続性（continuity）の感覚が大きく揺らぐ。そこで青年は，それまでに形成された複数の自己像（自己表象）を取捨選択して，それらを一個のまとまり——アイデンティティ——に統合し直し，新しい斉一性・連続性の感覚を得ようとする。これらの感覚は，自分のなかで直接感じられるだけでなく，他者（社会）がそうした自己の斉一性・連続性を認めてくれているという知覚に基づき得られたものでなければならない。つまり自分自身で選びとった自己のあり方が，社会のなかで具体的に（たとえば，職業として）位置づけられる必要がある。社会の側も青年に「モラトリアム（猶予期間）」を与え，大人としての責任・義務の執行を猶予する。青年はこの間に，自分が担うべき社会的役割についてこれでいいと確信できるまで，試行錯誤を繰り返すことができる。このような社会との関わりにおいて，青年のアイデンティティは達成され得るという。

　一方，自己像が統合されず，斉一性・連続性の感覚を得られない状態が「アイデンティティの拡散」である。それは一時的な「自己喪失」とも言え，大きな苦悩をともなう。この状態では，青年はモラトリアムを利用した役割試行に消極的で，むしろ自己のあり方に関する選択を回避しているように見える。アイデンティティの達成に向かう途上で青年はこの状態に陥るとされるが，では，どのような過程を経て青年は拡散から脱し，達成へと至るのだろうか。

[2] アイデンティティの変容過程——拡散から達成へ

　マーシャ（Marcia, 1966）は，アイデンティティ達成への「過程」に注目し，これをおおまかに4つに類型化した。職業などの重要な選択に関して十分な吟味，意志決定を行ったかどうか（「危機」の有無），またそこで定めた目標に積極的に関与しているかどうか（「コミットメント」の有無），という基準に従い，青年のアイデンティティ・ステイタスは「達成」「モラトリアム」「早期完了」「拡散」のいずれかに分類される（表8-1）。ところが，彼自身による追跡調査（Marcia, 1976）では，たとえば「達成」型から「早期完了」型もしくは「早期完了―拡散」型へという明らかに不合理な「移行」が多数報告されている。

表 8-1　**アイデンティティ・ステイタス**（Marcia, 1966；無藤, 1979より）

アイデンティティ地位	危　機	コミットメント	概　　略
アイデンティティ達成	経験した	している	幼児期からのあり方について確信がなくなり，いくつかの可能性について本気で考えたすえ，自分自身の解決に達して，それに基づいて行動している
モラトリアム	その最中	しようとしている	いくつかの選択肢について迷っているところで，その不確かさを克服しようと一生懸命努力している
早期完了	経験していない	している	自分の目標と親の目標の間に不協和がない。どんな体験も，幼児期以来の信念を補強するだけになっている。硬さ（融通のきかなさ）が特徴的
アイデンティティ拡散	経験していない	していない	危機前：今まで本当に何者かであった経験がないので，何者かである自分を想像することが不可能
	経験した	していない	危機後：すべてのことが可能だし，可能なままにしておかなければならない

　このことは，ステイタスという固定した類型論的枠組みで青年のアイデンティティの変容過程をとらえようとする限界を示していると考えられる（大倉，2002；鑢・山本・宮下，1984）。

　大倉（2002）は，アイデンティティ拡散から達成への揺れ動く「過程」を，青年との「語り合い」という独自の方法によって明らかにしようと試みた。そこでは，拡散からの抜け出しは，必ずしも特定の目標を定めるといった「解決」による単純な変化ではなく，むしろ「『別に何か解決したわけじゃない』にも関わらず，いつのまにか自然と苦しみが和らいでいるような変化」（p.181）であるという。彼は青年の「実感」に沿いながら，こうしたアイデンティティの変容過程について，またそもそもアイデンティティとは何か，その達成・拡散とはどういう状態なのかについて，新たな観点から理論化を行っている。

3. 青年期の「関係」の発達

　「自己」と「関係」の発達は相互に絡み合いつつ進む。したがって青年期は，自己だけでなく，周囲の他者との関係を再構成していく時期でもある。ここでは，青年にとって重要な「親子関係」「友人関係」「恋愛関係」について見ていこう。

[1] 親子関係

　自己の発達にともない，青年は親の監督下を離れ，自分自身の判断に従って行動しようとする傾向を強める。「心理的自立」または「自律性（autonomy）」獲得への試みである。ホリングワース（Hollingworth, 1928）はこの過程を「心理的離乳」と呼んだ。

　青年の「自立意識（独立意識）」を扱った実証的研究に，加藤・高木（1980）のものがある。彼らは自立意識を，「自立性」「（親への）依存性」「反抗・内的混乱」という3つの下位構造からなるものととらえ，質問紙で測ったそれらの得点が発達的にどのような変化を示すか検討した。その結果，実は，中学生から大学生にかけて「自立性」得点の上昇も，また「依存性」得点の低下も見られなかった。明らかな変化が認められたのは「反抗・内的混乱」のみで，この得点は中学，高校，大学へと進むにつれて低下していた。

　心理的離乳過程の初期には，まず親への反抗・拒否的態度がともなう。これは「第二反抗期」と呼ばれる現象で，小学校高学年から中学生くらいの時期（思春期）に顕著に見られる。この現象が，先の中学生における「反抗・内的混乱」の高さに反映されていたのだと考えられる。このような青年の親への反抗により，親子間には対立や緊張が生じやすく，その関係は一時的に不安定になりやすい。しかしこの段階を経て初めて，親と子の双方が互いへの関わり方を調整しながら，なおかつ友人関係や恋愛関係の発達も背景にして，親子関係の再構成がなされ得る。そしてそのなかでこそ，真に成熟した形で青年の心理的自立が可能となるのだろう。また一見，「自立」は「依存」の対極としてとらえられやすいが，両者は必ずしも，一方が増大すれば他方が減少するといっ

た単純な関係にはない。高橋 (1968) によれば，自立はむしろ，依存の形や対象を年齢や立場に応じて適切に変容，拡大させていく過程とみなし得る。

心理的離乳は青年期の親子関係を特徴づけるものではあるが，これには，単に親子関係の範囲内で「自立性-依存性」意識の量的変化を指標としたのでは推し量りきれない側面があることも確かなようだ。

[2] 友人関係

親からの心理的離乳にともない，青年にとって同年代の友人との接触は比重を増し，重要性を増す（表8-2）とともに，その様相も変容する。

サリヴァン (Sullivan, 1953) によれば，青年期の入り口に差し掛かる頃には，単なる「遊び仲間 (playmate)」からより情緒的結びつきを重視した同性の「親友 (chum)」が強く求められるようになると言う。親友との関係は，互いの自己開示による共有経験を基盤とした親密性を特徴とする。

また，青年期における同性の友人関係の発達を実証的に検討した落合・佐藤 (1996) の研究では，中学生から大学生にかけて，「浅く広い」付き合い方から「深く狭い」付き合い方が増える，という変化が認められた。特に大学生で見られた大きな特徴は，「自己開示し，積極的に相互理解しようとする付き合い方」が顕著に現れた点であった。

表8-2 青年にとって重要な友人関係 (内閣府政策統括官，2004より作成)

	1位	2位	3位	4位	5位
休日の過ごし方	友人とともに過ごす 65.9%	テレビなどを見て，のんびり過ごす 52.5%	ショッピングを楽しむ 32.6%	特に何もせず，ぶらぶら 31.9%	読書をしたり，音楽を聞いたりする 27.7%
充実感を感じるとき	友人や仲間といるとき 72.5%	スポーツや趣味に打ち込んでいるとき 50.9%	仕事に打ち込んでいるとき 30.6%	勉強に打ち込んでいるとき 27.9%	家族といるとき 28.1%
悩みや心配事の相談相手	近所や学校の友だち 59.5%	母 43.6%	恋人 21.8%	父 20.3%	きょうだい 18.2%

(注) 調査対象は，日本・韓国・アメリカ・スウェーデン・ドイツの18歳から24歳，計5,102名。ここでは，日本の結果から一部項目について抜粋。

現代の青年の友人関係は，深入りせず，表面的な楽しさを求める傾向をもつとの指摘も一方にはあるが（岡田，1995，1999），以上を考えると，現代の青年も，自己開示を通して互いの「自己の確立」に重要な影響を及ぼし得るような「親友関係」の形成を，少なくとも「求めている」ことは確かだろう。青年期の友人関係の発達は，「仲間」から「親友」へ，あるいは「浅く広く」から「深く狭く」へ，といった一元的な変化としてよりも，「仲間」も「親友」も，といった多元的な広がりのなかでとらえた方が適切なのではないだろうか。昨今，「ケータイ」（携帯電話）が中高生の段階から多く所有されるようになっているが，筆者が心理学の講義で課したあるレポートの中に，ケータイ使用との関連から見た，友人に関する絶妙な定義を見つけた。これを書いた男子大学生に言わせれば，ケータイにアドレスが登録されていれば「知り合い」，メールを交わせば「友達」，そして電話をかけ合う相手は「親友」なのだそうだ。なお，別の学生たちによると，顔も見たことのない「メルトモ」（メールを交換するトモダチ）がいる場合も少なくないらしい。直接会ったことのない「友達」とも気軽にコミュニケーションをとり合える時代——かつて以上に，多様な友人関係が同時展開していそうである。そうした多層的な友人関係を背景に，現代青年の「自己の確立」，また「心理的自立」の過程がどのように展開されるのかという面もあらためて考えてみる必要があるだろう。

[3] 恋愛関係

　思春期の性的成熟によって，自己への関心だけでなく，性や恋愛への関心が高まる。青年期以降に新たに形成されるという点で，恋愛関係は特徴的である。
　恋愛のあり方にはもちろん個人差も大きいが，大学生を対象にした松井（1990）の研究報告から，恋愛行動は大まかに，図8-2にあるような5段階を経て進展することが示されている。その関係が他でもない「恋愛関係」として差別化されるのは，この図でいうと第2段階あたりからだろう。用もないのに電話をしたり会ったり（「つながりを求める行動」），一緒にどこかへ出かける（「一緒の行動」）。そして，手や腕を組む（「性的行動」）。けんかも始まる。ただし，ここでの「性的行動」の進行過程は，おそらく現代青年の実態には即していない。

8 青年期とは何か

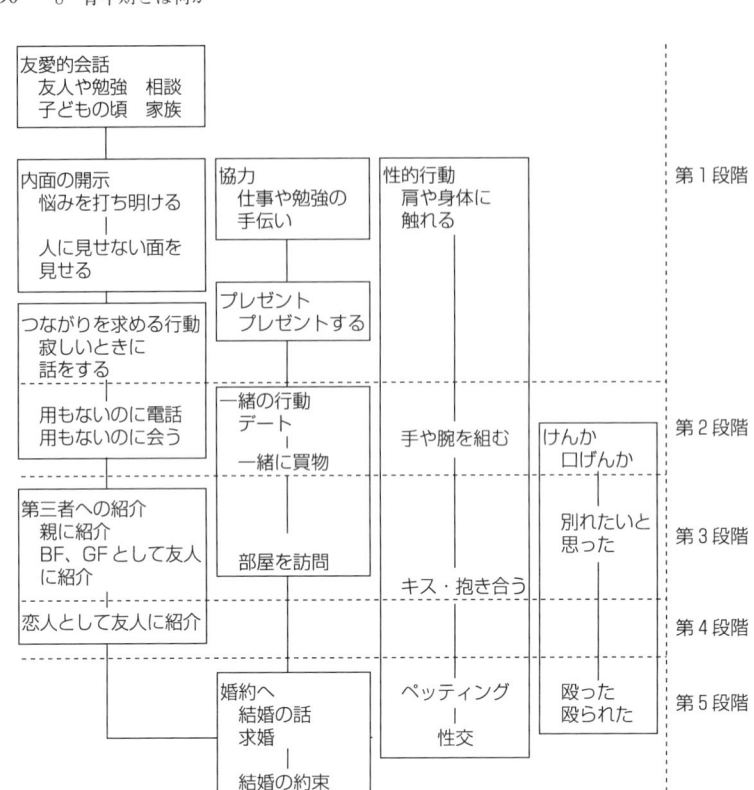

```
友愛的会話
  友人や勉強  相談
  子どもの頃  家族
        │
内面の開示                 協力               性的行動         ┊ 第1段階
  悩みを打ち明ける            仕事や勉強の         肩や身体に
       │                   手伝い             触れる
  人に見せない面を             │
  見せる                                                     ┊
        │                                                   ┊
つながりを求める行動          プレゼント
  寂しいときに                プレゼントする
  話をする                     │
        │
  用もないのに電話           一緒の行動           手や腕を組む    けんか        ┊ 第2段階
  用もないのに会う            デート                            口げんか
                            │                                  │
                            一緒に買物                          別れたいと
                              │                                思った         ┊ 第3段階
第三者への紹介
  親に紹介                   部屋を訪問           キス・抱き合う
  BF、GF として友人
  に紹介                                                                      ┊ 第4段階
        │
  恋人として友人に紹介
                            婚約へ              ペッティング    殴った         ┊ 第5段階
                            結婚の話              │            殴られた
                            求婚                 性交
                              │
                            結婚の約束
                            結婚相手として
                            親に紹介
```

図 8-2 恋愛行動の進行に関する模式図 (松井，1990)

　現代青年の性行動・性意識は，松井（1990）のデータがとられた1982年当時より明らかに開放的になっている。たとえば図8-3のとおり，高校生・大学生の性交経験率は年を経るほど増している。また湯沢（2003）によると，青年（18～24歳）が婚前の性交を許容する意識もかなり高まっており，これを「避けるべき」とする者はあまり見られないという。性は恋愛に特有の重要な要素であるだけに，これに対する行動・意識の変化は，現代青年の恋愛関係を考えるうえで見逃せない。

　性的結びつきとともに，情緒的結びつきも恋愛関係には欠かせない要素である。ボウルビィ（Bowlby, 1969/1982）は，恋愛関係においても愛着が形成さ

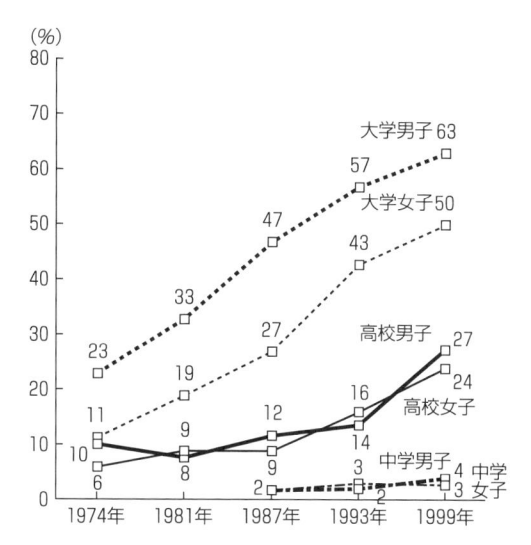

図 8-3 性交経験率の推移 (日本性教育協会, 2001)

れると考えていた。松井（1990）の模式図（図8-2）でいうと，ちょうど「つながりを求める行動」が愛着の表出にあたると見られる。恋人同士の場合，まずは性的に惹かれ合うことによって，互いに近接や接触を求めるようになる。そして，相手から物理的・情緒的世話を受け，安心感を得るという経験を重ねるなかで，徐々に愛着が形成されていく（Hazan & Zeifman, 1999）。この段階に至ると，「分離不安」（「会えないとつらい」）や「安全基地」現象（「恋人に見守られていると思うとがんばれる」）が現われるようになる。

　恋愛を通して，青年は男性，女性としての自己を成長させ，機能的に対等である新たな愛着関係を形成していく。それは次世代（子）の養育に対する準備でもあり，心理的離乳を促す側面ももつだろう。

引用・参考文献

Bowlby, J.　1969/1982　*Attachment and loss*, Vol. 1: *Attachment* (2nd ed.) Basic Books.

文春新書編集部（編）　2006　論争　格差社会　文藝春秋

Erikson, E. H.　1959　*Identity and the life cycle.*（小此木啓吾訳編　1973　自我同一性――アイデンティティとライフ・サイクル　誠信書房）

Flavell, J. H. 1977 *Cognitive development.* Prentice-Hall.
玄田有史・曲沼美恵 2004 ニート——フリーターでも失業者でもなく 幻冬舎
Hazan, C., & Zeifman, D. 1999 Pair bond as attachments: Evaluating the evidence. In J. Cassidy & P. R. Shaver (Eds.), *Handbook of attachment: Theory, research, and clinical applications.* Guilford Press. pp. 336-354.
Hollingworth, L. S. 1928 *The psychology of adolescent.* Appleton.
Inhelder, B., & Piaget, J. 1958 *The growth of logical thinking from childhood to adolescence.* Basic Books.
加藤隆勝・高木秀明 1980 青年期における独立意識の発達と自己概念との関係 教育心理学研究，**28**，336-340.
Marcia, J. E. 1966 Development and validation of ego-identity status. *Journal of Personality and Social Psychology*, **3**, 551-558.
Marcia, J. E. 1976 Identity six years after: A follow-up study. *Journal of Youth and Adolescence*, **5**, 145-160.
松井 豊 1990 青年の恋愛行動の構造 心理学評論，**33**，355-370.
宮本みち子 2004 ポスト青年期と親子戦略——大人になる意味と形の変容 勁草書房
無藤清子 1979 「自我同一性地位面接」の検討と大学生の自我同一性 教育心理学研究，**27**，178-187.
内閣府政策統括官 2004 世界の青年との比較からみた日本の青年——第7回世界青年意識調査報告書 内閣府政策統括官
日本性教育協会（編） 2001 「若者の性」白書——第5回青少年の性行動全国調査報告 小学館
落合良行・佐藤有耕 1996 青年期における友達とのつきあい方の発達的変化 教育心理学研究，**44**，55-65.
岡田 努 1995 現代大学生の友人関係と自己像・友人像に関する考察 教育心理学研究，**43**，354-363.
岡田 努 1999 現代大学生の認知された友人関係と自己意識の関連について 教育心理学研究，**47**，432-439.
岡本祐子 1997 中年からのアイデンティティ発達の心理学——成人期・老年期の心の発達と共に生きることの意味 ナカニシヤ出版
大倉得史 2002 拡散——アイデンティティをめぐり，僕達は今 ミネルヴァ書房
Rousseau, J.-J. 1762 *Emile ou de l'Education.* (永杉喜輔・宮本文好・押村 襄訳 1982 エミール 玉川大学出版部)
Sullivan, H. S. 1953 *The interpersonal theory of psychiatry.* New York: Norton. (中井久夫・高木敬三・宮崎隆吉・鑪幹八郎訳 1990 精神医学は対人関係論である みすず書房)

高木秀明　1992　青年期　東　洋・繁多　進・田島信元（編・企画）　発達心理学ハンドブック　pp. 481-497.
高橋恵子　1968　女子青年における依存性の発達　依田　新（編）　現代青年の人格形成　金子書房　pp. 21-44.
鑪幹八郎・山本　力・宮下一博　1984　アイデンティティ研究の展望 I　ナカニシヤ出版
山田昌弘　1999　パラサイト・シングルの時代　筑摩書房
山田昌弘　2004　パラサイト社会のゆくえ――データで読み解く日本の家族　筑摩書房
湯沢雍彦　2003　データで読む家族問題　日本放送出版協会

9

成人期とは何か

1. 大人になるということ

　学校を卒業したら，就職して経済的に自立し，結婚して家庭を築く。成人期におけるこのライフコースは，私たちの多くが経験する一般的なものである。だからといって，就職し職業人としてのキャリアを積み重ねることや，結婚し，全くの他人と生活を共有すること，子どもを産み育てていくことは決して楽なことではない。「人は生涯を通じて発達し続ける存在」と唱えたことで有名なエリクソン（Erikson, 1963）も，成人期の個人が心理社会的に成熟するためには，職業人として，パートナーとして，親としての役割をどれだけ発達させることができるかによるとしている。

　成人期において，私たちはこうした複数の役割をどのように発達させ「一人前の大人」になっていくのか。本章では，現代社会の成人が大人としてのアイデンティティを達成させる途上で生じるさまざまな問題についても触れながら考えてみたい。

2. 職業人として

[1] フリーター

　成人期の主要な発達の1つは，職業人として生産に携わる日々を送り，キャリアを積み重ねていくことである。しかし最近では，非常勤職を渡り歩く「フリーター」や職そのものに就かない「ニート[1]」と呼ばれる「定職をもたな

い」個人が増加し問題となっている。2003年度の国民生活白書（内閣府，2003）の定義によれば，フリーターとは「15～34歳の若年（ただし，学生と主婦をのぞく）のうち，パート・アルバイト（派遣等を含む）及び働く意志のある無職の人」のことである。フリーターは，バブル経済期の1990年の183万人（10.4％）から年々増加し続け，2001年には417万人（21.2％）にまで達した。わが国の将来を憂う有識者の声を尻目に，フリーターの増加は止まる気配がない。フリーターのなかには，役者やスポーツ選手などを目指して定職に就かない「夢追求型」や，青年期からのモラトリアム状態が続いている「モラトリアム型」などに類型化されるが，フリーターの多くが正社員を希望している事実は注目に値する。全国の20～34歳の男女，1849名を対象とした調査（内閣府，2003）によれば，フリーターの72.2％が正社員を希望していたことがわかっている。また，1989年以降からの卒業（もしくは中退）直後に正社員にならなかった個人の理由をまとめた玄田（2001）も，年々割合が増加している理由が「就職口がない」ことだとし，最近の若年雇用の減少がフリーター増加の一番の原因であると強調している。つまり，多くは定職に就きたくないのではなく，就けないでいるのである。

　定職に就かない状態が続くことが，若者の就業意欲や職業能力の発達に影響を与えることも見過ごしてはならない。同世代のフリーターと正社員を比べると，「より専門的・高度な仕事をしたい」「より責任のある仕事をしたい」など仕事への積極的な意見は正社員の方に，反対に「仕事が面白くなければやめればよい」という消極的な考えはフリーターの方に多く，具体的なパソコンなどの職業スキルについても正社員の方が有能であるらしい（内閣府，2003）。

　このように，フリーターは，希望してはいても定職に就くことができず，それが長期化することで仕事へのやる気や責任感，職業スキルの発達が遅れ，さらに就職の機会を得ることを難しくしていると言えよう。ニートに至っては，職業生活そのものに踏み出すことがないわけで，こうした問題は一層深刻なものであることが想像されよう。

---

(1)　ニートとは，「Not in Employment, Education or Training」の頭文字をとったもの。1999年に若年層の失業問題に悩むイギリスで発生した言葉で，進学，就職，職業訓練のいずれも受けない若者を指す。

［2］キャリアの発達

　個人が職業を選び，仕事に従事し，リタイアするまでにはいくつかの発達段階があると考えられている。キャリア発達（career development）を生涯発達の視点から説明したスーパー（Super, 1980）は，個人が職業人として発達していく様子を次の5つのステージに分けて説明した。まず，「ケーキ屋さんになる」「歌手になる」など夢いっぱいの幼児期から，漠然とではあるが理想の仕事を求めるにまで発達する思春期までの「成長段階」に始まり，自分の能力を現実的に評価し，具体的な就職の準備がなされる青年期の「探索段階」，ライフワークとして選んだ職業に従事する成人前期の「確立段階」，職業人として確立した地位やキャリア生活を維持する成人中期の「維持段階」，そしてリタイアに向けての準備を進める成人後期の「衰退段階」で終結する。自分がどのような仕事に就くべきか，仕事を生活の中にどのように位置づけるかなどの職業意識は，本人の職業志向性や適性に関する自己評価の発達と，幼少期の頃から周囲の環境の影響を受けて育まれていくのである。

　個人のキャリア発達を考える場合には，その時々の社会状況を考慮することも大切であろう。たとえば，長引く不況により新卒採用者が少ない近年では，雇用者の需要が多かったバブル経済期に比べて「失業の心配がない仕事（全体の29.3％が支持）」を理想とする成人が多くなっている（NHK放送文化研究所，2003）。また，バブル経済期には，会社の名声や給与の高さで就職先が選ばれることも少なくなかったが，現在では「専門知識や特技が生かせる仕事（31.5％）」を求める人が多いのも特徴的である。こうした選択の背景には，会社がいつ倒産するかわからない現状において，「手に職」的な職業スキルをもつことが重要視されていることがうかがえる。そのような状況では，キャリア発達における「探索段階」が延長し，ライフワークを決定しそこでのキャリア発達を遂げる「確立段階」への移行が難しいものとなっていくことは想像にかたくない。先ほどの「夢追求型」のフリーターは，この「探索段階」が延長した状況にある若者たちと言うこともできよう。

　また，バブル経済期といえば，長時間労働で高収入がキーワードであった。1990年の年間総実労働時間は2,124時間であり，2002年の1,954時間に比べて170時間も多く，その当時にはアメリカ（1,948時間）やイギリス（1,953

時間）など先進国の労働時間を大きく引き離していた（厚生労働省，2002）。ちなみに，この頃（1989年）の好感度第一位のコマーシャルは，「黄色と黒は勇気のしるし，24時間戦えますか？」の歌で有名な栄養ドリンク剤のものであった。世界を股にかける営業焼けした「ジャパニーズ・ビジネスマン」の姿は，生活の多くを仕事に捧げ，諸外国から「仕事中毒」とまで揶揄された当時の職業人に広い共感を得たものと思われる。しかし，現在の経済状況は，当時の華やかな時代を支えた企業戦士に厳しい現実を突きつけている。大企業の倒産やリストラの対象となることで，キャリア発達の「維持段階」や「衰退段階」の個人が，新たに就職を探すような事態に直面することになっているからである。

このように，現代社会におけるわが国のキャリア発達パターンは，フリーターの増加や終身雇用制度の崩壊などにより，かつては典型であったスーパー（1980）のものとは大きく異なってきている。こうした従来のキャリア発達に対する不安定な社会状況は，子どもの職業志向性や職業意識に少なからず影響を与えているようである。1998年の小学生男子の将来なりたい職業の1位が，例年のプロスポーツ選手を抜いて「大工」であったことはその一例と言えよう。また，「13歳のハローワーク」（村上，2003）が最近のベストセラーになったことは，子どもばかりでなく周囲にいる大人が，子どもが早い年齢段階から将来の職業を吟味し，準備を始めておくことの重要性を改めて認識したことの表れであると思われ，非常に興味深い。

[3] 職場のストレス

NHKが成人男女を対象に行った調査（日本人のストレス実態調査委員会，2003）によると，常勤で働く418名の社会人があげたストレス上位10項目のうち，実に4項目が仕事に関する内容であった。「仕事が忙しすぎる（33％）」や「休日・休暇がとれない（19％）」といった時間的な制約の項目以外に，「上司と合わない（19％）」や「価値観や世代間のギャップを感じる（16％）」など対人関係におけるストレスも認められる。20代から30代は合わないことをストレスと感じる人が多く，50代もまた世代間のギャップに悩んでいる。このように，定職に就いて感じる対人関係のストレスのなかで，上司と部下の

関係はことさらに強いストレスを抱える恐れがあると思われる。

　上司と部下の関係性については，これまで主にリーダーシップ行動の研究分野で検討されてきた。会社の生産性や部下のやる気を高めるには，どのようなリーダーシップ行動が効果的なのか。心理学では，リーダーシップ行動を，目標達成のための指示や命令を部下に与えるP機能（performance）と，部下との間や部下同士の人間関係に気を配るM機能（maintenance）の2次元でとらえ，各機能の高低から4つのタイプに分けて考えてきた（三隅，1984）。わが国の社会人を対象とした多くの研究から，部下のやる気を高めたり，長期的に会社の生産性を上げるのに有効なリーダーシップは，P機能もM機能も高い万能タイプの次に，M機能の高いタイプであることがわかっている。このことからもわかるように，わが国における望ましい上司は，部下に指示を飛ばすモーレツ型ではなく，職場の対人関係を円滑にし，ストレスを少なくしてくれる気配り型なのである。

　さて，こうした対人関係のストレスにより，最近では「適応障害（adjustment disorders）」と診断される人が増えてきている。適応障害とは，転勤や転職にともなう対人関係や仕事内容の変化などに耐えられず，不安や抑うつ気分，問題行動（無断欠勤など）などの症状が現われ，職業的機能が低下していく（場合によっては就業が不可能になる）ものである。適応障害の事例を参考にすれば，転勤と同時に昇進したものの部下を取り仕切るという新たな業務がこなせなかったり，異動した職場の地域に根づいた風土に合わなかったりすることが主なストレッサーであると考えられる（藪川・大平，2004）。適応障害の改善には，こうしたストレッサーを取り除くことが先決である。これからの企業は，個人の適応状態を定期的にアセスメントし，昇進の保留や職場内チームの変更，適応の良かった職場に戻すなどのフレキシブルな対応を行うことがますます必要となってくるであろう。

3. 家族の一員として

［1］結婚して：夫婦平等の実際

　成人期の主要な発達のもう1つは，家族の形成と家庭人としての発達である。

生涯の伴侶となる相手を見つけ，その相手とともに深い愛情と信頼に満ちた関係を築くことは，個人の心理的な成熟を促すものである。また，子どもを授かり育てる毎日は，子どもの行動や反応に戸惑いながらも，次世代を生み育てているという生物としての本道に根づく深い充足感をともなうものでもあろう。

　結婚すると同時に，男性は夫，女性は妻という新たな役割を担うことになる。これまでの伝統的な性役割観も手伝って，夫が働いて生計を立て，妻が家庭をきりもりするというライフスタイルが一般的とされている。互いに理解し合っている夫婦で，こうした「男は仕事，女は家庭」という価値観を共有している場合には，両者の間にそれほどのトラブルもないだろう。しかし，働く女性が増え，共働き夫婦の比率が高まるにつれて，夫婦の間には仕事と家庭の役割分担という新たな命題がもちあがるのである。

　それでは，こうした夫婦平等はどこまで現実味を帯びたものであろうか。「男と女は仕事も家事も」と考えている人が多い若年層（20～34歳）でさえ，実際には家事の半分以上を妻が行っている家庭が83.0％，夫が行っている家庭が29.3％と大きな開きがある（内閣府，2003）。また，子どもができると同時に親としての役割も加わるが，子育てに関しても両者の分担は平等とは言いがたい。3歳未満の家庭における育児分担の内容を見てみると，父親が参加することが多いのは「遊び相手（93.9％）」や「風呂に入れる（82.1％）」などの時間限定の育児であり，「寝かしつける（45.8％）」や「おむつを換える（59.2％）」など手間のかかる育児への参加者は全体の5，6割であった（内閣府，2001）。さらに，複数の子育て役割に関して夫婦が互いの従事度を評価し合った調査によると，妻の子育て役割の従事度への認知は夫婦で差がなかったのに対し，夫の子育て役割については，夫の自己評価に比べて妻からの評価がすべて低いということがわかった（こども未来財団，2004）。こうした結果を見ると，仕事や家事に対する夫婦平等感は，妻からすれば現実的に期待したい「理想」なのだが，夫からすればすでに「自分なりにはやっているつもり」の「幻想」なのである。

　さて，夫婦による認知のズレといえば，お互いに抱く愛情にも同様な傾向が見てとれる。菅原（2003）が夫婦の愛情得点の発達的変化を検討したところ，夫の妻に対する愛情得点は結婚後に上昇しそれが高めに維持されるものの，妻

の夫に対する得点は6年目以降から下降していた。その後の研究から，こうした「夫高妻低」の状態へと変化していくのは，夫の経済力や在宅時間の長さからではなく，子どもが乳幼児だった頃に夫が子育てに協力せず，夫婦の会話が少ない場合であることがわかっている。

夫婦がともに，職業人，パートナー，親という仕事と家庭における多重役割を担うことが多くなっている今日，一方の役割が他方の役割にネガティブな影響を与えることになるか（work-family conflict や negative spillover と言う），それとも両方の役割が相乗効果となり充実したものとなるか（positive spillover）は，夫婦間の平等がどれだけ成り立っているかによると言えよう（小泉，1998）。

[2] 育児ストレスとソーシャル・サポート

子育ては，胎児期から続く永続的な営みである。柏木・若松（1994）は，親は子育てを通じて，他者に対する寛大な気持ちや心配りができるようになり，それまで関心の薄かった児童福祉や環境問題に興味が向き，生きがいや自分の存在意義を見出すようになるなど，一人の人間として成熟するとしている。

しかし，妊娠・出産から始まる子育てをもっぱら任されてしまう母親にとって，それはときとしてつらいものであり，ストレスを感じることも少なくない。以前から，妊娠・出産期に母親がうつ病（depression）を中心とした精神疾患が起こる可能性が高いことは指摘されてきた（重症度が高く精神科の診断基準にあてはまるものを妊娠うつ病あるいは産後うつ病と言い，出産後の軽くて一過性の抑うつ状態を「マタニティ・ブルーズ」と呼ぶ）。最近では，乳幼児期の子どもの育児に不安を感じる「育児ストレス」が注目され，子どもへの不適切な養育態度（深刻な場合には虐待へと発展する可能性も否定できない）を引き起こすことが懸念されている。

育児ストレスを生じさせる要因として，菅原（1999）は，図9-1に示すような母親自身の要因，子どもの要因，社会状況要因をあげている。

なかでも注目すべきなのは，社会状況要因における「子育てサポートの脆弱化」である。核家族化や住居の郊外化が進み，祖父母や親戚と同一地域で暮らすことが難しくなるにともない，育児方法を伝授されたり実際に手伝ってもら

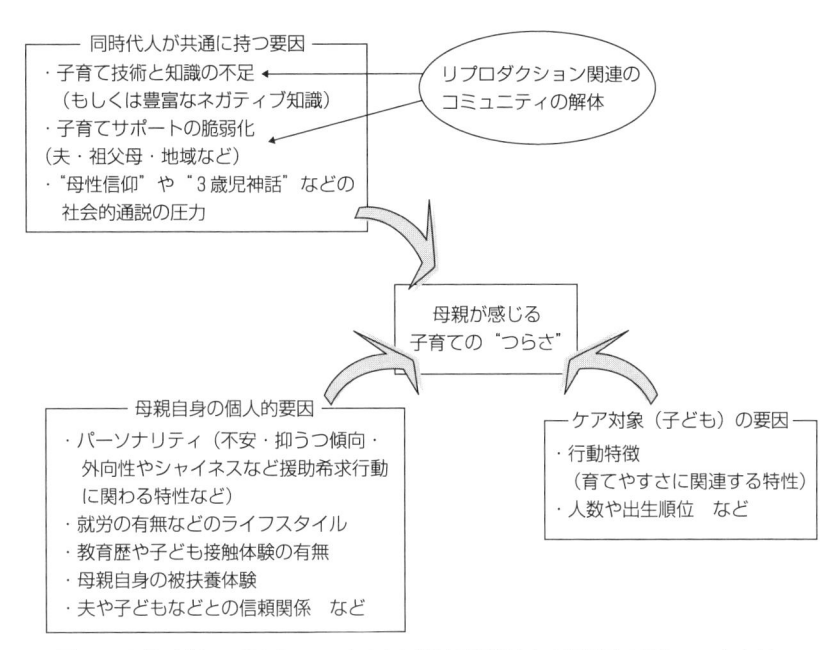

```
┌─── 同時代人が共通に持つ要因 ───┐      ╭──────────────╮
│ ・子育て技術と知識の不足 ←─────┼──── │ リプロダクション関連の │
│   （もしくは豊富なネガティブ知識）│    │ コミュニティの解体  │
│ ・子育てサポートの脆弱化       │      ╰──────────────╯
│   （夫・祖父母・地域など）     │
│ ・"母性信仰"や"3歳児神話"などの │
│   社会的通説の圧力            │
└──────────────────────┘
                    ↘         ╭──────────╮
                              │ 母親が感じる │
                              │ 子育ての"つらさ" │
                              ╰──────────╯
                    ↗                    ↖
┌─── 母親自身の個人的要因 ───┐   ┌─── ケア対象（子ども）の要因 ───┐
│ ・パーソナリティ（不安・抑うつ傾向・│   │ ・行動特徴                  │
│   外向性やシャイネスなど援助希求行動│   │   （育てやすさに関連する特性）│
│   に関わる特性など）           │   │ ・人数や出生順位　など         │
│ ・就労の有無などのライフスタイル  │   └────────────────────┘
│ ・教育歴や子ども接触体験の有無    │
│ ・母親自身の被扶養体験          │
│ ・夫や子どもなどとの信頼関係　など │
└──────────────────────┘
```

図 9-1　母親が感じる「子育てのつらさ」に関連が予想される諸要因（菅原，1999を改変）

うような道具的サポートも，悩みや愚痴を聞いてもらう情緒的サポートも得にくくなった。こうした状況のなかで最も頼れる存在は，何といっても夫である。先ほどの夫婦平等の実態からすれば，現状において夫に期待するのは，道具的サポートの担い手というよりも情緒的なサポートの担い手としてであり，従来の研究知見からも，夫が妻を気遣い，家事や育児を少しでも手伝う家庭の方が妻が受ける日々のストレスは少なく，夫への信頼感が高い妻ほどメンタルヘルスが良好で，子どもへの不適応行動が少ないと報告されている（伊藤・池田・川浦，1999；Sakai, 2005）。保育所などの子育てに関する社会システムが整備されると同時に，家庭内のこうした「サポーター」の存在が，母子の健康にとってきわめて重要なのである。

[3] 子離れ・親離れ

子どもの社会的世界は，学校に通い始める児童期頃から急激に広がっていく。それまでは1日のほとんどを親と過ごしていたのが，徐々に友人と遊ぶ時間が

増えていき，思春期になる頃には，親と顔を合わせる時間もすっかり少なくなってしまう。こうした思春期からの親離れは，子どもが順調に自立の過程を歩んでいる証拠であり，親としても寂しい気持ちを抑えて子離れしていかなければならない。

心理学では，親の養育態度を主に「養育の暖かさ (care)」と「過干渉傾向 (overprotection)」の2つの特性次元でとらえてきた。前者は，子どもへの接し方が愛情あるものか拒否的なものかを評価する次元であり，後者は子どもの自律性を尊重するか統制が強いかを評価するものである（Parker et al., 1979 など）。この2つの次元で考えてみると，子どもへの愛情は深いが彼らの行動を統制しがちな過保護的な親のもとでは，親離れ・子離れが難しくなることが予想される。本来，子どもは好奇心に基づき，外界に積極的に働きかけようとする存在であるが，親が心配し過ぎるあまり子どもの自発的な行動をコントロールするほど，子どもが世界を広げる機会は失われてしまう。そればかりか，子どもは自分の能力（コンピテンス）について自信をもつことが難しく，何かに興味を見出したり，新しいものに挑戦したり，やる気を出して取り組んだりする意識はなかなか芽生えていかないであろう。親としては，子どもの行動を暖かく見守り，子どもが危険にさらされた時に無条件で頼れる「安全基地 (secure base)」として機能していることが必要なのである（Ainsworth et al., 1978）。

しかし，こうした親の黒子的な役割が可能となるのは，幼い頃から子どもとの間に十分な信頼関係を形成していればこそである。特に，仕事が忙しく家庭にいる時間が少ない父親と子どもの間に信頼関係は芽生えにくい。それまでほとんど子どもとの関わりをもたなかったのに，思春期になって突然「説教役」をかって出る父親について，子どもは自分を心配してくれてありがたいと思うより，疎ましいと感じることの方が多いだろう。それゆえ，父親としては，子どもが幼い頃から遊びを通じて接し，短時間でもよいから毎日1回は真剣に関わり合うことが肝要である。一般的に，子どものテレビゲーム使用は，父親が説教したくなる事柄の1つである。しかし，それを逆手にとって，適度な時間を子どもと一緒にテレビゲームをして過ごしてみれば，それが父子間の信頼関係を築くコミュニケーション手段となり，同時に彼らのテレビゲーム時間をう

まく調整することにもつながると考えられよう。

4. 中年の危機を乗り越えて

　以上に見てきたように，職業人，パートナー，親といった多重役割を担うことが要求される成人期は，人生のなかで最も多忙な毎日を過ごす時期と言えよう。それぞれの役割から受ける心理的なストレスもあり，解放されたいと思うこともしばしばである。しかし，実際に役割を終えるに従い，空虚感にさいなまれてメンタルヘルスが悪化するとも言われている。子どもが自立し，親役割を失うことで心身の不調が生じる「空の巣症候群」や，仕事の第一線を退くことで生じる「燃えつき症候群」は，まさしく中年期に起きる危機的状況である。

　こうした「中年の危機」を乗り超えるためには，それまでの自分自身の生き方を振り返り，納得できる生き方をあらためて見直す努力が必要であろう。そのためには，生涯の伴侶として選んだ相手と，成人期の苦楽を共有し，子どもの巣立ちとともに再び2人で向き合うことが，成人期後期からのスムーズな夫婦関係を築いていく鍵となるだろう。

引用・参考文献

Ainsworth, M. D. S., Blehar, M. C., Waters, E., & Wall, S. 1978 *Patterns of attachment: A psychological study of the strange situation*. Hillsdale, NJ: Erlbaum.

Erikson, E. H. 1963 *Childhood and society* (2nd ed.) New York: Norton. （仁科弥生訳　1977　幼児期と社会1　みすず書房）

玄田有史　2001　仕事のなかの曖昧な不安　揺れる若年の現在　中央公論社

伊藤裕子・池田政子・川浦康至　1999　既婚者の疎外感に及ぼす夫婦関係と社会的活動の影響　心理学研究，**70**，17-23.

柏木惠子・若松素子　1994　「親となる」ことによる人格発達：生涯発達的視点から親を研究する試み　発達心理学研究，**5**，72-83.

こども未来財団　2004　平成15年度子育てに関する意識調査報告書（概要版）http://www.kodomomiraizaidan.or.jp/houkoku/chosa/h15.pdf

小泉智恵　1998　職業生活と家族生活　"働く母親" と "働く父親"　柏木惠子（編）結婚・家族の心理学――家族発達・個人の発達　ミネルヴァ書房　pp. 186-232.

厚生労働省　2002　毎月勤労統計調査　ぎょうせい

三隅二不二　1984　リーダシップ行動の科学（改訂版）　有斐閣
村上　龍　2003　13歳のハローワーク　幻冬舎
内閣府　2001　平成13年度国民生活白書　家族の暮らしと構造改革　ぎょうせい
内閣府　2003　平成15年版国民生活白書　デフレと生活－若年フリーターの現在　ぎょうせい
NHK放送文化研究所　2003　「日本人の意識」調査　NHK出版
日本人のストレス実態調査委員会　2003　データブックNHK現代日本人のストレス　NHK出版
Parker, G., Tupling, H., & Brown, L. B.　1979　A parental bonding instrument. *British Journal of Medical Psychology*, **52**, 1-10.
Sakai, A.　2005　Parenting and marital trust in Japan. *Psychological Reports*, **96**, 515-526.
菅原ますみ　1999　子育てをめぐる母親の心理　乳幼児期の子育ての"つらさ"はどこから来るのか　東　洋・柏木惠子（編）　社会と家族の心理学　ミネルヴァ書房　pp. 47-79.
菅原ますみ　2003　個性はどう育つか　大修館書店
Super, D. E.　1980　A life-span, life-space approach to career development. *Journal of Vocational Behavior*, **16**, 282-298.
薮川　悟・大平泰子　2004　ストレス対処と適応障害　こころの科学，**114**, 71-74.

10

老年期とは何か

1. 人生の総仕上げ

　老年期をどのように考えるかは個人により異なるだろう。人生の終着なのか，それとも人生の完成期・総仕上げの時間なのだろうか。

　老年期を指す場合，暦年齢で考えれば65歳からというのが一般的である。国連による定義では，65歳以上を老年人口としており，高齢者の行政サービスにおいてもおおむね65歳からが対象となる。しかし，現在の高齢者は，自分のことを年齢相応の「高齢者」と思っていない。佐藤ら（1997）の主観年齢の研究によると，50～60代で6歳，70～80代で7歳実際の年齢よりも若く感じている傾向にある。人生60年の時代と言われていた戦前に比べ，現在は80年の時代であり，人生八掛け時代と言えなくもない。こうした現代人の深層心理は，若さへの執着心が根強く残っている証拠であり，「永遠の少年」を希求し，死や老いから逃れたいのだと言える。健康で仕事を続けている高齢者であるほどこのような意識は強く，まだ現役世代だと考えている。老性自覚は暦年齢ではなく，さまざまな活動能力の低下や喪失体験から始まるようである。

　一方ライフサイクル上の役割変化に注目すると，定年退職や子どもの独立など年齢に応じた役割や出来事によりさまざまな推移のパターンが存在する。よく大正期のライフサイクルと現代のそれを比較することがある。大きな違いは，長寿化にともない死亡年齢が20年近く引き上げられ，定年後の期間が大幅に伸びたことや，子どもの数の減少により出産期間や子育て期間が短くなり，子どもが独立し巣立っていった後の期間が長くなるなどの点があげられる。これ

はあくまでも平均像に過ぎず，近年のライフサイクルの変化は人それぞれである。結婚しない人，思いがけず早期に配偶者との離別・死別を経験するなど平均的な人生とは全く違った道を歩むこともある。したがってライフサイクル上の役割変化が生じる年齢も人さまざまである。高齢者を称して空の巣症候群，濡れ落ち葉症候群などと揶揄されるケースも多くある。多様・複雑で長期化するライフイベントの中で人生60年時代には経験しなかったストレスフルな機会が増えてきていることは事実である。

ニューガーテン（Neugarten, 1975）は人が高齢者になるかどうかの決め手は暦年齢よりもその人のライフサイクルであり，young-old と old-old に分けることに意義があると唱えている。74歳までの老年前期と75歳以上の老年後期ではそのライフスタイルもかなり違ってくる。近年ではさらに85歳以上の oldest-old の定義も取り入れられようとしている。

ライフサイクル上の老年期はその期間も長く，young-old-oldest と各々違った生き方やライフサイクルが出現し，エイジレスセルフと呼ばれる高齢者が溢れ出している。このような高齢者が人生の総仕上げをするためには生涯発達課題を克服していく必要がある。

エリクソン（Erikson, 1959）は老年期の発達課題と危機を自我の統合 対 絶望とし，この危機を乗り越える過程で英知が育まれ，自分の人生に意義と価値を見出せるとした。またペック（Peck, 1975）は老年期を3段階に分け各時期の課題をあげている。

①自我の分化 対 仕事役割への没頭：引退にともなう収入減，職業的地位の喪失，子どもへの依存的生活も起こる。これら避けられない状況に対し，新しい自分を確立し，仕事以外の活動や趣味，楽しみのなかに満足感を見出すことで克服する。

②身体の超越 対 身体への没頭：何らかの疾病をもつようになり，身体面に生きがいを感じていた人々は危機的状況になる。人間関係や精神面の創造的活動を行うことで幸福に生きていけ，危機も克服できる。

③自我の超越 対 自我への没頭：死の予測に関する危機である。この最終段階で成功した高齢者は家族や文化のために目的的に活動し，満足感を得る。この死の危機を超越し完全な自己実現により人生の総仕上げができる。

以上のように，老年期を人生の終焉に向かっていると考える高齢者は自我の分化・超越および身体の超越ができず，逆にこれまで身につけてきたものを捨て去らねばならないことへの恐怖や不安を多くもつことになる。一方，人生の総仕上げと考える高齢者はこれらの課題を克服し，生きがいと幸福感をもって老年期を過ごし，自我の統合を獲得し自身の人生に対する意義や価値を見出していくことになる。

2. 複合喪失への対処

　老年期を迎えると，さまざまなものを失う機会が増えてくる。心身機能の低下はもとより，地位・役割の喪失，配偶者をはじめとする死別・離別体験など以下にあげるような喪失体験を経験することになる。
　①ライフプランニングが期待どおり成就できなかった時の挫折感
　②慣れ親しんでいた場所からのリロケーションによる精神の破綻
　③家族との信頼関係を失うことによって起こる精神的危機
　④定年退職ないし引退による地位・役割の喪失
　⑤引退等にともなう経済面の不安定さ（収入面の減少）
　⑥親，配偶者をはじめ同胞，友人，子ども，親戚などとの死別や離別
　⑦老年期を迎えての健康や気力の喪失（複数の心身疾患）
　⑧日常生活動作（ADL）をはじめ容姿，歩行困難，視覚・聴覚の衰えからくる生活不安
　⑨加齢にともなう精神機能の低下からくる性格面での脆弱性
　⑩身体の衰え，心身の病気からくる死に対する不安
　複合喪失とはこのような経験を複合的，連鎖的に生起することが多く，それにより生きがいや自尊心までも失うといったことから呼ばれている。ではこのような喪失体験は高齢者にとってどのような精神的苦痛をもたらすのだろうか。
　空虚感，孤独感，疎外感，絶望感，厭世観，被害感などさまざまな精神的危機をもつことになろう。自らの存在価値を否定し，生を忌み嫌い，自己を含めた世界全体を否定するようになる。無論これらの喪失体験は老年期に入り誰でもが経験していくことであるが，すべての高齢者が危機をもつとは限らない。

前述したようにこれらが複合・連鎖的に起こるからこそ危機的になっていくのである。

　宮川ら（1990）の調査によると，死について考えたり，否定的なイメージをもつ人は60代に多く，年齢とともに減少する傾向があると報告されている。60代はまさに複合喪失を体験する時期であり，死や老いについて考えることが多いと言える。しかし，これらの危機を乗り越えられた高齢者は新たな生きる目標を獲得し，間近に迫った老いや死を距離をもって眺めることができるようになる。それは，これまでの地位や役割に代わって新たに生じる役割や機会が出てくることである。定年退職により自由な時間が増え，これまでできなかった活動や役割を果たせるのである。孫ができ祖父母としての役割も出てくるし，今までできなかった地域でのイベント参加や交友関係など多くの機会がある。

　老年期は人間的成熟に向かって成長し，他者に祝福を与え発展する時期でもあり，真の自己を発見できる年代であると言える。柏尾ら（2004）は死が避けられないとわかった時，将来の展望をもっている人は自分の希望を家族に伝え，やり残したことや心残りのことへの取り組みを行っていた。また現在の充実感を感じている人ほど，実際にやり残したことに取り組んでいたという調査報告をしている。つまり，老年期は喪失するだけではなく新たに創造される役割や機会があるということである。

　では，老年期の複合喪失に対しどう乗り越えていけばよいのであろうか。

　ユング（Jung, C. G.）が高齢者のことを「老賢者」と呼ぶように，老いは賢さのシンボルと見ることもできる。つまり，高齢者は知恵と英知をもった存在であるということである。知を所有する高齢者は難局に直面した時も問題解決能力を駆使し，事態を客観的に洞察し，的確な判断を下すことができることを意味している。そのためには，物事の本質を見抜く力をもち，自己の内面に対して深めていく洞察力をもつということである。また，権力欲や金銭欲などに執着していると，さまざまな喪失体験に対し客観的な判断を下すことができなくなる。したがって，自分の利害や欲望さらには性役割を超越することも必要となる。そうすることによって苦しいことも，楽しいこともすべてに対して価値を見出す心の広さと深さをもち合わせることになる。柏尾らの報告にもある

ように，真の意味で自己実現を目指し，将来の展望をもつことこそさまざまな喪失体験を乗り越えていく方策に他ならない。

3. よき老い方の意識化

　前述してきたように，老年期ではさまざまなものを失い，各種機能が衰え，生きる目的さえも失くしてしまう場合も起こる。しかし，多くの高齢者は年をとることは悲しいことだと思っていないのも事実である。平成16年版高齢社会白書（内閣府，2004）によると，高齢者に対する差別・偏見について，若い世代ほど差別・偏見が「ある」と回答し，年代が高くなるほど減少し，75歳以上では約50％が「ない」と答えている。つまり，高齢者は他の世代が考えているより自分たちを否定的にとらえていないことがうかがえる。

　しかし，世間では高齢者のイメージをゴールド（プラン）やシルバー（シート）と称し，IT技術から取り残された老害と考えているふしがある。近年の経済不況のなかで完全失業率が常に高いのは60歳以上であり，高齢であるがゆえに住宅の賃貸を拒否され，社会活動への参加を歓迎されないといったことがある。また近年では高齢者虐待や病苦による自殺者も多い。特に同居家族がいる女性高齢者に自殺率が高いことが報告されている。高齢の自殺者に共通する特徴は，①心理的に孤独であること，②死にたいという願いと助けられたいという願いを併せもつこと，③配偶者の死や命日を契機に自殺すること，④ほんのちょっとした心の隙間から起こること，などである。こうした高齢者の虐待や自殺は社会的脆弱性と差別を生んでいる何よりの証拠である。要介護状態になり，認知症やうつ状態などさまざまな問題を抱えた高齢者にとってはさらに大きな問題である。心身ともに健康であることはよき生き方をする前提条件となる。

　高齢者のイメージをよくオパール（old people active life；OPAL）にたとえ学生に説明することがある。ゴールドやシルバーよりももっと輝かしい生活や意識をもった高齢者が多くいることを言っている。近年では，高齢者のこうした主体性を見直し，自らの力で老年期のさまざまな変化や喪失に適切に対処しながら充実した生活を送ることをサクセスフル・エイジング（successful aging）と呼んでいる。さらに高齢になっても多くの分野で活躍し，創造的活動を行っている高齢者の生き方をプロダクティブ・エイジング，アクティブ・エイジングと呼び高齢者自身の意識や個性・人間性を理解する視点を提供している。

霜山（1989）は，高齢で著名な芸術家に対する調査のなかで以下のような共通する特徴を見出している。①よく統合された豊かなイメージ活動がある，②生活課題に対して積極的な取り組みをしている，③物事，事象の認知の仕方が統合的，全体的である，④内面性が豊かで，生き生きした情緒性，外界に開かれた態度であること，⑤人間的なものに対する根強い関心があること，⑥あるがままの現実を客観的に冷静に把握していること，⑦広義の信仰をもっていたこと，⑧この信仰が亡き両親などとの死後の出会いのイメージによって支えられていたこと，などをあげている。

よき老い方とはこうした特徴を有しており，高齢者自身がそれを意識化していくことである。つまり，よき老い方を積極的に評価できるものとして意識化し，私たちも高齢者に対しこのようにとらえ直すことが求められている。

4. 4D症状

前述した複合喪失は老年期に多く見られ，根源的な不安としての死に対する不安も現われ，精神的に不安定な時期であり，思春期と同様に，精神障害が発生しやすい時期である。老年期に起こりやすい症状として4D症状（dementia：認知症，depression：うつ病，delirium：せん妄，delusion：妄想）があげられる。

[1] Dementia（認知症）

人口の高齢化は今もなお着実に進んでおり，65歳以上人口は2020年代には総人口の29％前後まで達すると予測され，認知症高齢者は，現在150万人ほどで2025年には250万人を超えると言われている。

認知症とは，発達の過程で記憶をはじめ認知，判断，言語等の精神機能が，一過性ではなく慢性持続的に減退・消失し，日常生活を営めなくなった状態を

言う。主に脳梗塞，脳出血後の後遺症として起こる脳血管性痴呆と，脳の変性疾患として起こるアルツハイマー型痴呆やピック病および両者の混合型が全体の9割を占めるとされている。

症状は中核症状と周辺症状に分けられ，物忘れがひどくなる記憶障害，日時・場所・人物がわからなくなる見当識障害，認知や判断力障害，失語・失行・失認などの中心症状がある。周辺症状として，徘徊，異食行動，幻覚・妄想，不眠や抑うつ，夜間せん妄，失禁などの随伴症状をともなうことがある。

こうした認知症高齢者に対するケアはいまだ確立されているとは言えない。しかし，個別性に基づく利用者中心のケア，生活体験を十分に把握して物語に基づくナラティブケアおよび対象者の内的体験を尊重するケアを基本に自立支援に向けたあり方を模索中であり，今後もますます深刻な問題となる。

[2] Depression（うつ病）

うつ病も老年期に多い精神障害である。どの年代でも起こるが，老年期は身体の加齢現象に加え，前出のさまざまな喪失体験に出会い，孤独になるなどうつ状態になり得る条件が多くある。

老年期のうつ病の特徴は，非定型的な症状と経過をたどることが多いこと，「仮面うつ病」と認知症と見間違うほど似た「仮性痴呆」と呼ぶ状態が見られることである。仮面うつ病の場合，運動抑制は比較的軽く，活発に行動するが自律神経症状をはじめ頭重，肩こり，胃腸障害，四肢などの感覚異常などの身体症状が現われる。一方の仮性痴呆は，運動抑制は強いが，記憶障害や見当識障害など前述の認知症症状を呈し，主観的に物忘れを訴えることが多く，鑑別が難しい状態である。

老年期うつ病の症状には，①不安・焦燥感が全面に見られる，②心気的訴えが多い，③運動抑制が軽い状態である，④被害・罪業・貧困・心気妄想が起こりやすい，⑤希死念慮を抱きやすい，⑥不眠・食欲不振などの自律神経症状を呈するなどの特徴がある。

老年期のうつ病は身体疾患を合併していることが多く，約8割は適切な精神科治療と身体面の治療で改善されると言われているが，反面老年期の場合は長期化する傾向がある。したがって，うつ病の高齢者の対応には以下のような留

意点があげられる。

　①身体面のケアを疎かにしない，②日内変動に合わせ受容的態度で接する，③薬の副作用の観察を怠らない，④希死念慮の観察と自殺予防を心がけるなどである。老年期のうつ病は特に自殺問題との関連があり，世界的に見ても高齢者の自殺が多い日本では予防的な対策が重要となる。

[3] Delirium（せん妄）

　せん妄は意識障害の一種で，軽度あるいは中等度の意識低下が起こり，精神運動性興奮，幻覚，不安，恐怖などをともなう状態である。アルコール・薬物中毒をはじめ，心不全，脳血管障害，外科手術後などさまざまな原因で起こる。

　前駆症状として，集中困難，不穏，不安，焦燥感，刺激（光や音）過敏，不眠などがあり，覚醒水準が低下している夜間に生じやすくなる。

　老年期のせん妄の場合，錯覚や幻視といった異常体験が活発となり，精神運動性興奮や徘徊などが目立ち，対応に苦慮するケースが多くなる。脳の器質的障害がある場合は特に多く出現するので認知症ではしばしば見られる。また，うつ病の高齢者は少しの環境変化や発熱，脱水などでも発症するので注意が必要となる。心理面への対応としてできるだけ静かな環境を整備し，意識レベルに応じ現実認識を高めるよう働きかけることが大切となる。

[4] Delusion（妄想）

　高齢者では被害妄想，心気妄想，罪業妄想などの妄想が起こりやすい。基礎疾患により多少異なるが，妄想の対象は近親者や身近な環境である場合が多い。原因として入院や転居などの環境変化や視力・聴力の低下も大きな誘因となる。

　パラノイア（妄想症）は高齢者に出現する持続性妄想状態で，性格や生活環境から生じる妄想が主たる症状である。特に女性で，一人暮らし，視力・聴力の低下，性格的な問題があることが多い。たとえば，留守中に誰かが家に入ってきて物を盗っていくと訴える接触欠如性被害妄想や，身体の中に虫が入り，悪さをするなどと訴える皮膚寄生虫妄想などがあげられる。また嫉妬妄想も意外に多く，配偶者の浮気を信じて止まず困っているケースなどが見受けられる。

　妄想状態を起こしやすい性格として，猜疑心，頑固，敏感，不信をもつ傾向

があげられる。さまざまな喪失体験に対する心理的な防衛反応としてこれらの性格が強調され，さらに人間関係のトラブルや社会的孤立と相まって妄想状態を起こしやすいと言われている。

こうした状態にある高齢者への対応として，妄想を認めることは誤りかもしれないが，妄想による不安・恐怖など苦しんでいることを受け止め，不安などの軽減を図るよう心がけることが大切である。

以上老年期における4D症状について概説してきたが，日本の平均寿命は男女とも世界一で最長寿国である。さらに将来的には老年期でも後期高齢者（75歳以上）が一段と増加することが予測されている。したがって今後はますます4D症状をはじめ高齢者の精神障害に対する発達心理学的アプローチの充実が必要となってくる。

引用・参考文献

カスタニエダ，J.・長島　正（編）　1989　ライフサイクルと人間の意識　金子書房

Erikson, E. H.　1959　Identity and the life cycle. *Psychological Issues Monograh*, Vol. 1, No. 1. New York: International Universities Press. （小此木啓吾訳編　1973　自我同一性――アイデンティティとライフサイクル　誠信書房）

柏尾眞津子・石井京子・高木　修　2004　高齢者の死の準備行動を規定する時間的展望V　日本社会心理学会発表抄録

Kimmel, D. C.　1990　*Adulthood and aging: An infer disciplinary, developmental view* (3rd ed.) John Wiley & Sons. （加藤義明監訳　1995　To Be Adult, To Be Old―高齢化の心理学―　ブレーン出版）

南　博文・やまだようこ（編）　1995　老いることの意味――中年・老年期　講座生涯発達心理学5　金子書房

宮川知彰・荒井保男（編）　1990　老人の心理と教育　放送大学教育振興会　pp. 174-196.

内閣府（編）　2004　平成16年版高齢社会白書　ぎょうせい　p. 65.

Neugarten, B. L.　1975　The future and the young-old. *Gerontologist*, **15**, 4-9.

岡本祐子　1997　中年からのアイデンティティ発達の心理学――成人期・老年期の心の発達と共に生きることの意味　ナカニシヤ出版

Peck, R. E.　1975　Psychological developments in the second half of life. In W. C. Sze (Ed.), *Human life cycle*. New York: Jason Aronson. pp. 609-625.

佐藤眞一他　1997　年齢アイデンティティのコホート差，性差，及びその規定要因――生涯発達の視点から　発達心理学研究，8(2).

下仲順子（編著）　1997　老年心理学　培風館
霜山徳爾　1989　死生観　那須宗一（編）　老年学辞典　ミネルヴァ書房
氏原　寛・山中康裕（編）　1994　老年期のころ　ミネルヴァ書房
湯浅泰雄　1989　倫理とライフサイクル　長島　正（編）　ライフサイクルと人間の意識　金子書房　pp. 272-295.

第Ⅱ部
人間の発達過程を理解する

11 学習・認知・言語の発達

1. 学習の発達

　子どもが外界と関わっていくなかで，その行為のどこまでが生得的で，どこからが学習によるものなのか，多くの議論を呼んできた。乳児は歩くということを自然と備えていたのか，それとも覚えたのだろうか？　人の顔を識別する能力は備わっていたのだろうか？　また言葉はもって生まれてきたのだろうか？　何が発達するのかという意味から考えれば謎だらけである。多くの領域での研究が現在進行中である。生得という点をつきつめるとゲノムに目を向け発生の生物学的根源に向かってしまう。確かに発達には，行動の種のような生得的部分を受け継いでいる面もある。だが，人間の行動は人やものとの関わりのなかで更新されていく点で，生得性と経験とが相互に影響し合う。その意味で学習の側面は広くとらえると発達の半分をも担うことになる。だが，ここでは初期発達での学習のあり方を検討することにする。

[1] レディネス

　時期がくれば自生的に出現すると考えられるものを「成熟」と呼んでいる。主に運動発達や身体の発達で使用され，内在している種が表に現われるというニュアンスが強い。また神経システムの成熟を前提にして，学習が可能になるという面も含まれている。ここでの問題は，何かを子どもができるようになった際に，その状態へと推し進めたものは，成熟か学習かという事柄である。

　1) 成熟と学習そしてレディネス　　ゲゼルの階段登りの実験（Gessel　&

Thompson, 1929) は成熟と学習との関係を的確に示してくれている。遺伝的な要因が同じ一卵性双生児の1人（T）に早期から階段登りの訓練をしたところ（46週），何もしなかったCに比べて登りが上達した。だがその後，Cにも訓練を行ったところ（53週），Tより短時間の訓練でTの水準を越えるまでに達した。ここから導かれたことは，学習には適切な時期があるということである。レディネス（readiness）という用語は「成熟によって，なにかの機能が可能となるような状態」を指すことになる（藤永，1973）。実際，学習のための準備性という意味で使用されることが多く，教育現場での学習レディネスの考えはその応用と言えよう。

さて，ゲゼルの場合はレディネスを成熟と同じように解釈し，発達での成熟優位を主張したが，ブルーナー（Bruner, J. S.）に従えば，レディネスは作りだすことのできるもので，時期を待つ必要はないという立場に立つ。教育面を重視したブルーナーは，ウッヅホール会議（1959）において「どの教科でも知的性格をそのまま保ち，発達のどの段階の子供にも効果的に教えることができる」という考えを唱えた（Bruner, 1961／鈴木・佐藤訳，1963）。これには米国の当時の教育事情からの要請が反映されていたのだが，教育を保障するという目的から，その後は幼児への早期教育へとつながることになる。一方，ロシアのヴィゴツキー（Vygotsky, L. S.）は最近接領域という概念を示した。それは，子どもが独力でできる水準と教師によって引き上げられる潜在的水準の間の領域のことを言う。つまり教師の助言や教育的働きかけにより潜在的水準を伸ばし，最近接領域を広げることが可能であるという説である。

2）社会的学習と模倣　さて，日常生活のなかでは人のやっていることを真似して学習することが多くある。子どもだけに限定されたことではない。こうした学習のことを社会的学習と言う。バンデューラ（Bandura, A.）の唱えた社会的学習説（social learning theory）は観察学習を中心に置いている。代理者の行為の観察を通じて間接的に学習するという事象である。それは代理者が賞罰を受けることで，間接的に強化されるという機構を利用している。観察し模倣する行為はモデリングと呼ばれ，モデルになる人がTVや映画の中の人物であっても効果があることが示された（Bandura, 1971／原野・福島訳，1975；春木，1982）。ところが，早期の模倣行為のすべてが経験を前提にして

るのではない。乳児は舌出しや同調行動（エントレイメント）を自然に行うことから（本章第3節「言語の発達」を参照），自分や親の身体の各部の対応する位置を生得的にわかっているように見える。この背景にはミラーニューロンという神経が働き，見ている対象と同じ行為をするのに役立つことが最近わかってきている（Dipellegrino et al., 1992；Gallese et al., 1996）。模倣の初期の現れ方は学習によるのではなく，組み込まれた反応が人との関係のなかで，社会化の下準備のために備えられているようだ。

[2] 初期経験

　早くに経験した出来事を一生忘れずにいる場合や，その経験が一生を通じて影響するということがある。発達するうえで障害になる場合もあるし，また逆にその経験が必要不可欠である場合もあろう。初期経験は，自分では意図していないが，結果として学習してしまうという性質がある。流れとしては精神分析の心的外傷（トラウマ），ヘッブ（Hebb, D. O.）らの環境剥奪，ローレンツ（Lorenz, K.）のインプリンティングがあげられる。これらについて順を追って特徴を見ておくことにしよう。

　1）**トラウマ**　　トラウマ（trauma）は心的外傷とも呼ばれる。フロイト（Freud, S.）の概念であり，幼児期の経験が成長した後に心の病として現われてくることを一般的に示す。しかし臨床観察や回想的分析により構成された理論なので，統制された実証的データはない。心の歪みの源を探っていくと，忘れ去られていても幼児期の親との関係や，置かれた環境に起因することから，臨床では説明概念として使用されることが多い。もともと早期の経験という限定のなかで，使用されていたトラウマの概念が転用されることが多い。たとえば，児童虐待やDV（ドメスティック・バイオレンス），PTSD（心的外傷後ストレス症候群）などの後遺症として，長期にわたるストレス反応の原因を説明する基本概念に使用されることもあるようだ。

　2）**環　　境**　　ヘッブ（Hebb, 1972／白井ら訳, 1975）は，動物の環境剥奪実験を通じて初期環境の影響力を見出した。多くの動物で乏しい環境条件に置かれ，行動の障害が現われた後，豊かな環境へ移されても異常行動の修正ができないことがわかった。たとえば両手が外界と触れないように，制限されて

図 11-1　幼若時の経験と神経系の発達：暗室で生育するが，生後2週を過ぎると1日の内5時間はこの装置の中で過ごした。プラスチックチューブは2mの高さで直径46cm，仔ネコは自分の身体が見えないように襟でマスキングされている。臨界期を過ぎる5ヶ月までこの環境が続いた(Blakemore & Cooper, 1970)。

飼育されたチンパンジーの子どもは，身体をつねられてもどこをつねられているかわからない。また，16ヶ月まで暗室で育てると，網膜と視神経の多くのつなぎが失われてしまい，半盲状態に陥る。このような体性感覚や視覚の異常は，経験を通じて十分な神経系の成熟を促せなかったために生じたものである。また，60～70年代から盛んになった視覚ニューロンの研究領域では可塑性が問題となった。たとえば縦模様の環境の中で生育されたネコの視覚が，縦刺激にしか反応しないという報告（Blakemore & Cooper, 1970）があるが，初期環境が神経の感受性を方向づけてしまい，環境内での刺激を選択的に見る基礎が作られてしまうことを示唆している。

3) インプリンティング　比較行動学（エソロジー）の礎，ローレンツはハイイロガンのひなの後追い行動の観察を行った。生後16時間前後に見た動く大きなものの後を追いかける行動で，親鳥でない場合でも生じる。インプリンティング（imprinting）は刷り込まれるという意味で，刻印づけとも呼ばれ

1. 学習の発達　121

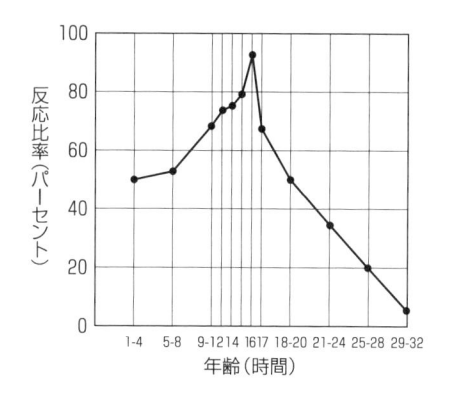

図 11-2　カモのインプリンティングが生じる臨界時間 (Hess, 1958)

る。この時間を過ぎると急速に刷り込みは減少していくという側面から，臨界期の存在が主張されるようになった。また一度，刷り込まれると焼き直しがきかないという点で非可逆的性質がある。動く大きなものが追従行動を解発（リリース）させる条件になっている（Hess, 1958）。だが同時に，糸魚川（1992）によると，その行動を解発させた対象を識別しその特徴を手がかりに親に追従しようとする2段階からなる。つまり解発という生得的段階と，識別するという学習段階の双方が同時に生じるという。

　また，人間行動でのインプリンティングはどうなのだろうか？　ローレンツの幼児図式（Lorenz, 1943）は，親が惹きつけられる子どもの特徴を整理したもので，かわいらしさの原型といってもよい。親は養育行動を解発（リリース）し，子どもは微笑反応により応答する形式をとる。特に鳥のように明確な臨界期はつかめていないが，誰に対しても微笑んでいた3ヶ月から，養育者にしか微笑まない，人見知りをする8ヶ月前後までの間に，養育者とそれ以外の者に対しての識別が生じている。この時期の間に親への認知的な変化が生じていることがうかがえる。どうやら人間にもインプリンティングの時期があるようだ。

2. 認知の発達

生後，乳児は環境に適応するように感覚器官を徐々にうまく使っていこうとする。このことは，最初は知覚機能が十分に働いておらず，時間や経験を必要としていることを物語る。知覚や認知が発達する過程において，どのようなことが問題になってくるのだろうか。

[1] 早期知覚の問題

乳児は少しずつ知覚できる領域が広がっていく。だが，それらの知覚も子どもの置かれた環境によりずいぶんと異なってくる。また年齢の低い子どもしかできない経験も存在するようだ。

さて知覚の大きな話題の1つに，乳児が大人と同じ知覚をもって生まれてくるのか，経験によって知覚を獲得していくのかという遺伝-環境の議論がある。また，触る，見る，聞くなど日常の世界では同時に多くの感覚が働いているが，その関わり合いが発達途上どのように関連し合うのかという相互関連性についての議論がある。基本的に，知覚は発達的に完成されていくという考えでとらえることが多いが，早期から驚くほど完備されているもの（顔の知覚など）もある。環境要因がどのように関与するかが焦点となる。

1) 可塑性　子どもの発達にとって，感覚や知覚の一部に問題があると，その後の十分な発達が望めない場合が出てくることもある。しかし，可塑性といって，欠損した知覚を補うような働きが確かめられている。ここには発達のある一定の時期を過ぎると補正がきかなくなってしまう臨界期というものも存在している。狼に育てられた子どもの実話は有名だが（Singh & Zingg, 1942／中野・清水訳, 1977），生育環境が感覚的な欠損と同様の事態を引き起こしているという点で，知覚における可塑性や臨界期の問題とつながるテーマである。

2) 共感覚　また，年齢の低い子どもであればあるほど，感覚が未分化であるために，音を聴いて色が見えるといった色聴などの共感覚が存在する。初期の脳は神経ネットワークの配線も完成しておらず，等能性が高く，発達が進

むまでは同時に異なる感覚が生じたりすることもあるようだ。これらのことは各々の感覚が分化し統合される過程で消滅してしまう。

[2] 認知の基礎

いないいないバーをすると子どもは大変喜ぶ。なぜ，うれしいのだろうか。背景には，認知の発達途上で生じるメカニズムが関わっているようだ。また，乳児は興味あるものにはじっと見つめているが，とたんに注意が他に移ってしまうことがある。何が起きているのだろうか。子どもの知覚を考えるうえで，形成されてくる機能を検討してみよう。

1）対象の永続性　目の前にある遊具を覆ってしまうと，隠されたものを探し出すことができない。カバーの中にあるにもかかわらず目の前から消えてしまったために，対象物が存在しないと思ってしまう。これをピアジェ（Piaget, J.）は対象の永続性ができていないためであると考えた。発達に従い8～12ヶ月頃にはカバーの下を探せるようになる。しかし，まだこの時期，見ている前で対象を別のカバー（B）に移した場合，最初のカバーの下（A）を探そうとする誤りが観察される。これはA$\bar{\mathrm{B}}$エラー（A not B error）と呼ばれる特殊な誤りで，どのように隠しても探し出せるようになるのは18～24ヶ月の頃となる。同じ場所に同時に2つ以上のものが存在しないという認識は，同一性や対象間の関係が働いていると考えられている。

2）ハビチュエーション　ありえないことが生じていれば目を凝らして見るものである。見ている事態が可能か不可能かで注視時間が異なることを利用し，知っているかどうかを調べる方法を期待背反法と呼ぶ。前提として可能な事態に馴れ（馴化 habituation），次に新奇な不可能な事態を示すことで注視（脱馴化）するかが計られる。この方法によりベラージオン（Baillargeon, 1987），ケルマンとスペルキ（Kellman & Spelke, 1983）は，対象の物理的性質がピアジェが想定したより早期から理解されている証拠をいくつか示している。

3）パターンへの偏好　顔に対する乳児の偏好（preference）はファンツ（Fantz, R. L.）らによって1960年代から盛んに研究された。2つの刺激を並べて提示し，生後10時間から6ヶ月までの乳児がどちらを好んで見るのかを

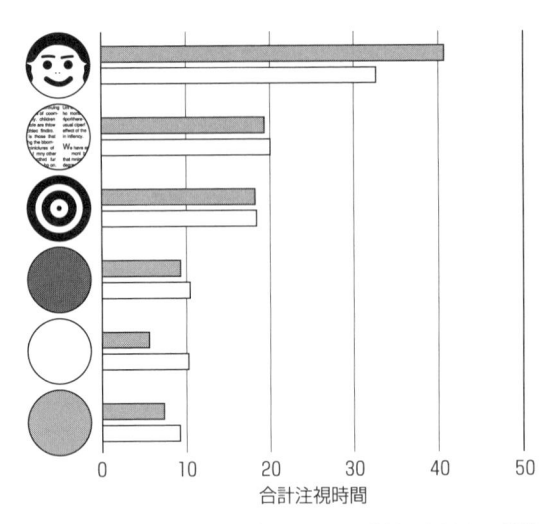

図11-3 知覚的な好み：灰色は2～3ヶ月児，白は3ヶ月以上の乳児のグループ。顔や新聞，同心円といった複雑な対象を長く注視していることがわかる (Fantz, 1961)

調べたところ（偏好注視法：PL法），図11-3に示すようなさまざまな刺激のうち，早期から顔を最もよく凝視していることがわかった（Fantz, 1961, 1963）。しかし最初から顔の各部をうまく統合した見方はしてはいないようだ。顔の各部分をごちゃごちゃにしたスクランブルフェースを示すと，識別に困難を示し（Johnson, 1999；Mondloch et al., 1999），刺激の内的な特徴を注意深く精査しないようである。2～3ヶ月の頃，刺激全体を探査し，刺激の各要素を全体に統合できるようになると，顔以外の刺激よりも顔パターンの方を好むようになる（Dannemiller & Stephens, 1988）。また刺激構造への偏好は顔だけではなくシンメトリー（Boswell, 1976）や，より複雑なパターンへの年齢に従った偏好（Greenberg & O'Donnell, 1972）が認められている。

4）奥行き知覚や自己運動のための知覚　自分を取り巻く空間を乳児がどのように理解しているか知るうえで，ギブソンら（Gibson & Walk, 1960）の視覚的断崖（visual cliff）を用いた実験は，早期から奥行き知覚が成立していることを示す。また，バランスや自己運動の感覚を調べるために「動く部屋」を用いた実験がある。縞模様の部屋がスライドして壁が飛び出したり引っ込ん

図11-4 **視覚的断崖**：市松模様の台の上に5，6〜14ヶ月の乳児が置かれ，反対側から母親が呼びかける。反対側に行くまでにガラス面を通らなくてはならない。ガラス面の下は市松模様が見えている。深い側より浅い側からの呼びかけの方が寄ってくることが示された（Gibson & Walk, 1961）

だりしたときに，5〜13ヶ月の乳幼児は姿勢のバランスをとるように反応した。ここでは部屋の運動で作り出される光学的流動（optical flow）を読み取ったうえで身体を適応させていることがわかる（Berenthal et al., 1997）。

[3] 対象の理解

知覚的な好みや新奇性から乳幼児の世界を見てきたが，対象の永続性を獲得するとともにイメージを自由に利用し始める。実験的な研究からイメージが知覚の代用物ではなく考えるための道具としての役割を担っている（Bruner et al., 1966；野田，2001，2004）。イメージという概念を構成する基礎ができあがると徐々に，知覚から認知的なレベルへと進んでいくようになる。

1）**概念の獲得**　子どもは同じかどうかという側面から対象がもつ素朴な物理量に気づき始める。ピアジェは保存という概念を，対象物の外観が変化してもその物理的な性質は同じであり続けることの理解，として用いている。保存のできていない子どもは外形上の変形にとらわれて，内容が変わってしまっ

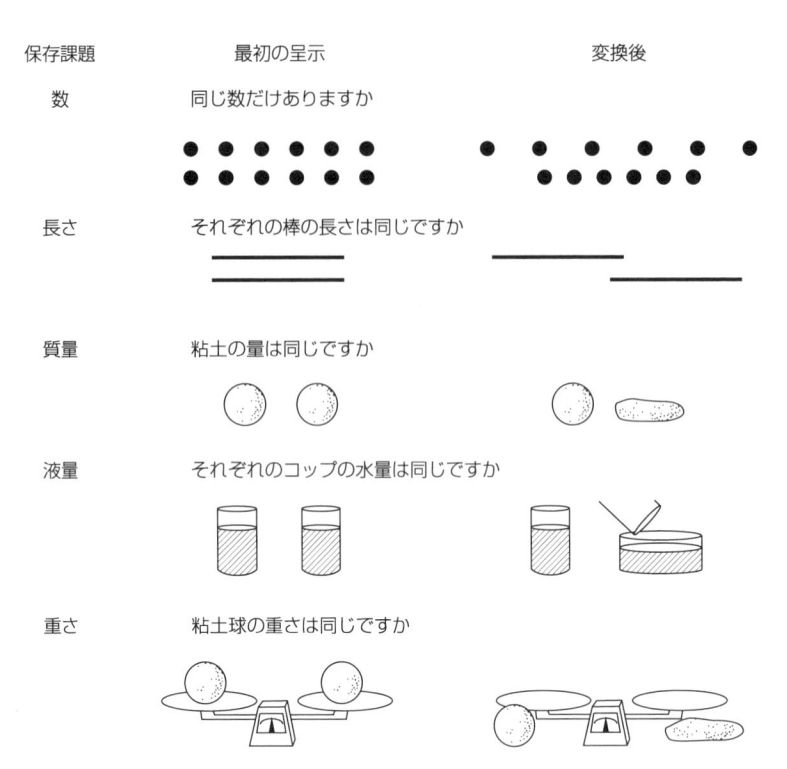

図11-5 **保存の実験**：前操作期の子どもはまだ保存ができない。これらの課題は具体的操作期に徐々に習得されていく。数，長さ，質量，液量は6〜7歳，重さは8〜10歳に獲得される（Berk, 2003）。

たと誤る。もとに戻せば同じになるという可逆性の獲得によって保存が達成される。また，物理量の次元によって保存概念の獲得時期は異なり，5〜11歳にそれぞれまたがっている。このズレのことをデカラージュと呼ぶ。

2）自己中心性　子どもには自己中心性（エゴセントリズム）という主観と客観とを混同してしまう性質がある。空間位置に関しての研究が多い。自分から見ると右側だが，向かい合った相手側からすると左側になるということに混乱を示す。視点位置の理解ができていないためであるが，典型的な課題として3つの山問題がある。箱に大きさや色の異なる3つの山の模型を用意し，箱の前に立たせ，自分の位置ではない場所からどう見えるかを問う。反対側や斜

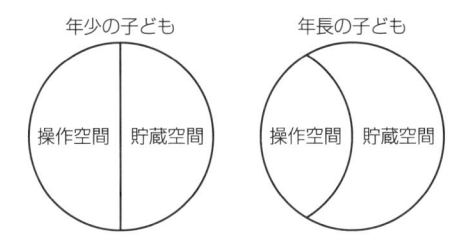

図 11-6 成熟による記憶の変化：年齢とともに情報が効果的に処理されるようになり，操作空間が節約され貯蔵空間が拡大していく（Case らのモデルに対する Bjorklund, 1989 の説明より）。

めからの見えを正しく予想できるようになるには，小学校 4 年生までかかる。

3）記　憶　一度に記憶できる数字の数は年齢とともに増加し，2 歳半で 2 つ，7 歳で 5 つ，成人で 7 つが記憶できる範囲となる（Dempster, 1981）。パスカル=レオン（Pascual-Leone, 1970）は記憶の成熟による変化を M 空間モデル（M space）と呼び，年齢とともに増加する変数部分と変わらない部分とがあると考えた。ケースら（Case et al., 1982）は，短期記憶を忘れないようにする作業を行う操作空間と呼ばれる領域と，それらをとどめて記憶する貯蔵空間と呼ばれる領域とに分かれるとした。年齢とともに作業効率が上がり相対的に貯蔵空間が広がるという考えである。

4）記憶術　うまく記憶するための方略として，①繰り返し想起する「リハーサル」，②いくつかの項目をひとまとまりのカテゴリーにくくるという「体制化」，③イメージとか物語とかの意味のある事項に組み入れる「精緻化」が行われる。これらは短期記憶の段階で行われるが，年齢とともににレベルは向上し 10〜11 歳の頃までにはリハーサルや体制化の方略が完成する。

3. 言語の発達

　子どもの言葉の獲得は誕生してから急速に進行する。だが成人の言葉の基本的機能を獲得するまで約 1 年半ほどかかるのだ。言葉は単独で獲得されるものではなく相手がいて初めて成立するものでもある。人との関係のなかで発達していく機能と言えるだろう。

最初の産声は反射によって引き起こされ、叫喚音という情動と結びついた音声をあげる。泣き（crying）もきわめて反射的な行動でしかないが、快不快に基づいている。そうしたなか、2ヶ月頃から非叫喚音あるいはクーイング（cooing）と呼ばれる母音のような音声（「アー」とか「ウー」）を発するようになり、4ヶ月頃から喃語（babbling）という母音と子音を組み合わせた音声の繰り返し（「バブバブ（babubabu）」）となる。10〜14ヶ月前後になると一語発話あるいは初語（first word）が出現する。この時期の語には多様な意味が含まれていて、同じ「ママ」という語に対しても母親を直接示す場合や、何かを要求しているなど、状況に応じて異なって用いられる。2つの語がつながり始めるのが15〜18ヶ月で2語文と呼ばれる。それ以降は多語文を産出できるようになってくる。語彙数は急速に獲得されていくが、5歳までに2,500語ほどに達する。また5歳前後で成人の用いる基本構文が出現する。助詞も3歳までにほぼ使用可能となる。

[1] 行動主義と生得主義の理論

さて、言葉の発達を考える理論には大きく分けて2つの流れがある。行動主義者のスキナー（Skinner, B. F.）は、言語が他の行動と同じくオペラント条件づけにより獲得されると考えた（Skinner, 1957）。模倣が強化された時に言葉を獲得するととらえている。たとえば、親が言ったと同じように発語したことで、褒められ、結果としてその言葉が定着するというものである。一方、生得主義の立場に立つチョムスキー（Chomsky, N.）によると、文法の側面から文構成の規則はきわめて複雑なので、子どもにそれらの規則を直接教えることはできないと考えた。その代わりにすべての子どもが生得的なシステムとして言語獲得装置（LAD）をもっているものと想定した（Chomsky, 1976）。言語獲得装置には普遍文法があり、人類のすべての言語に対応していて、子どもは、自分がさらされている言語の文法上の関係などを解き明かすだけだという考え方である。

[2] 相互作用（対人関係）

言語獲得のためには親子の人間関係が重要となってくる。応えるということ

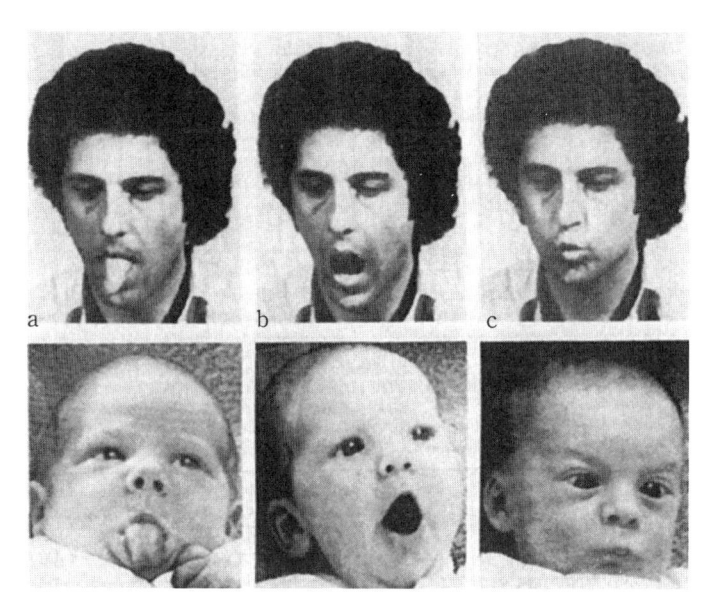

図11-7 乳児の模倣：メルツォフらは生後12〜21日の乳児らが(a)舌出し，(b)口の開閉，(c)唇のつき出しといった模倣をすることを見出した。写真はビデオテープ記録の一部 (Meltzoff & Moore, 1977)。

が関係を作り，互いに相手に合わせることで，コミュニケーションが図られると言える。

1) 模倣と同調　親子の相互関係に関心をもったメルツォフら (Meltzoff & Moore, 1977) により，生後数時間の新生児が舌出しなどの模倣をすることが報告されている。また，乳児が言葉やリズムに合わせて体を動かしたり表情を同調させるエントレインメントという現象がコンドンら (Condon & Sander, 1974) により示された。コミュニケーションの下地が模倣の形態に備わっており，言語獲得に向けての生得的な準備として言語以外の側面が動き始めていると言える。

2) マザリーズ　子どもへの関わり方はその後，話し方という側面で特徴が見出される。ファーガソン (Ferguson, 1964) は6ヶ国の母親の乳児に対する語りかけを比較したところ共通点が見出された。それをマザリーズ (motherese) あるいは子どもへの直接的な会話 (child-directed speech；CDS) と呼んでいる。日本でも村田 (1960) が早くから育児語 (nursery language) の

研究を行っている。重要なことは、子どもに話しかけるというのではなく、話し合うという点にあると考えられている。

[3] コミュニケーションの機能（語用論的な発達）

では、話し方や言葉の使い方という側面はどうであろう。面と向かって会話する能力は 2 歳ぐらいから、急に改善される。会話をうまく行うための方略が加わってくる。その 1 つに話の内容を少しずつ修正して話を変えるという「シェーディング (shading)」という方法があり、5 歳から 9 歳の間に用い始める (Wanska & Bedrosian, 1985)。また、「言葉使いの意図 (illocutionary intent)」といって、話者がはっきりと言っていないことも、どういう意味であるのか意図をくむことは 3 歳からできるようになってくる (Garvey, 1974；Ackerman, 1978)。この能力は児童期を通じて発達していくが、たとえば、8 歳の子どもなら、母親に「ゴミ箱が臭いよ」と言われれば、「ゴミ箱の中を捨ててらっしゃい」ということを意図しているのだとわかる。

効果的にコミュニケーションを行うために、受け取ったメッセージが不明瞭であれば問い直そうとする。これをリファレンシャル・コミュニケーション技能と言う。年齢とともに明瞭なメッセージを相手に送る能力は上がってくる。しかし幼児の場合は他者の視点に立って話をすることができず、伝達がうまくいかないことが多い。ピアジェはこのことを、幼児が自己中心的な言葉を用いるために生じると説明している。

グルックスバーグら (Glucksberg et al., 1966) は相互伝達による自己中心性の実験を行っている。図 11-8-a に示すように幼児が 2 名ついたてを挟んで座り、話し手が聞き手の子どもに積み木の特徴をわかるように言葉で伝達する。話し手の積み木は決められた順番で置かれているので、その順に聞き手の子どもはさし棒に積み木をさしていく。表 11-1 に示されるように 3〜4 歳児の言語表現が一人ひとり異なっていることがわかる。これは積み木のとらえ方やその伝え方が自己の理解を中心になされ、他者の理解が図られずにいることを示すものある。

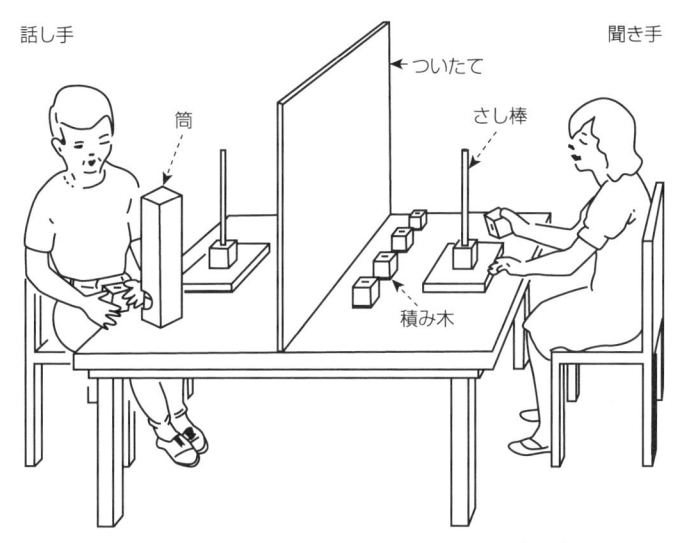

図 11-8-a　リファレンシャル・コミュニケーション：話し手は四角い筒の中に入っている積み木を順番に取り出し、その特徴を聞き手に伝えさし棒にさしていく。聞き手は言葉での特徴だけを手がかりにさし棒に該当すると思われる積み木をさしていく（Glucksberg et al., 1966）。

表 11-1　保育園児（3歳11ヶ月から4歳11ヶ月）の伝達表現

図番号	被験児番号				
	1	2	3	4	5
1	人の足	飛行機	カーテンかけ	シマウマ	空飛ぶ円盤
2	お母さんの帽子	指輪	鍵かけ	ライオン	ヘビ
3	誰かが走っている	ワシ	棒なげ	細いしま	綱
4	お父さんのシャツ	ミルク入れ	靴かけ	コーヒーポット	犬
5	お父さんの別のシャツ	鳥	服いれ	服	ナイフ
6	お母さんの服	お手本	穴掘り入れ	毛虫	おばけ

(Glucksberg et al., 1966 より作成)

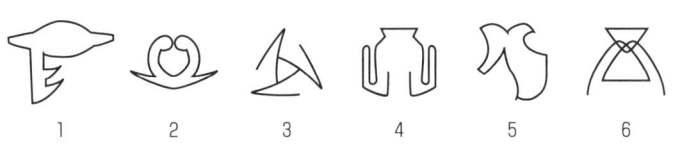

図 11-8-b　実験で使用された積み木の形

［4］象徴機能

　象徴機能は対象物をシンボルと結びつける能力のことである。オグデンとリチャード（Ogden & Richards, 1953）は，シンボルの使用が可能になるのは，対象とそれについての表象およびそれを表現する象徴という3つの関係が成立していることが前提であると考えている。たとえば，子どもが積み木でブーンと言いながら飛行機を飛ばしているつもりの遊びをしているとしよう。ここでは，飛行機そのもの（対象）を思い浮かべ，積み木（象徴）や自分で出しているブーンという音にそのイメージ（表象）を結びつけて（媒介して）遊んでいると解釈できる。この象徴機能はピアジェによって，意味するもの（能記：積み木や音）と意味されるもの（所記：飛行機）という側面から区別されてもいる（本書アペンディックス「ピアジェ」の項を参照）。こうした象徴的遊び（symbolic play）は言語習得のうえで重要な位置を占めている。

　1）振り遊び　　具体的に象徴遊びの発達を見ておこう。16ヶ月児はカップで飲むふりをするが，その後，人形に水を飲ませるといったことができるようになり，2歳までにはいくつか組み合わせられるようになる。14から19ヶ月の間にレプリカ（人形，玩具の馬，玩具の車）を用いては遊べるが，代用物を用いて，積み木を飛行機に見立てるという具合の象徴遊びは19から24ヶ月の頃にできるようになってくる。だが2つ以上の代用物を見立ての遊びは就学前の時期にならないとできない。

　2）プレリテラシー　　書き言葉の習得もこの象徴機能が基盤にある。描画をすることで手指の運動の巧緻性が高まり，同時に描かれた対象の弁別力も高じてくると，文字習得の知覚運動的側面が整ってくる（Gibson & Levin, 1975；野田，1995）。文字習得のための準備能力をプレリテラシーと呼ぶ（茂呂，1988）。文字様の象徴に意味づけをする，つまり言葉としての意味を付与することで，文字の形態面と意味とが関係づけられていく。後は音韻や人と人とのやりとりによる側面等が相互に関連した発達をすることでそれらが統合される。

引用・参考文献

Ackerman, B. P. 1978 Children's understanding of speech acts in unconven-

tional frames. *Child Development*, **49**, 311-318.
Baillargeon, R. 1987 Object permanence in 3.5- and 4.5-month-old infants. *Developmental Psychology*, **23**, 655-664.
Berenthal, B. I., Rose, J. L., & Bai, D. L. 1997 Perception-action coupling in the development of visual control of posture. *Journal of Experimental Psychology: Human Perception and Performance*, **23**, 1631-1643.
Bandura, A. (Ed.) 1971 *Psychological modeling: Conflicting theories*. Chicago: Aldine Atherton. (原野広太郎・福島脩美訳 1975 モデリングの心理学：観察学習の理論と方法 金子書房)
Berk, L. 2003 *Child Development* (6th ed.) Allyn & Bacon.
Bjorklund, D. F., & Frankel, T. 1989 Information processing approaches. In Bjorklund, D. F. (Ed.), *Children's Thinking*. California: Brooks/Cole.
Blakemore, C., & Cooper, G. F. 1970 Development of the brain depends on the visual environment. *Nature*, **228**, 477-478.
Bornstein, M. H., Ferdinandsen, K., & Gross, C. G. 1981 Perception of symmetry in infancy. *Developmental Psychology*, **17**, 82-86.
Boswell, S. L. 1976 Young children's processing of asymmetrical and symmetrical patterns. *Journal of Experimental Child Psychology*, **22**, 309-318.
Bruner, J. S. 1961 *The process of education*. Massachusetts: Harverd University Press. (鈴木祥蔵・佐藤三郎訳 1963 教育の過程 岩波書店)
Bruner, J. S., Olver, R. R., & Greenfield, P. M. 1966 *Studies in cognitive growth*. New York: John Wiley & Sons. (岡本夏木・奥野茂夫・村川紀子・清水美智子訳 1969 認識能力の成長 上下 明治図書)
Case, R., Kurland, M., & Coldberg, J. 1982 Operational efficiency and the growth of short-term memory span. *Journal of Experimental Child Psychology*, **33**, 386-404.
Chomsky, N. 1976 *Reflections on language*. London: Temple Smith.
Condon, W. S., & Sander, L. 1974 Neonate movement is synchronized with adult sppech: Interactional participation and language acquisition. *Science*, **183**, 99-101.
旦 直子 2003 乳児における物，心，数の理解 稲垣佳代子・岩田純一・近藤郁夫・高橋恵子・内田伸子・湯川隆子（監修） 児童心理学の進歩2003年版 金子書房 pp.119-146.
Dannemiller, J. L., & Stephens, B. R. 1988 A critical test of infant pattern preference models. *Child Development*, **59**, 210-216.
DeHart, G. B., Sroufe, L. A., & Cooper, R. G. 2004 *Child development: Its nature and course*. New York: McGraw-Hill Companies.

Dempster, F. N. 1981 Memory span: Source of individual and developmental differnces. *Psychological Bulletin*, **89**, 63-100.

Dipellegrino, G., Fadiga, L., Fogassi, L., Gallese, V., & Rizzolatti, G. 1992 Understanding motor events: A neurophysiological study. *Experimental Brain Research*, **91**, 176-180.

Fantz, R. L. 1961 The origin of form perception. *Scientific American*, **204**, 66-72.

Fantz, R. L. 1963 The pattern vision in young infants. *Science*, **140**, 296-297.

Ferguson, C. A. 1964 Baby talk in six languages. *American Anthropologist*, **66**, 103-114.

藤永　保　1973　児童心理学　有斐閣

深田芳郎　1981　感覚系ニューロンの可塑性　八木　冕（監修）現代基礎心理学第12巻　行動の生物学的基礎　東京大学出版会　pp. 51-100.

Gallese, V., Fadiga, L., Fogassi, L., & Rizzolatti, G. 1996 Action recognition in the premotor cortex. *Brain*, **119**, 593-560.

Garvey, C. 1974 Requests and responses in children's speech. *Journal of Child Language*, **2**, 41-60.

Gibson, E. J., & Levin, H. 1975 *The psychology of reading*. Cambridge: The MIT Press.

Gessel, A., & Thompson, H. 1929 Learning and growth in identical infant twins: An experimental study by the method of co-twin control. *Genetic Psychology Monographs*, **5**, 1-124.

Gibson, E. J., & Walk, R. D. 1960 The "visual cliff". *Scientific American*, **202**, 64-71.

Glucksberg, S., Krause, R. M., & Weiberg, R. 1966 Referential communication in nursery school children. *Journal of Experimental Child Psychology*, **3**, 333-342.

Greenberg, D. J., & O'Donnell, W. J. 1972 Infancy and the optimal level of stimulation. *Child Development*, **43**, 639-645.

春木　豊　1982　モデリングによる行動変容　川島書店

Hebb, D. O. 1972 *Textbook of psychology* (3rd ed.) Philadelphia: Saunders.（白井　常・鹿取広人・平野俊二・金城辰夫・今村護郎訳　1975　行動学入門3版　紀伊國屋書店）

Hess, E. H. 1958 "Imprinting" in animals. *Scientific American*, **198**, 3.

糸魚川直祐　1992　比較行動学からの示唆　東　洋・繁多　進・田島信元（編）発達心理学ハンドブック　福村出版　pp. 263-275.

Johnson, M. H. 1999 Ontogenetic constraints on neural and behavioral plasticity: Evidence from imprinting and face processing. *Canadian Journal of*

Experimental Psychology, **55**, 77-90.

鹿取廣人　2003　ことばの発達と認知の心理学　東京大学出版会

Kellman, P. J., & Spelke, E. 1983 Perception of partly occuluded objects in infancy. *Cognitive Psychology*, **15**, 483-524.

空間認知の発達研究会（編）　1995　空間に生きる　北大路書房

Lorenz, K. 1943 Die angeborenen formen möglicher erfahrung. *Zeitschrift für Tierpsychologie*, **5**, 235-409.

Meltzoff, A. N., & Moore, M. K. 1977 Imitation of facial and manual gestures by human neonates. *Science*, **198**, 75-78.

Mondloch, C. J., Lewis, T., Budreau, D. R., Maurer, D., Dannemillier, J. L., Stephens, B. R.,& Kleiner-Gathercoal, K. A. 1999 Face perception during early infancy. *Psychological Science*, **10**, 419-422.

茂呂雄二　1988　なぜ人は書くのか　認知科学選書16　東京大学出版会

村田孝次　1960　育児語の研究　心理学研究，**31**，33-38.

村田孝次　1973　言語発達　有斐閣

野田　満　1995　二次元空間の認知　えがく　北大路書房　pp.59-67.

野田　満　2001　イメージの発達　菱谷晋介（編）　イメージの世界　ナカニシヤ出版　pp.233-249.

野田　満　2004　イメージ　杉村伸一郎・坂田陽子（編）　実験で学ぶ発達心理学　ナカニシヤ出版　pp.104-113.

Ogden, C. K., & Richards, I. A. 1953 *The meaning of meaning*. New York: Routledge & Kagan Paul.（石橋幸太郎訳　2001　意味の意味　新泉社）

岡本夏木　1982　子どもと言葉　岩波書店

Pascual-Leone, J. 1970 A mathematical model for the transition rule in Piaget's developmental stages. *Acta Psychologia*, **32**, 301-345.

Piaget, J., & Inhelder, B. 1948 *La Représentation de l'Espace chez l'Enfant*. (Translated by Langdon, F. J., & Lunzer, J. L. 1956 *The child's conception of space*. New York: Norton & Company.)

Piaget, J. 1947 *La Psychologie de l'intelligence*. Paris: Amand Colin.（波多野完治・滝沢武久訳　1967　知能の心理学　みすず書房）

Skinner, B. F. 1957 *Verbal behavior*. New York: Appleton-Crofts.

Singh, J. A., & Zingg, R. M. 1942 *Wolf-children and feral man*. Harper & Brothers.（中野善達・清水知子訳　1977　狼に育てられた子　福村出版）

高橋道子　1992　初期経験研究からの示唆　東　洋・繁多　進・田島信元（編）　発達心理学ハンドブック　福村出版　pp.245-262.

内田伸子　1999　発達心理学　ことばの獲得と教育　岩波書店

ヴィゴツキー, L. S.　土井捷三・神谷栄司（訳）　2003　「発達の最近接領域」の理論

――教授・学習過程における子どもの発達　三学出版
Wanska, S. K., & Bedrosian, J. L. 1985 Conversational structure and topic performance in mother-child interaction. *Journal of Speech and Hearing Research*, **28**, 579-584.
山口真美　2003　赤ちゃんは顔をよむ　紀伊國屋書店

12 動機づけと感情の発達

1. 動機づけの萌芽

　動機づけとは,「生活体の行動を生起させ,方向づけ,維持する過程」を言う。動機づけ研究はもともと実験心理学から出てきた領域である。したがって,近年まで,時間を考慮した発達の視点からのアプローチは少なかった。しかし,近年の動機づけ研究では,発達的な視点を考慮した概念が散見できる。

　たとえば,ピアジェ（Piaget, J.）は,第二次循環反応の概念を示した。これは,外部の対象への働きかけで,特定行動の連続的な繰り返しを意味する。たとえば,乳児がガラガラを振ると音が出るということが面白くて,それを繰り返すというものである。すなわち,自分の行為が外界に変化を生む感覚を楽しんでいると考えられる。後に,ホワイト（White, 1959）がコンピテンス（competence）と呼んでいるものとほぼ同じ概念と考えてよい。コンピテンスは,有能感と訳されるが,これには認知的な意味あいと動機づけ的なそれとの融合された概念を包含している。そのうちの動機づけの側面を,彼はイフェクタンス（effectance）動機づけと名づけている。その概念は,自分の環境を効果的に処理しうる能力を意味する有能感を求め行動が作動するというものである。イフェクタンスに基づく行動は,環境に有効に働きかけられると効力感（feeling of efficacy）を生み,イフェクタンス動機づけは充足される。その結果,有能感が獲得されることになる。この概念は,その後の動機づけ研究に大きな影響を与えた。このイフェクタンス動機づけは,乳児期にすでに存在するが未分化であり,環境との相互作用により,認識,習熟,達成といった特殊動

機が発達してくると述べている。

　しかし，ワトソンら（Watson & Ramey, 1972）は，以下のような実験を行い，乳児期にも明確に効力感に基づく動機づけが存在することを示した。生後2ヶ月の乳児の枕にモビールをつけ，乳児が頭を動かすとモビールが動くようになっている装置を設定した。この装置で，乳児は自分の頭を動かすことを盛んに行う。頭を動かせば（自分の行為が），モビールが動く（環境に効果的に働いた）ことを学ぶ。さらにこの実験を数週間後に行うが，今度は枕とモビールを結びつけないことにした。いくら頭を動かしても，モビールは動かない。すると乳児は，一生懸命頭を動かすがモビールは動かないので，いらいらしてくる。このことは，頭を動かせばモビールが動くことを覚えていたことを表わすものでもあるが，効力感を求めていることを示すものと言える。このように，乳児にも動機づけの萌芽は見られる。

2. 動機づけの発達

　数少ない動機づけの発達を研究した1人に，マズロー（Maslow, A.）がいる。彼は，動機づけの成り立ちを階層的に考え，発達とともに階層が増していくと考えた（図12-1）。最も初期には，食欲などの生命維持に重要な「生理的動機」，次いで危険などから身を守ろうとする「安全の動機」，集団の中で一定の地位を得て愛されようとする「愛と所属の動機」，自分のプライドを守ろうとする「自尊の動機」と続く。ここまでは，欠乏動機と呼ばれ，自分の中の欠乏した部分を補うために行動が生じる。欠乏動機が充足されれば，行動は終了する。それらの動機の上に「自己実現の動機」が存在する。この動機は，成長動機と呼ばれ，満たされても行動は終了しない。自分の内部の欠乏によって生じるのではなく，自分自身を高める成長動機によるとされる。これは，満ち足りたエネルギーを外に出し，他人を愛したり創造や生産に没頭して真善美といった価値を実現しようとする動機を意味する。この階層は，下の欲求が満たされて徐々に上位の動機が出現する。さらに，これらの動機の出現は，発達が進むと出現するとされる。生後すぐの赤ん坊は，食べて寝るというように生理的な動機だけで生きているが，生後6ヶ月が過ぎると「人見知り」が始まり，見

2. 動機づけの発達　139

```
        自己実現の動機：
        自己充足・自分の
        可能性の実現

     自尊の動機：達成する・
     有能になる・みとめられる

   愛と所属の動機：仲間になる・
   受入れられ，所属する

  安全の動機：安全で危険がない

 生理的動機：空気・食物・水・睡眠・生殖など
```

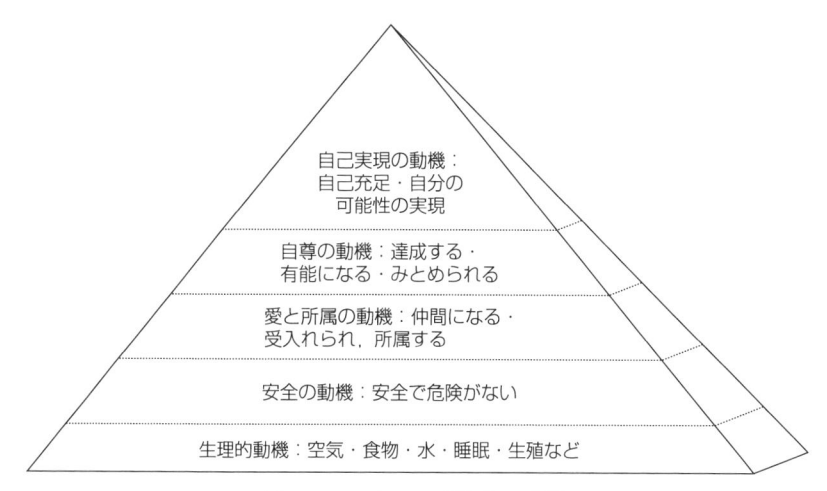

図12-1　マズローの動機づけの階層

慣れた人（通常は母親やその他の家族）以外の人を避ける。これは，安全の欲求の始まりとも言える。小学生になると同性の友人を求め，小グループを結成する。この小グループの中で，一定の地位を得ると安心する。やがてそのグループも崩壊し，青年期になると自分に関心をもつようになる。そして，自己意識が目覚め自分のプライド（自尊の動機）を大事にするようになる。やがて，成人になるとプライドよりこの世のなかで本当に自分を生かそうとする気持ち（自己実現の動機）が生まれる。一般には，成人期もかなり進んだ段階になってからである。

　マズローのモデルは，常識的でわかりやすいので，多くの人（主として産業心理学での動機づけを論じる際）に受け入れられてきた。しかしながら，このモデルには欠点がある。それは，このモデルが仮説の域を出ないことである。このモデルが，科学的に受け入れられるためには実証されねばならない。また，上位の動機づけに上昇するメカニズムも明確ではない。それでは，心理学のなかで上位の動機が生じていく過程は，どのようなメカニズムによっているのであろうか。

[1] 生得的な動機と習得的動機

　動機がどのように形成されるかを考える前に，人間の生得的な動機について論じる必要がある。実験心理学者のハル（Hull, C. L.）と精神分析の創始者であるフロイト（Freud, S.）は，生得的な動機として，それぞれ動因（生理的動機と言ってよい）と性衝動（性動機と言ってもよい）をあげる。彼らは，それ以外の動機は，後に獲得されたものであると考える。動因とは身体的欠乏状態である要求から派生した心理的な状態である。それ以外の動機は，学習（条件づけ）により獲得されたものと考える。お金に価値が出てくるのは，それが一次的（生理的）動機を満たしてくれるからである。すなわち，お金があれば，生理的動機を満たしくれる食物を買うことができ，食欲を満たしてくれるからである。このようにして，順次条件づけによって高次の動機が獲得されると考えたのである。

　一方，フロイトもすべての行動を性衝動という1つの動機に還元させて考える。彼によれば，性衝動はそれを意識化することは社会的なタブーに出会うため，抑圧される。しかし，性衝動はすべての行動の根源であり，それを満たさないことは，不適応を生むことになる。その結果，性衝動は社会的に受け入れる形に変えるか精神的なものに変えられる必要がある。彼はこれを昇華と呼んだ。この過程を通じて性衝動以外の動機が次々に作られていくと考えたのである。フロイトは後に性衝動以外に攻撃衝動も生得的な動機と考えるに至る。そして，性衝動と攻撃衝動以外の動機は昇華のメカニズムによりでき上がると考えたのである。

　一方，オールポート（Allport, G. W.）は，生得的な動機に基づいて行われた行動（手段）も，それが目的化することがあることを示した。たとえば，不況で仕方なく船員になった人が高齢になり，船の仕事ができなくなった後，無性に船に乗りたくなり毎日海に行って船を眺めている例をあげる。最初は，「食う」ため（目的）に仕方なくなった船員（手段）が，食うためというよりも次第に目的化していったのである。彼は，このような現象を動機の機能的自律と呼んだ。

　近年になり，生理的動機以外の動機（いわゆる社会的動機）のうち生得的な動機について論じる研究者にライヤン（Ryan, R. M.）とデシ（Deci, E. L.）

行動	他律的 (非自己決定的)					自律的 (自己決定的)
動機づけ	無力状態	外発的動機づけ				内発的動機づけ
行動調整		外的 統制	取り入れ的 統制	同一視的 統制	統合的 統制	内発的 統制
	統制なし					

図 12-2 社会的動機の連続体

がいる。彼らは，有能感，自律性，関係性の3つを生得的動機と考える。彼らは，そのうえで，行動が目的を得るための手段になっている「外発的動機」から，行動することそのものが目的になっている「内発的動機」までを図12-2に示すように連続体としてとらえている。さらに，ここでは内発的動機，外発的動機の他に無力状態が加えられて作られている。彼らは，「内発的動機」の概念を好奇心や興味に基づくものだけに限定して使用している。

連続体は，自律性を横軸にし，右に行くほど自律的であり，左に行くほど他律的である。自律的であるというのは自己決定的であり，他律的であることは非自己決定的であることを意味する。

また，図の下段には，行動調整について示されている。行動調整とは，行動が何によって制御されているかを意味する。

ここで，無力状態とは，動機づけが起こらず，行動はまったく統制されていない状態を意味する。次の外発的動機づけには，4種類ある。この4つのうち，最も左側にある外的統制は，価値が内在化されておらず外的な報酬または罰によって行動が起こされている状態である。取り入れ的統制は，価値が内在化されてきているが十分にではなく，外的報酬または罰の予期が行動の解発因になっている状態である。同一視的統制は価値が内在化され外的報酬や罰の予期も必要としない。統合的統制は，価値が自己の一部として内在化された状態である。

彼らの言う生得的な3つの動機づけの関係は，「自律的」動機は「有能感」の動機を発揮させるときに，また「関係性」の動機は，親など大人の価値観を内在化していくときに関わると仮定している。

一般的に言うと前節で示したワトソンの実験では生後1～2ヶ月で有能感の動機が出現し，関係性の動機づけはアタッチメントが出現する生後6ヶ月以降に，また自律性の動機は第一次反抗期の始期である生後1年経過して明確に現

われてくると言える。ライアンとデシの考え方は，動機づけを無力状態，外発的動機，内発的動機の連続体としてとらえていたが，その進行過程のメカニズムには明確に触れられていない。

3.　感情とは何か

[1] 感情の分類

　「感情」は何か，と問われれば，私たちはすぐにそれがどのようなものかイメージすることはできる。たとえば，親しかった人と別れる時の悲しみ，気心の知れた仲間たちと談笑している時の楽しさ……。しかし，感情とはどのようなものか，とあらためて考える時，それが何であるか漠然とはわかっていても，それ以上の説明が容易ではないと気づくだろう。感情は私たちの生活のなかではとても身近なものであるはずなのに，うまく説明することができないもどかしさに襲われるのである。このように感情について語ることを難しくさせている原因の1つとして，感情に関連した言葉の多さがあげられる。一般に，感情に相当する用語には，情動 (emotion)，気分 (mood)，好み (preference) などが用いられている。

　フィスクとテイラー (Fiske & Taylor, 1991) は，こうした感情に関する3つの用語を次のように分類・整理している。まず，情動とは，喜び，悲しみ，恐れ，怒り，嫌悪といった感情が該当し，それを引き起こした対象が明確で，一時的かつ強いという特徴がある。心理学では，生理的変化や表情をともなうものとして，よく研究対象とされている。次に，気分とは，「何となく悲しい」というように，明確な対象が存在しない漠然とした感情で，情動ほど強くはないが一定時間持続するものである。これに類似した概念として，ダマシオ (Damasio, 1994) は，背景的感情 (background feeling) の存在を提唱している。「気分はどうですか？」と問われた時に，気分が良いとか悪いとかすぐに答えられるのは，この背景的感情が，身体状態のイメージとして常時（情動に支配されている時を除いて）存在しているからだと言う。最後に，好みとは，人や物に対する好き嫌いや出来事の善し悪しなどのように，何らかの対象に対する安定したプラス・マイナスの反応を指し，対象への接近や回避といった具

体的な行動を動機づけると考えられている。

　このように，一口に感情といってもその内容は多種多様であり，研究者によっても微妙にとらえ方が異なっている。本節では，主に情動と呼ばれるものに関する内容を取り上げるが，より一般的で包括的な用語である「感情」に統一して記述していく。

[2] 感情の諸側面

　遠藤（1996）は，多くの研究者の主張をまとめて，①内的情感の側面（主観的感情経験），②神経生理学的側面，③表出行動的側面という，大きく3つの側面が絡み合いながら発動する一過性の反応過程を感情と定義している。

　内的情感の側面とは，人が悲しいとか嬉しいといった感情を「感じている」状態を指す。しかし，こうした感情を経験しているという自覚は，あくまで当人だけにしかモニターできない主観的なものである。そのため，この種の感情を測定しようとしても，その経験自体が客観性の高い指標とはなりにくく，どうしても曖昧さが残ってしまう。

　一方，私たちは，突然背後から大きな声をかけられるとドキッとして立ち止まったり，非常に恐ろしい体験をして冷や汗をかいたりする。こうした現象は，感情と生理的変化が結びついている，すなわち，感情には自律神経や内分泌系の変化で示される神経生理学的側面があることを端的に示している。感情の神経生理学的側面は，主観的な感情経験と異なり，感情の影響を受けた生理的変化の客観的な指標として用いられることが多い。たとえば，心拍数，血圧，皮膚の温度，発汗量などがあげられる。また，唾液の中に含まれるコルチゾルの分泌量も，とりわけネガティブな感情生起の生理的指標として用いられている。

　こうした微妙な生理的な変化だけではなく，感情はよりダイナミックな形として外に現われることがある。たとえば，驚いた時の顔は目を向いて口を大きく開いた表情になるし，悲しい時には声のトーンが下がり落ち込んでいる様子が一見してわかるだろう。こうした一連の感情に関連した行動の変化は，感情の表出行動的側面と呼ばれる。

　感情表出について最も代表的な研究は，表情に関するものである。その歴史は古く，心理学における統計学の重要性を説いたキャッテル（Cattell, R. B.）

の弟子の1人であるウッドワース（Woodworth, 1938）は、さまざまな表情の写真を実験参加者に見せて、その表情判断を統計的に処理した。その結果、人の表情から、①愛，陽気，幸福，②驚き，③恐れ，苦しみ，④怒り，決断，⑤嫌悪，⑥軽蔑の6種類の感情を抽出している。表情研究は、その後もさまざまな研究者によって進められ、たとえば、表情の判断は文化や人種を越えてある程度共通した普遍的なものであることなどが明らかにされている（Ekman, 1982; Ekman & Friesen, 1971）。

［3］ 感情のとらえ方

1) 次元説　　異なった感情経験を区別するための基準の1つに、感情とはいくつかの次元上のどこかに位置するものである、というとらえ方がある。このような考え方は次元説と呼ばれ、古くは実験心理学の祖であるヴント（Wundt, 1874）にさかのぼることができる。彼は、感情を「快-不快」「興奮-鎮静」「緊張-弛緩」の3次元で理解できると考えた。一方、シュロスバーグ（Schlosberg, 1954）は、参加者に複数の表情の写真を分類させる実験を通じて、「快-不快」「注目-拒否」「緊張-拒否」の3次元から成る感情の円錐モデルを提唱している。

次元説では、あらゆる感情が何らかの次元上のベクトルに従って変化すると考える。たとえば、シュロスバーグの円錐モデルでは、「不快」で「拒否」の次元に属する感情として、嫌悪や怒りが、「不快」で「注目」なら恐れや苦しみがそれぞれ配される。このように、感情が特定の次元上で連続的に存在するという考え方は、後述する感情発達の分化説に通じている。

2) カテゴリー説　　複数の感情に一定の連続性を認める次元説に対して、感情がそれぞれ個別で独自の機能を有していると考える立場がある。この立場はダーウィン（Darwin, C.）の進化論を後ろ盾としており、感情とは、神経学的な基盤をもつ適応システムで、適者生存の原理に沿って残された進化の産物であるとみなす。こうした感情のとらえ方は、個々の感情が、それぞれ認知や行動に異なる影響を与える分離・独立したプロセスであるという点を強調して、離散感情説（Izard, 1991）、あるいはカテゴリー説と呼ばれる。

カテゴリー説では、感情は生まれながらにして組み込まれたものであると考

えられている。そして，生存していくための個別の適応的機能を有し，これ以上分割できない感情の最小単位のことを基本感情（basic emotion）と言う（Izard, 1991；遠藤, 1996；Ekman, 1992）。エクマン（1992）は，基本感情であるための条件として，①表情や発生など，独自の表出シグナルがあり，それが文化に関わらず観察されること（種内普遍性），②高等霊長類をはじめとする他の動物にも類似の表出が観察されること（種間普遍性），③通常は，きわめて短時間内に終結すること，④意図して引き起こすのではなく，自然に生じてくること，など全部で9つの基準を設けた。そして，こうした基準すべてが，前述した気分や好みなどと基本感情とを区別する用件となるとして，喜び，嫌悪，驚き，悲しみ，怒り，恐れという6つの基本感情をあげている。イザード（1991）も類似した5つの基準をあげて，上記の6つに軽蔑や興味などを加えた10の基本感情の存在を示唆している。また，プルチック（Plutchik, 1984）は，基本感情の基準として適応的な働きを重視し，たとえば，怒りには破壊，嫌悪には拒否というように，それぞれの感情に対応した適応的機能があることを指摘している。一方，何を基本感情とみなすかについて研究者間の不一致が見られるなど，問題点も数多く見受けられ，基本感情の存在自体を疑問視する見解もある（遠藤, 1996；Mandler, 1984）。

4. 感情の発達理論

[1] 感情の分化説

ところで，私たちは何歳頃から感情を経験したり表出したりするようになるのであろうか。乳幼児の感情発達について，ブリッジズ（Bridges, 1930, 1932）は，出生時には未分化な感情しかないが，加齢にともなって枝分かれのように感情の種類が増えていくと主張した。彼女によると，出生1ヶ月未満から2歳過ぎまでの幼児の日常生活を詳細に観察したところ，新生児に備わっている感情は興奮（excitement）のみであるが，3ヶ月を過ぎる頃には苦痛（distress）と歓喜（delight）が分かれ，その後も加齢に応じてさまざまな感情がこの2つから次々と分化していくという（図12-3）。たとえば，5ヶ月くらいになると，特定の食べ物に対して，咳やしかめ面をするなどして拒絶を示

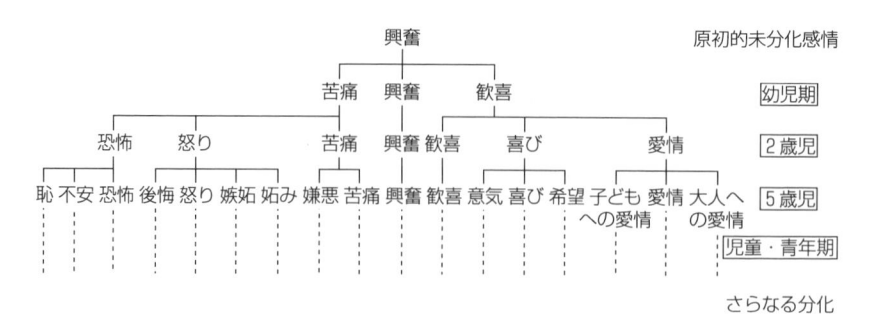

```
                           興奮                              原始的未分化感情
                    ┌───────┼───────┐
                   苦痛    興奮    歓喜                        ┌────┐
              ┌─────┼─────┐   ┌─────┼─────┐                │幼児期│
             恐怖  怒り  苦痛 興奮 歓喜 喜び  愛情              ├────┤
         ┌─┬─┐ ┌─┬─┬─┐ │  │  │  ┌─┬─┐ ┌──┴──┐             │2歳児│
         恥 不安 恐怖 後悔 怒り 嫉妬 妬み 嫌悪 苦痛 興奮 歓喜 意気 喜び 希望 子ども 愛情 大人へ   ├────┤
                                                  への愛情    の愛情 │5歳児│
                                                              ├────┤
                                                              │児童・青年期│
                                                              └────┘
                                                          さらなる分化
```

図12-3　感情発生理論における感情の分化(Bridges, 1930)

すようになることから，苦痛から嫌悪 (disgust) が新たに現われるのだとみなされた (Bridges, 1932)。なお，こうした感情の発達観は，個々の感情の連続性を前提とし，あらゆる感情が「快-不快」から派生するという見方であり，感情の次元説に対応したものと考えられる。

　ブリッジズの感情発生理論 (genetic theory of the emotions) は，感情の分化説として長らく有名なものであったが，その後の研究から十分なものではないことが徐々に明らかになってきた。たとえば，ローゼンシュタインとオスター (Rosenstein & Oster, 1988) は，出生後2時間でどのような味も全く経験したことのない新生児12名の舌に，さまざまな味がする液体（甘味：ショ糖，酸味：クエン酸，塩味：塩化ナトリウム，苦味：キニーネ）をたらして，表情の変化を分析した。その結果，キニーネをたらされた場合，他の味の液体と比べて，額や鼻に皺を寄せて口を大きく開けるような表情を示すことがわかった（図12-4）。このことは，生まれつき不快や嫌悪のような感情が備わっていることを示唆しており，嫌悪が生後5ヶ月で分化してくるという説とは異なっている。

　また，嫉妬 (jealousy) のような複雑な感情についても，分化説によって想定されている時期（2歳過ぎから5歳まで）よりも早くから出現することが示されている。平均4.5ヶ月から4歳半までの子ども112名を対象に嫉妬の発生時期を検討した研究 (Masciuch & Kienapple, 1993) では，子どもが自分の母親から2分間だけ無視された時の様子が観察された。無視の具体的な状況は，母親が用紙に何かを記入するか，あるいは他の子どもに注意を向けるかのいず

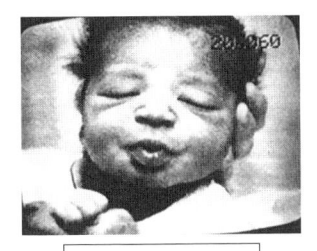

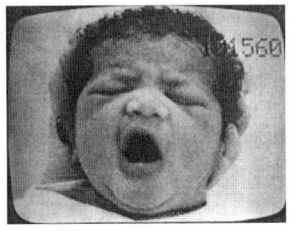

| ショ糖（甘味）条件 | キニーネ（苦味）条件 |

図12-4　ショ糖，キニーネ各条件における新生児の表情の変化
(Rosenstein & Oster, 1988)

れかであった。その後，子どもの母親と2名の観察者によって，無視されている時の子どもがどれくらいネガティブな感情状態（不快な表情を示す）であったかが評定された。その結果，母親が自分以外の子どもに注意を向けることでネガティブな感情（＝嫉妬）を感じていると判断されるのは，ちょうど1歳を過ぎたあたりから急増することが示された。さらに最近の研究では，もっと早く，生後6ヶ月の時点ですでに嫉妬が見られることも報告されている（Hart et al., 2004）。こうした知見を鑑みれば，感情が分化していくという主張が仮に妥当であるとしても，ブリッジズ流の古典的な感情の発達理論には大幅な修正が加えられる必要があるだろう。

[2] 感情の進化説

年齢を重ねるにつれて，感情が単純なものから複雑なものへと連続的に分化するとの考え方に対して，感情一つひとつに特定の働きを想定し，時期や状況に応じて適切な感情が現われてくるという考え方がある。この説では，感情は人間が生きていくうえで必要不可欠な機能を有しているため，進化の過程で残ってきたものであるという。そして，個々の感情（この場合，基本感情がそれにあたる）は，はじめから個人の中に存在していることが仮定され，成長にともない顕在化してくると考えられている（Izard, 1971）。こうした立場は，前述の離散説の考え方に対応しており，感情の適応的な側面を重視した発達理論であるため，感情の分化説に対して感情の進化説と呼ぶことができよう。

進化説では，分化説のように感情が快-不快から分化していくのではなく，

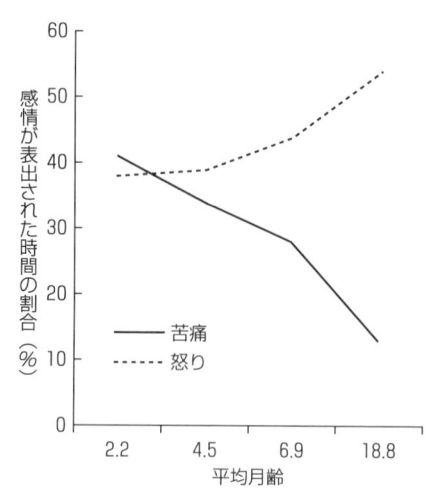

図12-5　予防接種時に幼児が表出した怒りと苦痛
(Izard et al., 1987)

適切な感情が状況の認知に先行して新たに出現すると考えられている。イザードら（1987）は，25名の乳幼児が予防接種を受ける際の様子を，彼らが2ヶ月から19ヶ月になるまでを追跡しながら，注射される瞬間から感情が静まるまでの表情を詳細に観察した。2ヶ月から7ヶ月までで予防接種を受ける時には，彼らは一様に激しく泣くことが目立っていた。しかし，19ヶ月で同じ注射を受けた時には，彼らの表情は今までに見られた苦痛ではなく，むしろ怒りに占められていたのである（図12-5）。この結果は，苦痛の表出が，加齢につれて怒りの表出に変わることを意味している。なぜ，このように苦痛が怒りに変わるのかというと，怒りは防衛や防御のための感情であり，予期せぬ苦痛（注射）に対して怒りを表出する方が，苦痛そのものを表出するよりも，適応的な行動だとみなせるからだと考えられる（Izard, 1991）。すなわち，怒りは，その表出が適応的な役割をもつ，つまり障害を積極的に取り除く機能をもった感情として，1歳頃になって現われてくるのである。

このように，はじめから存在している基本感情が，成長にともなって徐々に顕在化してくるというのが進化説における感情発達のとらえ方である。前述のように基本感情には，怒りの他にも，喜び，悲しみ，嫌悪，恐怖などがあげら

れており，これらは生得的に備わっているという。そして，発達するのは感情そのものではなく，特定の認知活動と基本感情の結びつきであって，この結びつきによって複雑な感情が作り上げられてくると考えられている（Izard, 1991）。

［3］自己意識と感情

　感情の分化説，進化説，いずれによるとしても，幼い頃からいくつかの感情が存在していることはおそらく間違いない。ルイス（Lewis, 2000）は，喜びや興味，怒りなど，イザードやエクマンが基本感情と呼んだものを「一次的感情」，2歳頃から現われてくる恥や誇りといった感情を「二次的感情」（この種の感情は「社会的感情」とも呼ばれる）とに分けて，独自の発達モデルを提唱した。これら2つの感情の決定的な違いは，一次的感情が起こるためには，必ずしも自己についての意識を必要としないのに対し，二次的感情が起こる前提として，自己に対する注目，あるいは自己についての評価が想定されている点にある。

　彼の感情発達モデルによると，1歳半前後になると，子どもは自己に対する意識が急激に発達し，「自己意識的感情」が見られるようになると言う。たとえば，平均22ヶ月齢の幼児44名を対象とした実験では，自己意識が成立しているか否かで，「照れ」を示す子どもの割合が異なることが報告されている（Lewis et al., 1989）。この実験の手続きは以下のとおりである。まず，子どもに気づかれないように，鼻の頭に口紅をつけておき，鏡の前に立たせる。その時，子どもが鏡を見ながら，鏡に映った自分の姿ではなく，実際の自分の鼻に触れることができれば，自己意識が成立しているとし（課題成功群），そうでない子どもは，まだ自己意識が成立していないとみなして（課題失敗群）2つのグループに分けた。そして，用意された4つの場面（見知らぬ女性との対面，自分を鏡で見る，外見を褒められる，踊るように頼まれる）において，子どもたちが恐れ（wariness）と照れ（embarrassment）をそれぞれどの程度示すかを観察した。すると，褒められたり踊りを頼まれたりするという場面で，自己意識が成立していない（つまり，口紅課題で自分の鼻を触らなかった）子どもで照れを示したのが全体の20％に満たなかったのに対し，自己意識が成立

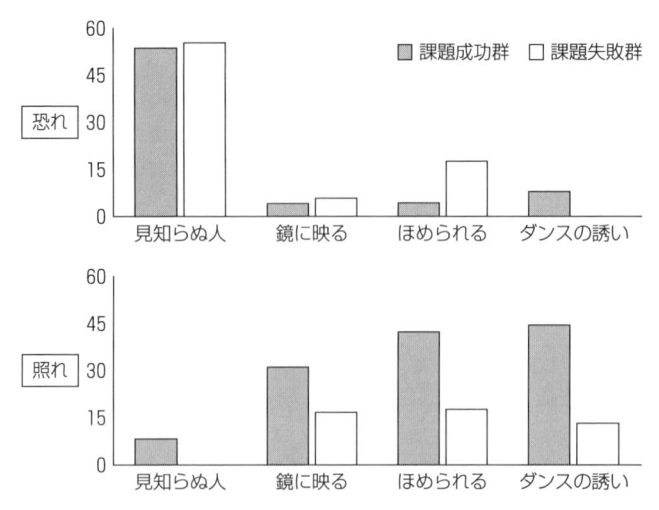

図12-6 口紅課題の成功・失敗各グループごとの恐れと照れを示した子どもの割合（Lewis et al., 1989より作成）

している子どもの40％以上で照れが認められたのである（図12-6）。一方，最も恐れを感じやすいということで用意された見知らぬ女性との対面場面では，自己意識の成立の有無にかかわらず同様の割合の子どもが恐れを示した。

　こうした結果から，恐れのような，基本感情の該当する感情は自己意識に関係なく起こるのに対し，照れが現われるためには，自己意識の成立を待たなければならないことが明らかになった。また，照れと同様に自己意識の成立を前提とする社会的感情として，ルイスは共感（empathy）と妬み（envy）をあげている。さらに，2歳から3歳くらいまでには，周囲の大人の基準を内在化させ，自分が良いことをしたのか悪いことをしたのか，といった判断が可能になってくる。こうした段階で出現してくる感情は「自己評価的感情」と呼ばれ，誇り（pride），恥（shame），罪悪感（guilt）などがそれに該当すると考えられている。このように幼児期の感情，とりわけ社会的感情は，自己意識の高まりの影響を強く受けて発達することがわかってきた。

引用・参考文献

　Bridges, K. M. B.　1930　A genetic theory of the emotions. *Journal of Genetic*

Psychology, **37**, 514-527.

Bridges, K. M. B. 1932 Emotional development in early infancy. *Child Development*, **3**, 324-341.

Damasio, A. R. 1994 *Descartes' error: Emotion, reason, and the human brain.* New York: Avon Books. (田中光彦訳 2000 生存する脳：心と脳と身体の神秘 講談社)

Ekman, P. 1982 *Emotion in the human face* (2nd ed.) New York: Cambridge University Press.

Ekman, P. 1992 An argument for basic emotions. *Cognition & Emotion*, **6**, 169-200.

Ekman, P., & Friesen, W. V. 1971 Constants across cultures in the face and emotion. *Journal of Personality and Social Psychology*, **17**, 124-129.

遠藤利彦 1996 喜怒哀楽の起源——情動の進化論・文化論 岩波科学ライブラリー 41 岩波書店

Fiske, S. T., & Taylor, W. E. 1991 *Social cognition* (2nd ed.) New York: McGraw-Hill.

Hart, S. J., Carrington, H. A., Tronick, E. Z., & Carroll, S. R. 2004 When infants lose exclusive maternal attention: Is it jealousy? *Infancy*, **6**, 57-78.

速水敏彦・橘 良治・西田 保・宇田 光・丹羽洋子 1995 動機づけの発達心理学 有斐閣

Izard, C. E. 1971 *The face of emotion.* New York: Appleton-Century-Crofts.

Izard, C. E. 1991 *The psychology of emotions.* New York: Plenum Press. (荘厳舜哉監訳 1996 感情心理学 ナカニシヤ出版)

Izard, C. E., Hembree, E. A., & Huebner, R. R. 1987 Infants' emotion expressions to acute pain: Developmental changes and stability of individual differences. *Developmental Psychology*, **23**, 105-113.

Lewis, M. 2000 The emergence of human emotions. In M. Lewis & J. M. Havilland-Jones (Eds.), *Handbook of emotions* (2nd ed.) New York: Guilford Press.

Lewis, M., Sullivan, M. W., Stanger, C., & Weiss, M. 1989 Self development and self-conscious emotions. *Child Development*, **60**, 146-156.

Mandler, G. 1984 *Mind and body: Psychology of emotion & stress.* New York: Norton.

Masciuch, S., & Kienapple, K. 1993 The emergence of jealousy in children 4 months to 7 years of age. *Journal of Social and Personal Relationships*, **10**, 421-435.

宮本美沙子・奈須正裕 1995 達成動機の理論と展開 金子書房

日本行動科学学会（編）　1997　動機づけの基礎と実際　川島書店
Plutchik, R.　1984　Emotions: A general pschoevolutionary theory. In K. R. Scherer & P. Ekman (Eds.), *Approaches to emotion*. Hillsdale, NJ: Lawrence, Erlbaum.
Rosenstein, D., & Oster, H.　1988　Differential facial responses to four basic tastes in newborns. *Child Development*, **59**, 1555-1568.
Schlosberg, H.　1954　Three dimensions of emotion. *Psychological Review*, **61**, 80-81.
上淵　寿（編）　2004　動機づけ研究の最前線　北大路書房
Watson, J. S., & Ramey, C. G.　1972　Reactions to responce-contingent stimulation in early infancy. *Merrill-Palmer Quarterly*, **18**, 219-228.
White, R. W.　1959　Motivation reconsidered: The concept of competence. *Psychological Review*, **66**, 297-333.
Woodworth, R. S.　1938　*Experimental psychology*. New York: Henry Holt & Company.
Wundt, W.　1874　*Grundzüge der physiologischen Psychologie*. Leipzig: Wilhelm Engelmann.

13 社会性・パーソナリティの発達

　私たちが日常の生活をおくるなか，社会性という言葉を耳にすることがある。では，「社会性とは何か」と漠然と聞かれて言葉を詰まらせる人も少なくないのではなかろうか。
　本章では，社会性・パーソナリティのとらえ方を心理学における先人達の研究も紹介しながらこれらの発達について論じていく。

1. 社会性とは

　私たちは，この世に生を受けてから今日まで，人間らしい人間として成長していくためにあらゆることを学習する。そこでは，家庭で受ける人間相互の関係を起点として，入園・入所する保育の現場，就学後，さらには社会人として就労するうえでの規範や価値，役割，制度などを間近に見たり，体験しながら社会に適応した行動が，徐々に形成されていくのである。
　社会性は，これら社会に適応した行動にとどまらず，既存の社会にある歴史上培われた文化的要素，地域，慣習，人間関係，さらには個人がもちえる思想も含めた概念であり，必ずしも人間が発する言語，行動にとどまらない。
　私たちが社会性を論じるとき，個人と地域との相互作用をとらえて論じていくか，慣習と地域とをとらえて論じていくかによって，社会性は多種多様な解釈が存在するのである。
　人間相互の関係を発達心理学の見地から考察すれば，胎児が母親の母体内に存在する時点にさかのぼる。近年になって妊娠中の母親の意識や心の安定度いかんが，胎児に与える影響として現われることが指摘されているが，これも人

間相互の起点としてとらえるなら社会性との関わりはすでに始まっているとも言える。また，生後の対人関係に焦点を当てて論ずるなら，新生児期・乳児期に生得的に行われる原始反射や両親との愛着（attachment）などによって，対人関係の第一歩を踏み出すのである。その後，情緒の分化と並行しつつ，身体的にも急速な発育・発達の過程を経て，1歳前後にはつかまり立ち，つたい歩きもできるようになる。このようにして，家庭で受ける人間相互の関係を起点とした対人関係と行動範囲は，入園・入所する保育の現場や就学へと広がっていく。

2. 社会性の発達

[1] 認知能力の発達

対人関係と行動範囲を広げていく私たちは，社会性の発達をどのような視点でとらえたらよいのであろうか。発達心理学の分野では，ときとして，人間の生涯を各年齢によって区分する方法がとられる。最も一般的なものは，胎児期（受胎から誕生まで），新生児期（生後約1ヶ月間），乳児期（生後約1年間），幼児期（1～6歳），児童期（6～12歳），青年期（12～24歳頃），成人期（25～60歳），老年期（60歳以上）とする区分である。

しかし，発達段階の過程で習得する内容は，身体生理的機能だけではとらえることができない。生後，身体の成長がきわめて著しい乳幼児に焦点を当てて考えてみても，自己と他人を区別することが可能になり，人見知りが現われる段階から対人関係において感情を抑制したり，相手の気持ちを配慮したり，問題解決の方法を発見するといった段階に至るまでには対人関係と行動範囲にとどまらず，動機，欲求，知覚，思考などの複雑な精神機能が働いている。上述したように，家庭で受ける人間相互の関係を起点として，対人関係と行動範囲は，入園・入所する保育の現場や就学へと広がっていく過程では，このような複雑な精神機能の変化とともに成長を遂げていくのである。

夫婦・子ども・その他の血縁関係者が住居・生計・情緒的結びつきによって支えられている集団である家庭から，集団としての保育の現場へと対人関係と行動範囲を広げるということは，乳幼児期にどのような影響を与えているので

あろうか。基本的生活習慣（食事，排泄，睡眠，清潔，衣服の着脱のように，基本的欲求に関係した5つの習慣を指す）を例に考えてみれば，家庭とは違って，食事の前には手を洗って歌を歌い，「いただきます」との言葉を言ってから食べ始めることもするだろう。また，子ども同士の遊びに焦点を当ててみても，別々の遊具で遊びをする一人遊びの段階から集団遊びに至るまでには積極性や自主性・独立心，協調性や自己統制，役割分担などが必要とされる。これら対人関係と行動範囲の広がりを考えるうえで保育の現場と家庭との大きな違いは，同じ集団としての規範（group norm）が存在することである。では，これらの広がりと動機，欲求，知覚，思考などの複雑な精神機能に焦点を当てて考察すると，社会性はどのように発達していくのであろうか。

　人間が外界から事物を知覚する過程は，ビデオカメラが外界を写す現象と同じではない。外的世界および内的世界からの手がかりをもとに，事物・事象についての知識を獲得するときに働く能動的な情報収集処理活動を総称して認知（cognition）と呼ぶが，ピアジェ（Piaget, J.）は，人間の認知的能力を研究し，認知発達の段階を，感覚運動的段階（0〜2歳），前概念的思考段階（2〜4歳），直観的思考段階（4〜7，8歳），具体的操作段階（7，8〜11，12歳），形式的操作段階（11，12〜14，15歳）といった区分を用いて説明した。感覚運動的段階とは，見たり，聞いたり，触ったりという感覚や，つかんだり，落としたり，嚙んだりといった運動によって外界を知る段階である。したがって外的活動を起こしえないものについては知る術をもたないが，事物と動作との関係を繰り返し経験し，次第に意図的に働きかけるようになる。このように，感覚運動的段階を経てすでに獲得している活動や概念の枠組み（シェマ）を用いて環境に働きかけ，それを理解しようとする（同化）。

　しかし，理解できないときにはさまざまな取り組みがなされ，新しい対象の性質に応じて既成の枠組みは調節される（調節）。それによって，環境との間に存在した一時的不均衡は解消する（均衡化）といった繰り返しによって，既成の枠組みは分化し，豊富になり，相互に関係づけられ，まとまった構造へと発達するとした。さらに，具体操作的段階にまで至る過程で，アニミズム（animism；たとえば，ぬいぐるみにも生命が宿る；客観の主観化），リアリズム（realism；たとえば，夢は枕の中に存在する；主観の客観化），人工論

(artificialism；たとえば，太陽や月は人間がつくったと考える）などの自己中心性（egocentrism）から，徐々に客観的な認識ができるようになると説いた。

［2］情緒の発達

喜び，怒り，哀しみなどの感情は，私たちが日々の生活をおくるなかで誰もが感じるだろう。怒りや哀しみを抑えるといった感情のコントロールを行うこともしばしばである。社会性の発達を考えるうえでは，人間同士の感情と感情が相互に関わり合い，影響を与えたり，与えられたりする。ところが，生まれて間もない新生児期，乳児期では，明確に区別された感情を経験することはできない。彼らが感じるのは，より未分化な情緒というべきものである。

乳児期において，情緒の発達が顕著に現われるのは，人見知りの時期であろう。これは，相手をしてくれる大人すべてにニコニコと微笑みを返していた乳児が，生後8ヶ月頃をピークに人見知りをするようになる。人見知りとは，見慣れない人に対して機嫌が悪くなったり，泣いたり，顔を隠したりする反面，よく知っている人には友好的に手をさしのべたりする一連の行動を指す。これらの現象は，情緒の発達の側面から考えると次の3つが理由としてあげられる。①乳児（子ども）の記憶が発達したことを示す，②見知らぬものに対する不安・恐れの形態であり，情緒の分化を示す，③時間が経つと慣れない人とも徐々に接触していくことができることから，社会性の一つの段階を示す。

ブリッジズ（Bridges, 1932）は，新生児期からの情緒の分化・発達を養育院の観察し，図13-1（図12-3, p.146も参照）のようにまとめた。それによると，生後3ヶ月までに漠然とした興奮から快・不快の2方向へ分化した情緒は，6ヶ月までに不快の系統で，怒り・嫌悪に分化する。そして，やや遅れて1歳までの間に快の情緒が分化，1歳6ヶ月までに不快から嫉妬が現われ，愛情が大人への愛情と子どもへの愛情に分化し，2歳までに快から喜びが分化する。2歳頃で，11種類の情緒が分化するが，その後，5歳頃までにさらに分化を重ね，快から希望・怒りから羨望と失望，恐れから不安と羞恥が分化し，成人がもち合わせるひと通りの情緒がそろうことになる。現在，乳児期は，ブリッジズが考えたものよりもさらに分化した情緒を経験していることが指摘さ

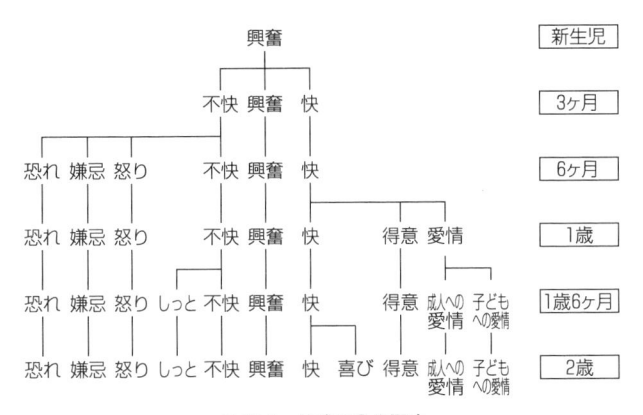

図 13-1　情緒の分化図式

(Bridges, K. M. B., Emotional development in early infancy, *Child Develop.*, 1932；阿部・落合，2003，p.16 より)

れている。

[3] 子ども同士の対人関係と遊びの発達

　子ども同士の対人関係を認知発達と関連づけてみたとき，成長の過程を見てとれるのは遊びである。遊びは，子どもの成長とともに変化する。このことに目を向けた研究は多い。これをピアジェの言う基本的な考え方に照らし合わせて述べると次のようになる。

　2歳頃までは，感覚や身体運動そのものを楽しむ遊びが中心となり，2歳を過ぎた頃から現存しないものを，記号やイメージ動作等によって観念や心像が思い浮かべられるようになる。これを表象（representation）というが，表象が獲得されると，想像的な遊びが中心となる。その後，お母さんのふりをして人形に食事を与える劇的遊び（dramatic play）や積み木で家を作るといった構成遊び（constructive play）が見られるようになり，4～5歳頃になると，劇的遊びと構成遊びが結びついて，より複雑な遊びに発展することが多い。たとえば大きな積み木を使って家の中にある食卓やテレビを作り，子ども自身がお母さんとなって人形に食事を与えるといった展開である。

　また，パーテン（Parten, 1932）は，乳幼児の発達段階から，一人遊び・傍観遊び・平行遊びや連合遊び・さらには協同遊びへと発展するとした。それに

よると，2歳頃になると，他の子どもがいても全く無関係に，玩具などを使って別々の遊びをする。ここでは，他の子どもへの話しかけや遊具の貸し借りなどもなく，自分だけの世界に没頭し，他からの干渉を嫌がる（一人遊び）。一人遊びは，自己充実を図るためには大切な遊びであると言える。2歳頃になると，他の幼児の遊びに興味を示し，口を挟んだりして周囲の子どもに関心をもち始める（傍観遊び）。関心が他の子どもにまで広がったという点で大きな前進である。そしてもっぱら平行遊びが見られるようになる。これは，子ども同士が近くにいて，他の子どもの遊びを見ていたり，絵を描いたりして遊ぶが，互いに交流をもって遊んでいるわけではない。3歳ごろになると，平行遊びから連合遊びが目立つようになる。連合遊びとは，子ども同士が集団をなして交流をもつが，集団内での遊びの目標や遊び自体の目標が決まっていない遊びである。時には必要に応じて，玩具の貸し借りも行われるが，全体としてのまとまりは乏しい。4歳から後では，これに加えて組織を作り，決まりと目標をもって行う遊びが多くなる。このように，当初は玩具のような物を中核とする段階から，幼児後期にかけて集団（2人以上）で遊ぶようになり，やがて遊びのなかに一定の約束事を作り，子ども同士の創意工夫を模索しながら対人関係が基になる遊びに発展していくことがわかる。

3. 向社会性の発達

［1］向社会的行動とは

そもそも愛他性や人道主義的な行いへの関心は，1960年代にアメリカで急速に広まった。

この頃のアメリカでは，市民運動やベトナム戦争での残虐な行為についての抗議が起こるようになり，多くのアメリカ人に価値観への疑問を投げかけさせた。劇的な出来事として発端となったのは，1964年におきたキティー・ジェノビーズ事件と言われている。これは，ニューヨークでキティー・ジェノビーズという女性が，仕事を終えて帰宅する途中，男性にナイフで刺され殺害された事件である。現場は住宅やアパートが隣立する地域であったが，住民の多くは女性の悲鳴を聞きながら1人として助けに出た者がいなかったし，この間に

警察へ連絡した者もいなかった。結果的に女性は見殺しにされたのである。事件についての報道は，多くの人々にショックを与えることとなり，なぜ人々は困っている人を助けたり，助けなかったりするのかといった関心が寄せられるようになった。

[2] 向社会的行動の定義

　向社会的行動（prosocial behavior）の代表的な研究者であるマッセンとアイゼンバーグ（Mussen & Eisenberg, 1977）は，向社会的行動について，「外的な報酬を期待することなしに，他人や他の人々の集団を助けようとしたり，こうした人々のためになることをしようとする行為」と説明している。

　一連の研究のなかで，アイゼンバーグは，子どもが思いやり行動を行う場合，なぜその行動をとったかについて聞き取り調査を行った。方法としては，ジレンマを与える例話を聞かせ，「主人公はどうしたらいいのか」「（それは）どうして」との質問を行い，年齢段階による「思いやりの理由づけの水準」（表13-1）を作成した（以下に例話を示す）。それによれば，他者に思いやり行動を行うのは，小学校低学年では，自分に直接得るものがあるかどうか，将来お返しがあるかどうか，自分が必要としたり好きだったりする相手かどうかを理由とするものが優勢であるが，年齢が進むと，良い行動・悪い行動というような紋切り型の判断を経て，より内面化された価値や規範，義務および責任を含んだ理由づけをするようになると言う。

> 　ある日，ジョンが遊んでいると，見知らぬ子がいじめっこにからかわれているのを見ました。まわりには，誰も大人がいません。ジョンが見ていると，一人の男の子が，もう一人の子を怒らせようとして何回も押し倒しています。ジョンは庭で楽しく遊ぼうとしていたところですし，その子を助けようとすればいじめっ子はジョンまでいじめるかもしれません（Eisenberg, 1992／二宮ら訳, 1995）。

　道徳性の発達段階で有名なコールバーグ（Kohlberg, 1969）は，アイゼンバーグと同様に，「主人公はどうしたらいいのか」「（それは）どうして」との質問を行った。ここでは6つ発達段階を示しているが，10歳以下の子どもは権

表 13-1 思いやりの理由づけの水準 (Eisenberg, 1992)

レベル1	快楽主義的・自己焦点的指向	道徳的な配慮よりも、自分に向けられた結果に関心をもつ。他者を助けるか助けないかは、自分に直接得るものがあるかどうか、将来お返しがあるかどうか、自分が必要としたり好きだったりする相手かどうかに依存。	小学校入学前および小学校低学年で優勢な様相
レベル2	要求に目を向けた指向	たとえ他者の要求が自分の要求と相対立しても、他者の身体的物理的、心理的要求に関心を示す。この関心は、ごく単純な言葉で表明され、自分のことを考えたうえでの役割取得、同情を言葉によって表わすこと、罪悪感のような内面化された感情への言及などの形ははっきり見られない。	小学校入学前および多くの小学生で優勢な様相
レベル3	承認および対人的指向、あるいは紋切り型の指向	よい人・悪い人、よい行動・悪い行動についての紋切り型のイメージ、他者からの承認や受容の考慮が、向社会的行動への理由となる。	小学生の一部と中・高校生で優勢な様相
レベル4a	自己反省的な共感指向	判断は、自己反省的な同情的応答や役割取得、他者の人間性への配慮、行為の結果についての罪悪感やポジティブな感情などを含んでいる。	小学校高学年の少数と多くの中・高校生で優勢な様相
レベル4b	移行段階	助けたり助けなかったりする理由は、内面化された価値や規範、義務および責任を含んでおり、より大きな社会の条件、あるいは他者の権利や尊厳を守る必要性への言及を含んでいる。しかし、これらの考えは明確に強く述べられているわけではない。	中・高校生の少数とそれ以上の年齢のもので優勢な様相
レベル5	強く内面化された段階	助けたり助けなかったりする理由は、内面化された価値や規範、責任性、個人的および社会的に契約した義務を守ったり社会の条件をよくしたりする願望、すべての個人の尊厳、権利および平等についての信念に基づいている。自分自身の価値や受容した規範に従って生きることにより、自尊心を保つことにかかわるプラスあるいはマイナスの感情も、この段階の特徴。	中・高校生の少数だけに優勢な様相で、小学生にはまったく見られない

威と罰を重視する第一段階にあったが，アイゼンバーグが行った向社会的行動に関する研究では，7歳児でもこうした判断（レベル1）は少ないとの結果が得られている。

　また，菊池（1983）は，向社会的行動について，以下の4つの条件にともなった行動を指すことが多いとした。すなわち，①この行動が他人あるいは他のグループについての援助行動である，②相手から外的な報酬を得ることを指向した場合には，その行動を向社会的行動と言うことは難しい，金銭や物質的な報酬を目的とした行動は，たとえそれが相手への援助行動であったとしても，向社会的行動とは言えない，③この種の行動には，それをすることに何らかのコスト（損失）がともなう，④他人からの強制や心理的圧迫の結果，いやいやながらとられる行動は，向社会的行動とは呼びにくいというものである。そのうえで，4つの条件すべてが満たされなければ向社会的行動とは言えないということになれば，このタイプの行動はきわめて稀な幅の狭い行動になるとの問題を提起した。理由として，1）②，③については，被験者の動機を確かめることが不明瞭，2）④については，モデリング（modeling）によってモデルの行動を手がかりに幼児が向社会的行動を行う場合には，そこに自発性があるとは考えにくいことをあげた。

[3] 共感性

　向社会的行動を論ずるにあたって，欠くことができないものに共感性（empathy）がある。フェッシュバック（Feshbach, 1976）によれば，他人の情動的反応を知覚する際に，他人と共有する情動的反応を指すとしている。具体的には，相手が困っていることを知る（認知）だけでは，相手を助けようとする気持ちにまでならないかもしれないが，その苦しみを共有する（情動としての共感）ことは，向社会的行動をとらせる動機となるとして，共感の認知的側面と情動的側面の両者を包括した定義を行っている。フェッシュバックの定義以前には，共感性を「他者の感情がわかること」（認知としての共感）を強調する立場として，ダイモンド（Dymond, 1949）やボーク（Borke, 1971）が，情動としての共感を強調する立場としては，ストットランドとダン（Stotland & Dunn, 1963）が代表的であった。

表 13-2 コールバーグの発達段階と他の発達段階との関連 (Eisenberg, 1992)

道徳性（コールバーグ）	認知能力（ピアジェ）	役割取得能力（セルマン）
第0段階 自己の欲求にのみ基づく道徳性	象徴的直観的思考	第0段階 自己中心的視点（自他の視点の分化なし）
第1段階 罰と服従への思考	具体的操作 下位段階1 （カテゴリー分類）	第1段階 主観的または対人的情報に関する役割取得（人の主幹性，人による情報の異なりを理解する——自他の視点の分化——が，自他がお互いを主体と見ることはわからない）
第2段階 道具的快楽主義的志向	具体的操作 下位段階 （可逆的操作）	第2段階 自己内省的（self-reflective）役割取得（自他の視点の関連づけは継続的で同時的には関連させられない）
第3段階 対人的一致 「よい子」への志向	形式的操作 下位段階1 （形式的操作の開始）	第3段階 相互的役割取得（自他の視点を同時的相互的に関連させられる）
第4段階 法と秩序の維持への志向	形式的操作 下位段階2 （形式的操作の初期）	第4段階 社会的慣習的システムの役割取得（集団の成員全体や一般的他者の役割がとられる）
第5段階 社会契約的法への志向	形式的操作 下位段階 （完成・定着）	
第6段階 普遍的倫理的原理への志向		

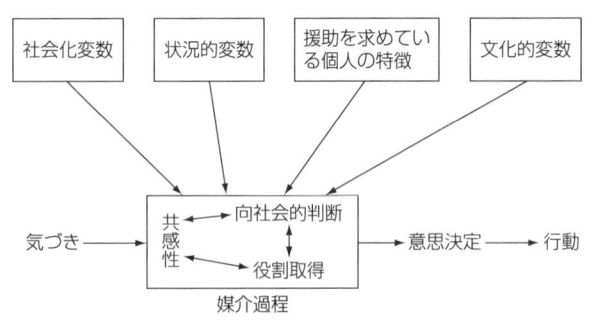

図 13-2 向社会的行動モデル (Eisenberg, 1992)

伊藤（1975）は，共感性の発達について，以下の3つの水準があることを指摘している。それは，①他者の情動状態についての反射的な共感，②同一視や投射に基づく他者への共感，③自他の立場の相対的把握に立ったうえでの共感である。なかでも，自他の関係を理解しての共感の発達が完全なかたちとなるのは青年期になってからとされる。

4. パーソナリティの発達

[1] パーソナリティとは何か

　パーソナリティを説明するうえで，最も一般的に受け入れられているオールポート（Allport, 1937）の言葉を取り上げると，「パーソナリティとは，個人内部の力動的組織である。その心理・生理的なシステムは，環境へのその個人独自の適応を規定している」とある。この定義は，もともとメイ（May, M. A.）の定義に対立するものとして出てきた。メイによれば，「パーソナリティは，人をして効果あらしめるもの，あるいは他人に影響を与えるもので，心理学的にいえば，社会的刺激価（social stimulus value）である。すべての個人は，彼が接触するすべての他の個人にたいする刺激としてみられる」としている（青柳ら，1996）。前者は，人がどんな人間であるかを本人の側，ないし内部状態から定義する立場であり，後者は，他者の側からどう見られているかによって定義する立場をとっている。発達心理学の分野でパーソナリティを語るとき，その見方には大きく分けて類型論と特性論があげられる。類型論とは，ドイツの精神医学者であったクレッチマー（Kretschmer, 1921）が，人の体格を肥満型，細長型，闘士型に分類し，この体格と精神病との間に対応する関係を表わしたことやシェルドン（Sheldon & Stevens, 1942）のもの，スイスの精神分析学者であったユング（Jung, 1967）が，精神的エネルギーであるリビドー（libido）が個人の心の内に向かうか外に向かうかといった方向性から外交性，内向性に分け，8類型の性格を示したものが著名である。これら類型論は，人間の性格のもとを特定の型に振り分けながら，生涯において普遍的な存在としてみなされる。一方，特性論では，人には日常行動の一貫した特徴があり，この行動を特性（trait）と考える。しかし，パーソナリティの発達とい

った概念でこの2つを論じた場合，類型論は，静的・固定的な存在であるため，発達といった概念があてはまらない。特性論は，個人の学習等によってできあがった質的・量的差異からなる行動傾向を扱うため，発達の概念を含んだものと言える。このような歴史を振り返れば，類型論がドイツを中心にヨーロッパで盛んであったのに対し，特性論はアメリカ，イギリスで発展した。特性論については，その後，ギルフォード（Guilford, J. P.）やキャッテル（Cattell, R. B.）によって計量心理学が体系化されることとなる。なかでも，ギルフォードは，因子分析という数学的方法を先駆的に用いたことで知られる。今日，入社試験などで行われるYG（矢田部・ギルフォード）性格検査は，ギルフォードらが開発した3種類の人格目録（質問紙）を基礎として作成されたもので，小学生用，中学生用，高校生用，成人用が標準化されている。

[2] パーソナリティの研究

パーソナリティの研究は，長い歴史をもちながらも，研究者間では従来から心理学の研究の中では結論の出にくく，難しい問題を含んだ領域である。その理由としては，①個々のパーソナリティの構造が，生誕以来の長い年月をかけた環境要因によって形成されていくものである，②さらに遺伝子要因が複雑に関わり合って，「単一の要因に帰結できる」ものとして示すことができないことがあげられる。この2つの要因は，「遺伝か環境か」といった論争で古くから繰り返されてきた。遺伝説の中で最も古い考えは，胚子のうちにあらゆる要素が形成されているというもので（前成説；preformationism），この考え方は，顕微鏡の発明によって精子や卵子が発見された後，DNAからなる遺伝子コードの発見によって終息を迎えることとなる。この他，遺伝説を唱える研究としては，優れた才能をもつ人物が輩出された家系や犯罪者が輩出された家系のそれぞれをたどり，遺伝説を論ずるというものがあった。一方，環境説は，行動主義心理学者のワトソン（Watson, J. B.）がその典型例としてあげられる。彼は，「自分に1ダースの子どもを預ければ，望む通りの職業人をつくってみせる」と表現したように，発達を学習理論的にとらえようとした。上記のような二者択一の考えの他，その後，「遺伝も環境も」といった2要因を統合化する輻輳説（convergence theory）の動きが見られるようになる。これは，

遺伝と環境の双方を基本的に独立した要因と考え，遺伝要因20％と環境要因80％というように両者の総和で決まるといったものである。現在では，出生時のパーソナリティが遺伝的要因をもっていたとしても，後のパーソナリティは，環境要因との関わりの中で変化するし，変化したパーソナリティがさらに環境により変化するといったように，相乗的に関わっていくとの考えから相互作用説（interactionism）を唱える研究が優勢である。たとえば，新生児（生後1ヶ月）に対面した母親が，その子に合った一定の間隔で口を開閉すると，乳児も同様に口を開閉する。これを共鳴動作（co-action）と呼ぶが，この動作は，母子相方の相互主体的（intersubjective）な行動として展開していく。トレヴァーセン（Treverthen, 1980）によると，生後2ヶ月の乳児と母親の過程の中に，話し手と聞き手の役割の原型が見られ，このような相互のやりとりを通じて互いの相手の行動を解釈し，働きかけ合って，両者の間に共通の知識が成立していくという。

[3] 乳児と養育者の相互作用

　生後2ヶ月から母子間のやりとりが見られる乳児はその後，どのような交互作用を展開していくのだろうか。ここでは，はじめに微笑に触れ，他者との相互関係を見てみよう。微笑は，他人との関係の中で現れる場合と事物や事象との関係の中で現れる場合とに分けられるが，主に前者を後者と区別して社会的微笑（social smile）と呼ぶ。高橋（1973）は，出生時に原型として準備された生得的な微笑の発達を次のように説明している。①出生直後から見られた微笑（自発的微笑）には，新生児がうとうととまどろんでいるとき（不規則的睡眠状態）に微笑が現れる。ただし，外部の刺激と無関係に出現する。②微笑は触刺激，聴刺激によって起こされるようになり，1ヶ月半頃には視刺激への微笑が現れる。3〜4ヶ月までの乳児は，正面から向き合った人の顔であれば，たとえ模型の顔であってもよく微笑する（微笑のピークは，3ヶ月頃がピークであることから，スピッツ（Spitz, 1959）は，これを3ヶ月微笑と呼んだ）。その後，人見知りの時期を経て，養育者が何に注意を払っているかを自己に映すことが可能になり，9ヶ月頃から1歳にかけて三者間の交渉が出現する（三項関係）。Tomonaga et al. (2004) は，チンパンジーも，自己と他者との交

渉を軸に発達していく側面（たとえば，微笑が1ヶ月から2ヶ月にかけて減少し，社会的な微笑は逆に増加していく）や，指差しや視線を媒介として，自らの注意をそちらに向けることもできた。しかし，三項関係は日常生活の中でほとんど生起せず，3歳までに三項関係はほとんど見られなかったと報告している。久保（2005）は，この結果は，チンパンジーの有する心の理論，ひいては人間以外の霊長類における文化学習について議論を呼ぶものであると述べているが，同時に人間のパーソナリティの形成における過程について再考させるものである。

　一方，乳児期とは別に，視点を変え，養育者の役割について見てみよう。マインズ（Meins, 1997）は，子どもが相互作用を行う相手である養育者の態度に注目している。幼い子どもが早期から心をもった存在とみなし，子どもを心的観点から理解しようとする養育者の傾向を mind-mindedness と名づけた。篠原・遠藤（2003）は，養育者に複数の乳児を撮影したビデオを見せて，乳児の主観的状況について，存在の明確さ，その内容の説明を求め，家庭訪問をし，自由遊び場面での養育者の言動を観察した。結果，乳児の主観的状況を強く読み取りやすい傾向の高かった養育者は，「乳児の言動が先行し養育者の言動がそれに応じる関わり」が多いとの報告を行っている。また，毛利（2003）は，遊び場面で応答的な行動を多くする母親は，子どもに内的状態を帰属し読み取ろうとする傾向が高いことを見出した。これらの報告は，家庭における乳児と養育者の相互作用を顕著に表すものといえる。

5. 社会的認知の発達

[1] 社会の視点とその影響

　乳幼児期の認知能力や情緒の発達については，社会性の発達で触れた。その後，私たちが社会に適応していくためには，社会のさまざまな文化的要因を受けながら，社会的な認知の発達をたどる。ここでは，はじめに，私たちが社会で生きるうえで関係する対人関係を含めた包括的な概念を確認する。

　私たちは，この世に生を受けてから実にさまざまな人と出会う。これまで論じてきたように，相互作用の観点は，主に乳幼児に当てたものであったが，私

たちは日々生活していくなかでは，家族，友人，教師，地域の人々，配偶者とその家族，職場の同僚や上司，学校の教育制度，新聞やテレビなどによるメディア，時代（世代）による社会の変容などから影響を受ける。

　佐藤（1996）は，社会化の研究には，社会がどのようにして個人をその社会の成員に作り上げていくか，個人がどのようにして社会を支える成員になっていくか。といった2点をあげ，私たちは社会の影響を受けて大枠では特定の社会のもとで均質性をもちながら，その中では多様な個性を展開している存在であると述べている。また，2つの考え方は密接に絡み合っており，片方だけで考えることは禁物であるとした。私たちは，それぞれの社会で対人関係を築き，独自のパーソナリティを築き上げているが，一方で，これら社会からの影響は無視できないものであると言える。

[2] 養育以外の環境の影響

　ブロンフェンブレンナー（Bronfenbrenner, 1979）は，個人のパーソナリティの発達を文化的，社会的，歴史的な背景など，さまざまな角度から考える必要があるとして，これらの要因を4つの水準に分けてモデル化した。これらは，ブロンフェンブレンナーのシステムモデルと言われる。以下はそれぞれの水準について表したものである（図13-3）。

　マイクロシステム（microsystem）：具体的な行動場面で個人が経験する活動や，役割，対人関係（例 家庭内での兄弟関係，学校での友人関係・教師との関係，職場での役割構造を表したもの）。

　メゾシステム（mesosystem）：環境相互を結ぶシステム（例 個人を取り巻く家庭，学校など2つの環境がどのように相互に影響を及ぼすか，これらの環境の関係が個人にどのような影響を与えるかを表したもの）。

　エクソシステム（exosystem）：マイクロシステムが個体を取り巻く直接的な関係であるのに対し，直接的な環境を取り巻く環境同士の関係（例 行政，財政，教育制度，マス・メディアなどマイクロシステムを外側から取り巻くシステム）。

　マクロシステム（macrosystem）：前述のマイクロシステム，メゾシステム，エクソシステムが，個体の直接的な生活体験の場や実際に包括されている社会

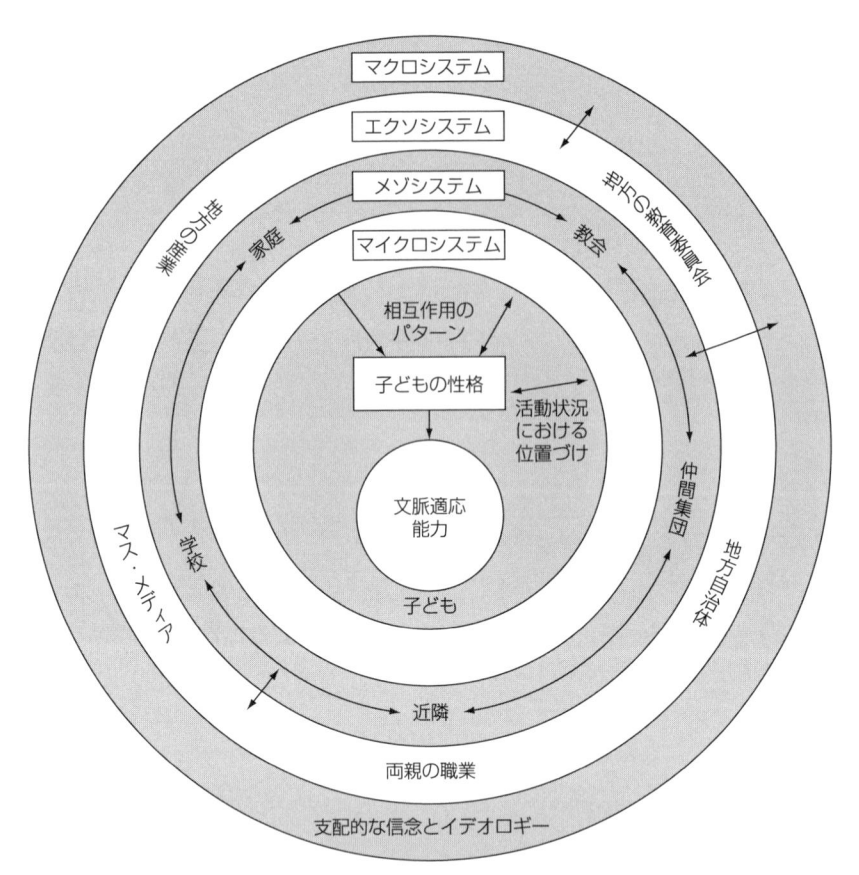

図 13-3　ブロンフェンブレンナーの生態学的システムモデル
(Bronfenbrenner, 1979 を Tietjen, 1989 が改変したものと Cole & Cole, 1989 を合成して作成；青柳・杉山，1996, p. 176 より)

環境と相互作用の関係を扱ったものであるのに対し，より抽象的な性質をもったもの（例：社会における文化，習慣などのイデオロギー）。

[3] 異文化間の比較

　文化相対主義（cultural relativism）の観点に立つボアス（Boas, F.）やベネディクト（Benedict, R.）の影響を受けたミード（Mead, M.）は，南太平洋のサモア，ニューギニア，バリ島などで現地の観察調査を行い，パーソナリ

ティ形成に果たす文化と育児様式の重要性を指摘した。『サモアの思春期』(Mead, 1928)では，子どもから成人に至るまでの移行が緩やかであり，欧米社会に共通する思春期の危機や悩みが存在しないことを明らかにした。彼女は後に，『男性と女性』(Mead, 1949)で，男女のパーソナリティについても，生得的な素質に還元されるのではなく，文化の差異による産物であることを指摘した。このことは，家庭内での相互作用やしつけ，学校での友人関係もさることながら，社会における文化，習慣，イデオロギーなどの異文化が，社会的認知の発達に関与している点を如実に表しているといえる。東ら(1981)は，3歳8ヶ月から6歳までの子どもを被験者にして，日米両国における母親の意見・態度・行動特性の比較を行った。結果の一例をあげると，①しつけ方略（逸脱行動の統制法）では，理由をあげずに親の地位・権威に訴えて服従を求める単刀直入の命令方式が米国に多く，他方，日本の母親では，事の原因と結果だけを述べて，なすべきことを暗示する間接的な方略が多いこと，②どのような側面の発達をより早期に期待するかに関しては，米国では言語による自己主張や友達関係での社会的スキルが，日本では，情緒的成熟や大人への従順，礼儀などが，それぞれ他方の国より有意に多かったと報告している。さらに，②の結果から，日本ではおとなしく温和であることが，米国では社会性をもち自己を主張することが"よい子"とする文化的背景を反映しているものとの指摘をした。文化的背景については，ブロンフェンブレンナーが示したマクロシステムがこれに当たるが，東らによる研究結果は，社会的認知が，異なった文化間において発達に大きな影響を与えていることを示唆している。

[4] おわりに

国内の合計特殊出生率（以下，出生率）は，第二次ベビーブーム期の1973（昭和48）年をピークに下がり始め，1989（平成元）年には，1966（昭和41）年（丙午）の1.58を下回った。その後も出生率は，確定数として[1]，2004（平成16）年に1.2886，2005（平成17）年には1.2601と低下の一途を

---

[1] 厚生労働省人口動態調査による合計特殊出生率は，当初，概数として発表され，その後，確定数が発表される。

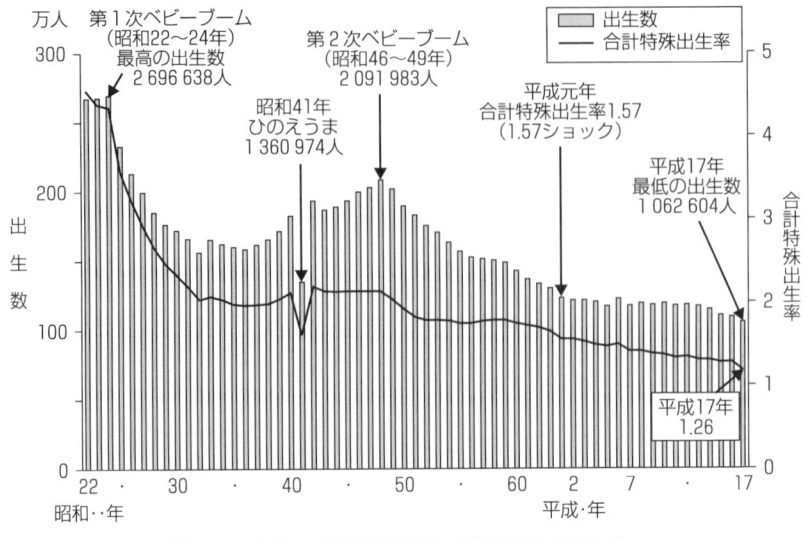

図 13-4　国内の合計特殊出生率 (厚生労働省, 2006より)

たどっている（長期的に人口を維持できる水準（人口置換水準）[2]は2.07。これは，人口の減少・高齢化への促進につながる）。少子化の要因には，教育や住宅事情などによる経済的な負担や精神的な負担，出産・育児と仕事の両立の困難さ，晩婚化など，さまざまな要因が考えられるが，戦前では，現在のように経済的には決して裕福ではなかった家庭も，出生率は現在と比べて高いことを考えると，社会的な背景のみならず，個人の結婚観や育児への考え方が大きく変化したことは否定できないだろう。いうまでもなく，少子化によって，家庭内では兄弟数が，学校では学級数が減少し，さらには子育て支援対策などの財政にまで影響を与えている。このように考えていくと，ブロンフェンブレンナーが表したメゾシステム，エクソシステム，マクロシステムなどの各システムは，個人の結婚観や育児への考え方や家庭内での少子化にとどまらず，各システムにも影響を与えると同時に，各システムからの影響も受けているといえる。各システム同士，もしくは，各システム内の相互作用の中で社会的認知の発達が形成されていくのである。

---

(2)　人口置換水準の数値は，国立社会保障人口問題研究所情報調査分析部より。

引用・参考文献

阿部明子・落合 優（編著）　2000　新訂幼児教育法シリーズ 心身の健康に関する領域 健康　東京書籍

Allport, G. W.　1937　*Personality: A psychological interpretation.* New York: Holt.

青柳 肇・杉山憲司（編著）　1996　パーソナリティ形成の心理学　福村出版

青柳 肇・瀧本孝雄・杉山憲司・矢澤圭介（編著）　1989　こころのサイエンス　福村出版

青柳 肇・瀧本孝雄・杉山憲司・矢澤圭介（編著）　1989　トピックスこころのサイエンス　福村出版

東 洋・柏木恵子・ヘス, R. D.　1981　母親の態度・行動と子どもの知的発達日米比較研究　東京大学出版会

Bridges, K. M. B.　1932　Emotional development in early infancy. *Child Development*, **3**, 324-341.

Borke, H.　1971　Interpersonal perception of young children: Egocentrism or empathy? *Developmental Psychology*, **5**, 263-269.

Bronfenbrenner, U.　1970　*Two worlds of childhood.*（長島貞夫訳　1971　二つの世界の子どもたち　金子書房）

Bronfenbrenner, U.　1979　*The ecology of human development: Experiments by nature and design.* Cambridge, MA: Harvard University Press.

Dymond, R. F.　1949　A scale for the measurement of empathic ability. *Journal of Counsulting Psychology*, **13**, 127-133.

Eisenberg, N.　1992　*The caring child.* Harvard University Press.（二宮克美・首藤敏元・宗方比佐子訳　1995　思いやりのある子どもたち 向社会的行動の発達心理　北大路書房）

Feshbach, N. D.　1976　*Empathy in children.* Paper given at the Western Psychological Association meetings, Los Angels.

平井誠也・浜崎隆司　1985　第9章 向社会的行動　日本児童研究所（編）　児童心理学の進歩　vol. 24　金子書房　pp. 219-246.

堀野 緑・濱口佳和（編著）　2000　子どものパーソナリティと社会性の発達　北大路書房

Jung, C. G.　1967　*Psychologische Typen.* Rascher Verlag.（林 道義訳　1987　タイプ論　みすず書房）

菊池章夫　1983　展望 向社会的行動の発達　教育心理学年報, **23**, 118-127.

Kohlberg, L.　1969　Stage and sequence: The cognitive-developmental approach to socialization. In D. A. Goslin (Ed.), *Handbook of socialization theory and research.* Chicago, MI: Rand-McNally.

Kretschmer, E.　1921　*Körperbau und Charakter: Untersuchungen zum Kon-*

stitutionsproblem und zur Lehre von dem Temperamenten. Berlin: Verlag von Julius Springer.（Auflage 1955）（相場　均訳　1960　体格と性格　文光堂）

久保ゆかり　2005　わが国の最近1年間における教育心理学の研究動向と展望　発達部門（乳・幼児）自己理解・他者理解からみる乳幼児の社会情動的発達　教育心理学年報, **44**, 37-45.

Meins, E.　1997　Security of attachment and maternal tutoring strategies: Interaction within the zone of proximal development. British Journal of Developmental Psychology, **15**, 129-144.

宮川知彰（編著）　1985　発達心理学Ⅰ　日本放送出版協会

溝口慎一　2004　人格部門　パーソナリティに関する研究の動向　教育心理学年報, **43**, 68-78.

Mussen, P., & Eisenberg, N.　1977　The roots of caring, sharing and helping. San Francisco, CA: Freeman.

無藤　隆・高橋惠子・田島信元　1990　発達心理学入門Ⅰ　乳児・幼児・児童　東京大学出版会

厚生労働省　2006　平成17年人口動態統計月報年計（概数）の概況　http://www.mhlw.go.jp/toukei/saikin/hw/jinkou/geppo/nengai05/index.html

大木桃代　2003　人格部門　日本におけるパーソナリティ研究の動向と課題　教育心理学年報, **42**, 78-87.

Parten, M. B.　1932　Social participation among pre-school children. Journal of Abnormal and Social Psychology, **27**, 243-269.

齋藤　勇（編）　2005　図説進学入門　第2版　誠信書房

佐藤達哉　1996　社会化と個性化　青柳　肇・杉山憲司（編）　パーソナリティ形成の心理学　福村出版

Sheldon, W. H., & Stevens, S. S.　1942　Varieties of human temperament: A psychology of constitutional differences. New York: Harper and Brothers.

繁多　進・青柳　肇・田島信元・矢澤圭介（編）　1991　社会性の発達心理学　福村出版

新・保育士養成講座編纂委員会（編）　2002　新・保育士養成講座 発達心理学　第3巻　全国社会福祉協議会

Spitz, R. A.　1959　A genetic field theory of ego formation. New York: International Universities Press.

Stotland, E., & Dunn, R. E.　1963　Empathy, selfesteem, and birth order. Journal of Abnormal and Social Psychology, **66**, 532-540.

杉山憲司・青柳　肇（編）　2004　ヒューマン・サイエンス―心理学アプローチ　ナカニシヤ出版

高橋道子　1973　新生児の徴笑反応と覚醒水準, 自発的運動, 触刺激との関係　心理

学研究, **44**, 46-50.

戸田弘二 2005 第6章 パーソナリティの測定 日本児童研究所（編） 児童心理学の進歩 vol. 44 金子書房 pp. 133-157.

Tomonaga, M., Myowa-Yamakoshi, M., Mizuno, Y., Yamaguchi, M., Kosugi, D., Bard, K., Tanaka, M., & Matsuzawa, T. 2004 Development of social cognition in infant chimpanzees (Pan troglodytes): Face recognition, smiling, gaze and the lack of triadic interactions. *Japanese Psychological Research*, **46**, 227-235.

Treverthen, C. 1980 The foundations of intersubjectivity: Development of interpersonal and cooperative action in infants. In D. R. Olson, & J. M. Anglin (Eds.), *The social foundation of language and thought: Essays in honour of J. S. Bruner*. New York: W. W. Norton. pp. 316-342.

山田　敏　1980　しつけの論理　明治図書

山岸明子　1976　道徳判断の発達　教育心理学研究, **24**, 97-106.

第Ⅲ部
人間の発達を臨床的に支援する

臨床発達心理学の視点
―発達モデルと医療モデルの統合―

1. はじめに

　近年，児童・思春期・青年期の子どもたちの心理学的問題をはじめとし，中年期，高齢者の心理学的問題が増加しつつある。現代社会の急激な変化により，人間の発達過程は大きな影響を受け，揺らいでいる。児童虐待，不登校，いじめ，ひきこもり，犯罪の低年齢化，中年期の危機，高齢者の介護といった問題は，社会的変化と密接に関わる発達的問題である（下山，2001）。このような問題の解明と解決・予防を目指すためには，心理学の貢献が不可欠であるが，従来の取り組みでは，臨床心理学がこの領域での中心的役割を担ってきた。しかし，近年のさまざまな問題は，人間の発達という視点を考慮することなくしては，解決に至ることは不可能な状況になってきている。したがって，臨床心理学と発達心理学が連携することにより，より適切な問題への取り組みが可能になる。両者の協働（コラボレーション）については，下山（1998, 2001），杉原（2001），藤永（2002）らによりすでに提案され，「臨床発達心理学」という名称と学問分野の必要性が指摘されている。

　一方，問題や障害の理解と説明については，これまでにさまざまな概念モデルが提案され，主に臨床の領域では，「医学モデル」と「社会モデル」に集約されてきた。「医学モデル」では，問題や障害を個人の問題としてとらえ，病気・外傷やその他の健康状態から直接的に生じるものとし，「社会モデル」では，問題や障害を主として社会によって作られた問題とみなし，両者は対立的にとらえられることが多かった。しかし，世界保健機関（WHO）のICF（国

際生活機能分類／国際障害分類改訂版，2002）では，「医学モデル」と「社会モデル」という対立するモデルの統合を図り，「生物・心理・社会的モデル」を用いることを試みている。長崎・本郷（1998）によれば，「生物・心理・社会的モデル」は，能力や障害を「個の所有物」とみなすような個体能力論のみによってでは，現実の人間の行動の解釈や支援に対応できないことを示している。しかし，一方，文脈的な要因が個体内の制約に影響をもたらすことを認めている点においては，社会的モデルが提唱する関係論のみでの対応の限界をも示している（長崎，2002）。

2. 臨床心理学と発達心理学の協働

[1] 臨床心理学小史

　臨床心理学とは，「心を病む人々に親しく臨んで，病む人々の回復に資するための心理学的原理と技法を研究し，その応用をはかると同時に心の健康生活に寄与するためのこころの科学」であるとされている（心理臨床大辞典，1992）。臨床心理学の始まりには，2つの大きな流れがある。まず，臨床心理学（clinical psychology）という用語が初めて用いられたのは，アメリカの心理学者ウィットマー（Witmer, L.）が，1896年にペンシルヴァニア大学に世界で最初の心理クリニックを開設し，同年のAPA（米国心理学会）の年次総会で初めて「臨床心理学」という語を用いた講演を行ったときである。しかし，そこで行われたのは，知的障害や学習困難の児童の診断と矯正教育であったため，今日の臨床心理学とはかけ離れたものであった。その後，1920年代前後の第一次世界大戦を契機としてのウッドワース（Woodworth, R. S.）らの兵員の採用に活用をみた神経症尺度の質問紙の考案や，ターマン（Terman, L. M.）らにより考案されたアメリカ版知能検査（スタンフォード・ビネー）の普及にみる精神測定的アプローチから特徴づけられる時期から今日の臨床心理学が確立していったのである（心理臨床大辞典，1992）。この流れは，「心」を客観化し，科学的に分析しようという方向に発展していった。

　もう1つの流れは，フロイト（Freud, S.）により創始された精神分析学の発展である。フロイトは，フランスの精神病理学者シャルコー（Charcot, J.

M.）の催眠研究に影響を受け，1900年に『夢判断』を発表し，無意識の心理学を提唱した。フロイトが，1909年にアメリカの心理学者ホール（Hall, G. S.）に招かれてクラーク大学で講演をして以来，精神分析学は，アメリカの臨床心理学に心理力動学派として取り入れられ，大きな影響力をもつようになっていった（下山，2001）。精神分析学は，アメリカではフロイトの生物学的偏向を批判する新フロイト派などの出現により多様な方向に発展を遂げている。一方ヨーロッパでも，フロイトの多くの弟子がそれぞれの学派を確立し，ユング（Jung, C. G.）をはじめとし精神分析学の流れをくみながらも独自の理論を確立してきた。現代では，アメリカの「自我心理学」とイギリスの「対象関係論」が正統派精神分析学として発展している。また，精神分析学は，投影法の開発にも貢献し，アセスメントの領域に大きな影響を与えてきた。臨床心理学の研究法としては事例研究が中心であったが，近年では量的，質的研究法も広く取り入れられている。

[2] 発達心理学小史

　他方，発達心理学は，人間の行動を対象化し，能力や知能といった単位に分化させ，その単位の組み合わせによって人間を理解する発想に基づいて研究する学問であるとされてきた（浜田，1995）。その始まりは，子どもの詳細な観察記録により，育ちをそれ自体として取り出す児童心理学の成立にあると考えられる。もう1つ注目すべきは，20世紀はじめに開発されたフランスのビネー（Binet, A.）の知能テストであろう。これは，学校教育への不適応を判別し，知的障害をもつ子どもたちに特殊な教育を行う便宜を図るという意図で作られたものであるが，その後，このテストの発展がそれぞれの年齢段階で示す子どもの能力の発達研究を大きく促すことになる。ピアジェ（Piaget, J.）の発達研究の出発点の1つが，ビネー式テストを用いた臨床的研究であったことは，よく知られているところである。

　19世紀から20世紀にかけての発達研究の中心は，子どもの育ちを記述するところにあり，その記述が，子どもの示す機能の全領域に及び組織化されたものが児童心理学である。記述された諸機能の発達を説明すべく実験的研究を積み上げ，年齢幅も子ども年代から大きく広げ理論立てしたものが，今日の発達

心理学の黎明となる（浜田，1995）。そして，現在では，発達心理学は，受精の瞬間から死に至るまでの人間の一生の変化の過程を研究対象とする学問となり，どのように変化するかを記述し，どうしてそのような変化ががなされるかを説明することを課題としている（繁多，1999）。研究方法としては縦断研究，横断研究という研究法が構築され，現在では実証研究も組み込まれるようになっている。詳細は第Ⅰ部第1章の「発達とは何か」に譲ることとする。

[3] 臨床心理学と発達心理学の協働

　このように臨床心理学と発達心理学は，隣接しながらも独自の発展を遂げてきたわけであるが，フロイトに師事したエリクソン（Erikson, E. H.）によって提案されたアイデンティティの概念により，人間の存在・発達をライフサイクルという「時間軸」と「関係性」の視点でとらえることとなり，両者の学問の基礎が「人生の過程」であるという共通の認識を得た。しかし，実際はエリクソン以前あるいは同時期の精神分析学においても，フロイト，ユング，クライン（Klein, M.），マーラー（Mahler, M. S.），ボウルビィ（Bowlby, J.）らが，「時間軸」と「関係性」という視点を包括したそれぞれの発達論をうち立てており，発達心理学に大きな影響を及ぼしている。したがって，臨床心理学と発達心理学では重なり合うところが多く，その境界も曖昧である。両者の境界をあえて明確にする必要はなく，むしろ両者の協働を目指し，臨床発達心理学という視点をもつことこそ，それぞれの問題の幅広く適切な理解と解決を得ることにつながるはずである。

　また，臨床場面での問題解決に関して，最近では，心理臨床とともに発達臨床という用語が使用されるようになってきたが，学術用語としてはまだ十分に定着していない（山口，1995）。心理臨床が，成人や子どもの心理的問題への各学派の理論に基づいた治療実践であるとすると，発達臨床は，発達研究をどのように臨床的アプローチに応用できるかということを目指し，主に発達障害児，情緒障害児，精神遅滞児，運動発達遅滞，言語発達遅滞などの子どもを対象とし，保護者への指導も行っている。臨床発達心理学は，心理臨床と発達臨床の協働をも視野に入れた学問領域であるとも言える。

3. 「医療モデル」と「発達モデル」の統合

　冒頭で述べたように，臨床の領域では問題や障害の理解について，主として WHO（世界保健機構）による ICF（国際生活機能分類）が概念モデルとして用いられるが，発達心理学の領域でもさまざまな概念モデルが提出されている。中でも，クロンバック（Cronbach, L. J.）が 1950 年代後半に提唱した ATI 理論の流れをくみ，サロモン（Salomon, G.）が提唱した 3 つのモデル，①治療モデル（remedial model），②補償モデル（compensatory model），③最恵モデル（preferential model）は，子どもの教育や問題解決に広く応用されている。ATI 理論の A は適性（aptitude），T は処遇（treatment），I は交互作用（interaction）の頭文字で，適性処遇交互作用と訳され，学習者の特性にふさわしい教授法を研究しようとするものである。西野（2000）は，サロモンの 3 つのモデルを次のように説明している。①の治療モデルは，学習者のもつ欠陥や短所を克服しようとするもので，上位の到達目標の前提となる下位の目標を修得させることを重視し，どんなものにも原因があり，それを克服しない限り解決の道はないという考え方である。②の補償モデルは，学習者のもつ欠陥や短所を治療することを一時的に棚上げし，指導者が外部から手助けをし，欠陥部分を補うことにより目標を達成しようとする考え方である。③の最恵モデル

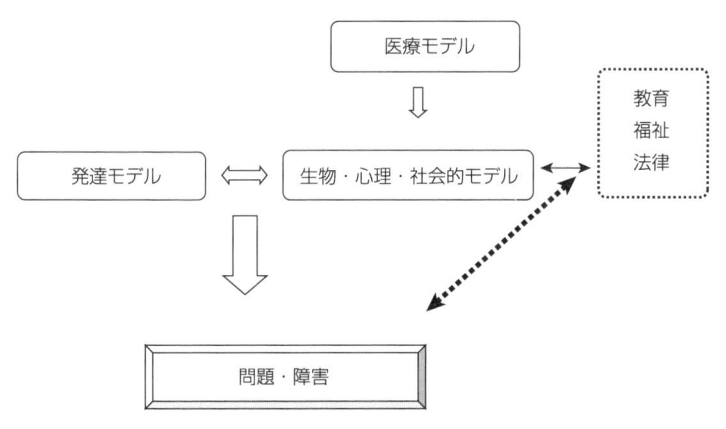

図 14-1　臨床発達心理学における概念モデル

は，学習者のもつ欠陥や短所を治療することを意図せず，弱点に注目するのではなく，長所を利用し，得意な側面を伸ばすことに努力するという考え方である。西野（2000）はまた，①と②を「医療モデル」，③を「発達モデル」と二分している。この二分されたモデルと国際生活機能分類（ICF）の「生物・心理・社会的モデル」を考え合わせると，「医療モデル」と「生物・心理・社会的モデル」に「発達モデル」が加えられ，それらが統合化されることが臨床場面では望ましいと結論づけられる。そして，ますます多様化しつつある問題や障害を理解し援助するためには近接領域（教育・福祉・法律など）との連携が必須であることをつけ加えたい。

4. 事例への応用

　ここでは「医療モデル」「生理・心理・社会的モデル」「臨床発達心理学モデル」を1つの事例によって説明することにする。

［1］幼稚園児の母親からの相談
クライエント：幼稚園年中組に在籍するK君（4歳）
家族構成：父親（会社員38歳），母親（専業主婦36歳），妹（2歳）
主訴：K君が，集団生活になかなかなじめず，集団からはずれ，1人でいることが多い。園に送って行き，母親と分かれる場面では必ず泣くということが年少組の頃からずっと続いている。自閉症ではないかと心配している。

　上記のような訴えがあった場合，従来の「医療モデル」から考えると，自閉症か否かということが問題にされ，もし自閉症の場合は，治療が必要と診断される。次に「生物・心理・社会的モデル」から考えると，遺伝的要因があるかどうか，母親との関係がうまくいっていないのではないか，母親や本児に対し父親のサポートが少ないのではないかなど，さまざまな視点から問題を検討することが可能であるが，やはり問題を解決することが最終的な目標となる。それに対し，「発達モデル」を加えた，臨床発達心理学の視点から考えると，本児の発達的変化，得意としている側面に注目する。"治す"ということを目的とするのではなく，問題があるかどうかを踏まえながらも，子ども自身がその

子のペースで発達し,変化していくことを見守り援助するということを目指す。具体的には,今はなかなか皆の輪の中に入っていけなくても,泣きながらもしだいに輪の中に入っていけるようになるという発達的変化を見守り,できないことを探し,できるようにするというのではなく,できること,得意なことを探し,それを伸ばしていくような努力するということになる。そして,両親にもこのような視点をもってもらい,ともに子どもの発達を見守り援助しながら,両親の発達を促すことも重要であると考える。

　このように,臨床発達心理学の視点からのアプローチは,問題があるかどうか,その問題はどのような要因から成り立っているのか,解決するためにはどのような方法が適切かということを踏まえながらも,その子の発達的変化に注目し,援助することを目指していく。すなわち,「関係性」と「時間軸」の双方から問題を捉え,子どもの発達していく力を促していくということで,より適切な対応を可能にするのである。たとえ,どのような問題や障害があるとしても,人は人の中で発達し,変化していく存在であることを見逃してはならないという視点を加えたことが,臨床発達心理学の重要な貢献である。

引用・参考文献

藤永　保　2002　第1章:発達理論の歴史的変遷　長崎　勤・古澤頼雄・藤田継道（編著）　臨床発達心理学概論:発達支援の理論と実際　ミネルヴァ書房　pp.2-6.

浜田寿美男　1995　発達心理学の前史　岡本夏木・清水御代明・村井潤一（監修）　発達心理学辞典　ミネルヴァ書房　pp.558-560.

繁多　進（編著）　1999　乳幼児発達心理学:子どもがわかる　好きになる　福村出版　pp.9-13.

長崎　勤・本郷一夫（編著）　1998　能力という謎　ミネルヴァ書房

長崎　勤　2002　第2章:発達を支援するとは?　長崎　勤・古澤頼雄・藤田継道（編著）　臨床発達心理学概論:発達支援の理論と実際　ミネルヴァ書房　pp.16-27.

西野泰広　2000　第2章　発達研究の視座:複線型モデル　田島信元・西野泰広（編著）　発達研究の技法　福村出版　pp.26-27.

世界保健機構（WHO）　2002　WHO国際生活機能分類―国際障害分類改訂版―　中央法規　pp.16-21.

下山晴彦（編著）　1998　教育心理学Ⅱ:発達と臨床援助の心理学　東京大学出版会

下山晴彦　2001　発達臨床心理学の発想　下山晴彦・丹野義彦（編著）　講座：臨床心理学　5 発達臨床心理学　東京大学出版会　pp.3-15.

杉原一昭（監修）　2001　発達臨床心理学の最前線　教育出版

氏原　寛　1992　第1部　臨床心理学総論　氏原　寛・小川捷之・東山紘久・村瀬孝雄・山中康裕（共著）　心理臨床大辞典　培風館　pp.2-12.

山口俊郎　1995　発達臨床心理学　岡本夏木・清水御代明・村井潤一（監修）　発達心理学辞典　ミネルヴァ書房　pp.564-565.

15

生殖補助医療
(assisted reproductive technology：ART)

1. 命の始まり（生と性の分断）

　「子どもが欲しい」と思う気持ちは，程度も理由も人によって大きく異なる。そもそも子どもを望まない人もいれば，子どもを渇望する人もいる。さまざまな事情から子どもはもたないことを選択する人もいれば，子どもをもたないと一人前ではないという社会の偏見と差別がいまだ根強く残っているため，義務感から「子どもが欲しい」と思い込んでいる人もいるだろう。一般的に，大人になって結婚したら子どもをもって親となることが自然である，と考える人々は多い。また，子どもを生み育てることの意味を調査した結果では，日本は「家の存続」「老後の面倒をみてもらう」は少ないが，「次代を担う世代をつくる」「家族の結びつきを強める」「自分が成長する」という意味が大きく認められている（内閣府，2001）。この傾向はここ15年ほど変わっていない。

　ただ，さまざまな理由からの「子どもが欲しい」気持ちがあっても，実際には子どもに恵まれない人々もいる。その中でも，子ども（妊娠）を望み2年以上性生活を営んでいても子ども（妊娠）に恵まれない夫婦の場合，不妊症という疾患と定義されることとなる。避妊しなければ2年以内に約90％のカップルが妊娠するといわれているので，約10％の人が不妊症ということになる（この10％のうち，約半数は将来，自然妊娠あるいは不妊治療で妊娠に至るが，最終的には約4％が子どもに恵まれない，とされている）。2001年度の調査によると，日本の不妊治療患者は488,900人（タイミング指導除く）と推計されている。

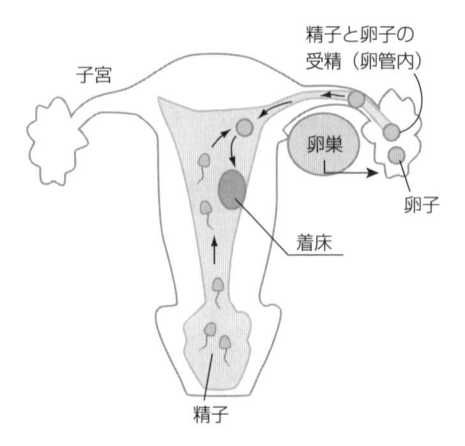

図 15-1　自然妊娠のしくみ

　では,「子どもが欲しいのに恵まれない」不妊という状態の原因はいったい何か。子どもを産むために必要な条件というのは,以下のとおりである。女性と男性が性交渉をし,女性の体内（卵管内）で卵子と精子が出会って受精し,受精卵が胚となって子宮に着床してまず妊娠が成立する（図15-1）。そして子宮内で胎児が徐々に成長しておよそ10ヶ月後,出産という誕生の瞬間を迎える過程を経る。「子どもを産む」という結果（不妊治療では,これを生児出生率＝生産率と表現することもある）を得られないのは,この全過程で1ヶ所でも決定的な異常があるということである。昔は不妊の原因はほぼ女性にあるとみなされ,産めない女性を「石女（うまずめ）」と呼び,差別の対象ともしてきた。しかし,実は不妊の原因は男女半々にあり,無排卵や卵管の閉塞などの「女性不妊」（約40％）,精子が少ない・元気がないなどの「男性不妊」（約30％）,男女ともに原因がある不妊（約10％）,「機能性不妊」といわれる原因不明の不妊（約20％）があるといわれている。したがって,不妊を疑うカップルは,不妊治療の第一ステップでもある不妊検査を二人揃って受けることが望ましい。不妊治療ガイダンス（荒木・浜崎,1998）にも,不妊症は単一の疾患ではなく治療法はそれぞれの原因に合わせて行われるため,不妊原因の正しい診断と適切な治療が不妊症を治す決め手とある。
　さて,不妊治療には不妊治療施設によって違いはあるが,だいたいは図15-

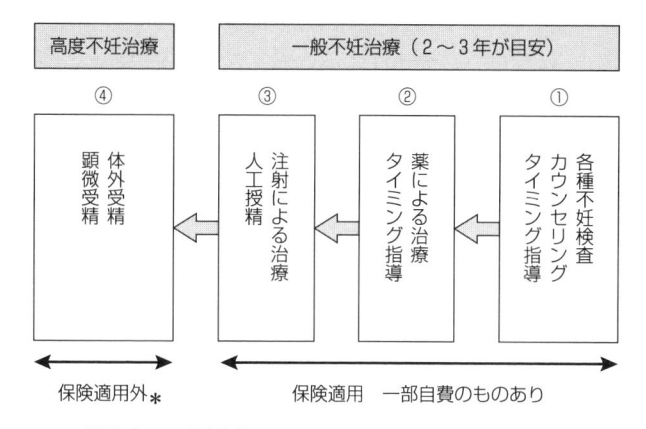

1. 命の始まり（生と性の分断）　187

```
┌──────────────┐  ┌──────────────────────────────────────┐
│  高度不妊治療  │  │      一般不妊治療（2～3年が目安）      │
└──────────────┘  └──────────────────────────────────────┘
       ④              ③              ②              ①
  ┌─────────┐    ┌─────────┐    ┌─────────┐    ┌─────────┐
  │ 体外受精 │ ⇐  │ 注射による│ ⇐  │ 薬による │ ⇐  │各種不妊検査│
  │ 顕微受精 │    │ 人工授精 │    │ タイミング│    │カウンセリング│
  │         │    │   治療   │    │   指導   │    │タイミング指導│
  └─────────┘    └─────────┘    └─────────┘    └─────────┘
   ←─────→         ←────────────────────────────────────→
   保険適用外＊        保険適用　一部自費のものあり
```

＊ 不妊治療への助成もある
　2004年度スタートの制度　所得650万円未満の夫婦が対象で，年間10万円を通算2年間助成するというもの。2年以上治療を続ける夫婦が多いため，2006年4月から通算5年間に拡充することになった。

図 15-2　不妊治療の概略図

2に示したような流れがあり，一般不妊治療と高度不妊治療とに大別できる。一般不妊治療は妊娠の成立を妨げている要因に対処することで女性の体内での受精・妊娠を目指すもので，高度不妊治療は一般不妊治療で妊娠できない場合の次の選択肢として位置づけられている（表15-1）。この高度不妊治療が，いわゆる生殖補助医療（assisted reproductive technology：以下，ART）と呼ばれるものである。アメリカ疾病予防管理センター（The Centers for Disease Control and Prevention：CDC）の定義では，「両方の配偶子すなわち卵子と精子を体外で取り扱う技術」となっており，広義には人工授精（配偶者間人工授精（AIH）・非配偶者間人工授精（AID））なども含まれるが，狭義には顕微受精を含む体外受精・胚移植（in vitro fertilization and embryo transfer：IVF-ET）や配偶子卵管内移植（GIFT）などの技術を指す。つまり，本来は女性の体内から出ることがない卵子を医療技術によって体外で扱っているのがARTである。1978年に世界初の体外受精児が英国で誕生したことから，ARTの歴史が始まったといわれ（表15-2），1992年に精子を顕微鏡下で直接卵子細胞質内に注入する卵細胞質内精子注入法（ICSI）が確立されたことで，

表 15-1 不妊症における ART の対応

適用疾患名				人工授精 AIH	人工授精 AID	体外受精 IVF-ET	体外受精 GIFT	体外受精 ZIFT	顕微受精 射精精子	顕微受精 精巣上体or精巣精子
男性不妊症		性交障害		○						
男性不妊症	造精機能障害	精子係数	軽症	○						
男性不妊症	造精機能障害	精子係数	中等度			○				
男性不妊症	造精機能障害	精子係数	重症		○	○			○	
男性不妊症	造精機能障害	精子係数	無精子							
男性不妊症	精子移送障害						○	○		○
女性不妊症	抗精子抗体					○		○		
女性不妊症	子宮内膜症					○		○		
女性不妊症	重症腹膜癒着					○				
女性不妊症	卵管閉鎖					○				
女性不妊症	重症頚管粘膜欠如			○						

(注) ○印が適応される治療法となる

表 15-2 ART に関連した技術などの流れ （周産期医学 2005 October Vol.35 No.10より抜粋 p.1309）

1978年	世界初の IVF-ET による児出生（イギリス，Edward & Steptoe）
1981年	クロフェミン＋hCG による IVF-ET の確立（オーストラリア，Trounson ら）
1983年	採卵に経腟エコー導入（アメリカ，Gleicher ら）
	卵提供による IVF-ET 児出生（アメリカ，Buster ら）
	日本初 IVF-ET 児出生（日本，鈴木ら）
1984年	凍結胚移植児出生（オランダ，Zeilmaker ら）
	GIFT による児出生（アメリカ，Asch ら）
1986年	凍結融解卵の IVF-ET にて妊娠（オーストラリア，Chen）
	ZIFT による児出生（ベルギー，Devroey ら）
1992年	ICSI による児出生（ベルギー，Palermo ら）

現在は精子が1個でもあれば妊娠できる状況となっている。

　この ART の驚異的な進歩によって，従来の不妊治療（一般不妊治療）では妊娠できなかったカップルが「子どもをもつ」ことが可能となった。そればかりか，受精可能な卵子と精子と母体（胚を着床し継続妊娠できる子宮をもつ女性）さえあれば，男女の性交渉なしに「子どもをもつ」ことが，技術的には可能なのである（表 15-3）。なお，現在の日本において ART を受けるための条

表 15-3 「子どもをもつ」技術の多様性とその性質 (現代妊娠事情 2000 p.63を基にして改変)

	養子縁組	一般不妊治療		一般不妊治療		高度不妊治療（ART）				高度不妊治療（ART）	代理母（人工授精）*
		排卵誘発剤	卵管形成術	人工授精		体外受精			顕微授精	代理出産*	
				AIH	AID	IVF-ET	GIFT	ZIFT			
性的結合の必要性	×	○	○	×	×	×	×	×	×	×	×
体内での受精	×	○	○	○	○	×	○	○	×	×	○
父との遺伝的つながり	×	○	○	○	×	○	○	○	○	○	○
母との遺伝的つながり	×	○	○	○	○	○	○	○	○	○	×
母による出産・妊娠	×	○	○	○	○	○	○	○	○	×	×

＊ 日本では禁止

件は，他の不妊治療では妊娠することができない法律上の夫婦とされており，「子どもが欲しい」と願う内縁関係のカップルや未婚女性，同性愛カップルには適用されていない。

ART の出現は，人間の命の始まりの定義さえも変えてしまった。古来人類はシンプルに出産をもって誕生としていたが，現在 ART などの医学やバイオテクノロジーの進歩によって，受精卵の状態を誕生とする人々も現れたのである。たとえば日本の不妊治療のガイドラインとして会告を定めている日本産科婦人科学会では，「受精卵は 2 週間以内に限って，これを研究に用いることができる」と定めている。この「2 週間」という基準は，この時期以降，受精卵は個体形成のための臓器分化を始め，臓器の分化をもってヒトの生命の始まりとすることができる，という解釈から成り立っている（毎日新聞社会部，1993, p.210）。受精卵の状態を誕生とすることで，人間の「誕生」の時期が繰り上げられたとも言えるだろう。

2. 「授かりもの」から「つくるもの」へ？

日本では ART による「子ども」（ART 出生児）がどのくらい生まれてい

るのだろうか。日本産科婦人科学会の報告（2005年）によると，2003年度の年間出生数112万7589人のうち，ART出生児は1万7400人となっている。つまりART出生児が全体の出生数に占める割合は1.5％（前年度比0.2％上昇），つまり新生児65人に1人がARTで誕生していることになる。1983年に日本初の体外授精児が誕生してからのART出生児の累計数は，日本国内で11万人を突破している。この数字だけを見ると，ARTの技術向上によって不妊患者が「子どもをもつ」可能性が高くなってきたように思える。不妊に悩むカップルは，治療を受ければ簡単に子どもができると期待をもつかもしれないが，それは事実ではない。出生児数の傾向として，年々少子化が進行し出生児数が減少していくなかで，逆にARTといった高度な不妊治療によって出生する子の数が増加してきており，全体に占める割合が年々上昇しているだけなのである。

　ARTの一般的な治療成績を表15-4に示したが，ここで注目すべきは生産率（実際に子どもを産むことができる確率）の低さと費用の高さ，母体年齢別の妊娠率と生産率である。保険が効かないART費用は1回20～100万円と高額であるにもかかわらず，1回で成功することは稀で（生産率2割）治療が長期化することが少なくない。生物には最も妊娠しやすく出産のリスクも少ない生殖年齢がある。人間の女性の生殖年齢は20歳～35歳で，35歳を過ぎると卵子の老化が進み妊娠する生理的な能力が著しく低下してしまう。治療が長引けば当然母体年齢も上がるため，ますます妊娠・出産の可能性が低くなるのである。しかも，不妊検査や治療には痛みを伴うものが多く，ARTに欠かせない排卵誘発剤による副作用（卵巣過剰刺激症候群：排卵誘発剤使用のため発生する卵巣の過剰刺激状態。卵巣肥大や卵巣破裂が起こり死ぬこともある。また過剰排卵を繰り返すと，卵巣の卵を使い果たし，成熟可能な卵がなくなることもある）の危険性もある。妊娠したらしたで多胎妊娠率と流産率の高さに加えて早産率の高さ（多胎妊娠で顕著）など，ARTによる女性の体への負担はかなり大きい。「（時間的・経済的・肉体的に）ここまでやったのだからなんとしても子どもを産まなければ」などの精神的なストレスを抱える人も多い。「ここまで努力したのだから健康で優秀な子どもが欲しい」というパーフェクト・ベビー願望を抱いてしまう人もいる。また，ART出生児の母親はそうでない母

表 15-4 ARTの種類と費用と治療成績

ARTの種類 費用と治療成績	人工授精 (AIH)	体外受精 (新鮮胚)				顕微授精 (2000～2002年)	《自然妊娠》
		IVF-ET (2000～2002年)		GIFT (1999年)	ZIFT (1999年)		
費用	1～4万	20万～30万				50万～100万	
妊娠率 (年齢別データ出典 2002年 CDC Report)	5～20%	21～23% 母体年齢別 35歳未満 43% 35-37歳 36% 38-40歳 28% 41-42歳 17% 43歳以上 9%		約34%	約27%	約20%	30～40%
流産率	12～13%	23～24%		約24%	約28%	22～23%	12～13%
多胎妊娠率	約1%	17～21%		約17%	約11%	16～19%	約1%
早産率	約5%	約25%		(no data)	(no data)	約20%	約5%
生産率 (年齢別データ出典 2002年 CDC Report)	10%前後	16～19% 母体年齢別 35歳未満 37% 35-37歳 31% 38-40歳 21% 41-42歳 11% 43歳以上 4%		約24%	約21%	約15%	約30%
《治療回数の目安》	5～7回	3回 (3回目以降は妊娠率低下との報告あり)					

(注) 年齢別データ以外は,基本的に日本産科学会発表のデータに基づいて作成

親に比べて,児の発達に差が認められないにもかかわらず,児への対応に不安をもつ傾向があるとの研究結果もある (日本不妊カウンセリング学会, 2005)。

　これらのARTのマイナス面といった情報は一般にはあまり知られておらず,不妊治療の当事者が治療を経験するなかで身をもって知ることが多い。そのため,「不妊治療 (特にART) をすれば子どもを必ず授かることができる」という誤解や「こんな便利な技術があるのだから受けなさい」という周囲 (特に親世代) からの不要なプレッシャーが生じる可能性がある。ただでさえ,不妊という事実は当事者には受け入れがたく,「自分は生物として不完全」「配偶者や親に子どもや孫を抱かせてあげられない」「半人前」「情けない」などの心理的苦悩をもちやすい。ARTは確かに不妊に苦しむ一部の人々の福音となっている。しかし同時に,当事者 (特に女性) が「まだやれることを全部やっていないのではないか」と自分自身を責めるような,新たな苦痛と苦しみを生み出していることも忘れてはならない。ARTは万能ではなく,妊娠にはタイミン

グが不可欠であり，子どもは「つくるもの」ではなく「授かりもの」だという意識も忘れてはならない。事実，長引く不妊治療に疲れ休みをとったり養子縁組をしたとたん，自然妊娠したという話は枚挙に暇(いとま)がないのである。

　最後に，現在の日本では，ART で生まれた「子ども」の権利を始めとする法的保護の不備があり，ART の指標も学会の会告のみで生殖医療技術に対する法的整備は全くなされていない。施設ごとの治療成績もきちんと発表されていない。学会の発表する治療成績などの情報はあくまでも，学会に登録している ART 実施施設（2004 年では 640 施設）全体の年間成績である。不妊治療を受けようとする当事者が，実際の治療を受ける施設を選択するための情報は不足しているのが現状である。ART という医療技術の急速な進歩に即した，社会のさまざまな体制・理解・当事者への支援体制（経済的・精神的援助を含む）などが望まれている。

引用・参考文献
荒木重雄・浜崎京子（編）　1998　不妊治療ガイダンス　医学書院
毎日新聞社会部医療取材班　1993　いのちがあやつられるとき　情報センター出版局 p. 210.
日本不妊カウンセリング学会　2005　日本不妊カウンセリング学会誌, **4**(1)
日本産科婦人科学会　2005　委員会報告：倫理委員会・登録・調査小委員会報告 (http://www.jsog.or.jp/kaiin/html/Rinri/Rinri_report5701.pdf)
聖路加看護大学・フィンレージの会　2005　My choice　不妊治療　わたしらしい選択のために
鈴木秋悦　2000　現代妊娠事情　報知新聞社
東京医学社　2005　周産期医学, **35**(10), 1309.
Wright V. C., Schieve L. A., Reynolds M. A. et al.: Division of Reproductive Health, National Center for Chronic Disease Prevention and Health Promotion, Centers for Disease Control and Prevention (CDC). 2005 Assisted reproductive technology surveillance-United States, 2002. *MMWR Surveill Summ*, **54**(2), 1-24.

16

個性の始まり

1. 個性とは何か

　個性とは，個人の要素的な特徴のそれぞれを指すものでなく，ある人を他者から区別する独自な特性の全体的特徴とされる（鹿毛，1998）。この観点から考えると，すべての子どもは生まれながらに独自の個性を有する存在としてとらえることが可能である。では，そもそも子どもの個性とはどのように立ち現れるものなのであろうか。

2. 個性としての気質とその連続性

　最も原初的な個性の現れとして考えられるのは，気質（Temperament）である。気質とは，個体差を形成する個人の特徴的な感情的反応の様式であり，広義には個人の行動スタイルや，パーソナリティの基礎要素ともされている（荘厳，1997）。

　乳児期に見られる気質のいくつかの側面―たとえば，新奇な物事への接近・回避の傾向など―については，成長してもある程度変化しにくいことが認められている（Kagan & Snidman, 1991）。また，トマス（Thomas, A.）らは，さまざまな形で現れる気質を整理・統合し，「扱いやすい子（easy）」「扱いにくい子（difficult）」「出だしの遅い子（slow-to-warm-up）」の3タイプに分類し乳児期から子どもの気質には個人差が存在し，ある程度の持続性・安定性が認められるとした（Thomas et al., 1963）。

トマスらによれば,「扱いやすい子」とは,生理的機能や情緒が規則正しく安定し,環境変化や新奇な刺激に素早く順応するという特徴をもつ。このタイプの子どもの養育者は,子育てに困難を感じることが少なく,わが子に対して安定した態度で接しやすい。一方,「扱いにくい子」は「扱いやすい子」とは対照的な特徴をもつ。このタイプの子どもの養育者は,わが子のリズムや行動傾向を把握しにくく,育児に否定的になったり,統制的な育児を行いやすいとされている。「出だしの遅い子」は,「扱いにくい子」に類似した面もあるが,活動水準が低めに安定しており,生理的機能が規則的であることから,養育者は「扱いにくい子」に対するほどの問題を感じにくいとされる (Thomas et al., 1963)。

トマスらはさらに,乳児期のある特定の気質が,後々の行動上の問題と必ずしも結びつくわけではなく,問題は養育者の養育のあり方と子どもの気質がかみ合っていない場合に生じるものと指摘した。つまり,「扱いにくい子」のような,親にとって難しい気質の子どもであっても,子どもの気質に対応した適切な環境が整えば,成長にともなって扱いづらさは減少し,その後問題となることはないと考えられるのである (三宅, 1990;Belsky et al., 1991)。

3. 育ちの環境を動かす力としての個性

基本的な気質の1つである活動水準の発現とされる「母(養育者)に抱かれたがる程度」にも個人差があり,「抱かれたがる」タイプと「抱かれたがらない」タイプがあることもわかっている (Schaffer, 1979)。

「抱かれたがる子」とは,泣くなどして情緒が不安定な場合,養育者に抱っこといった密着した身体接触を強く求め,それによって情緒が安定する傾向をもつ子どもとされる。子どもが泣いてむずかるとき,その要求のままに抱いてなだめていると,抱き癖がつくと心配する養育者は多い。このような心配は,「抱かれたがる子」の養育者が有するものとも考えられる。

しかし,抱っこはすべての子どもの情緒を安定させる切り札とはならない。同じ状況にあっても「抱かれたがらない子」の存在が確認されているのである。この傾向をもつ子どもは,情緒が不安定であっても,抱っこなどで身体が拘束

されることに抵抗し、養育者との密着した身体接触をあまり求めない。「抱かれたがらない子」は、「抱かれたがる子」ならば身体接触を求めるような場面であっても、養育者と身体の一部が接触したり、視覚的に接触が保たれてさえいれば、十分に情緒が安定するのである。

「抱かれたがらない子」の養育者は、子どもの情緒が不安定になると、「抱かれたがる子」の養育者が抱っこという方略を用いて子どもをなだめるように、モノで子どもの気を逸らせたり、子どもを抱いて歩き回るなどの方略で子どもの情緒を安定させようとする。

「抱かれたがる子」と「抱かれたがらない子」の養育者の方略の違いは、以上の現象は、養育者が気質における子どもの個性を敏感に感じ取り、それに応じた適切な養育行動をとった結果であり、このことは、子どもの個性が養育者にその個性に合った適切な養育行動を生起させているものと解釈できる。

子どもの気質と養育者の応答との相互作用は、愛着関係を形成するうえで不可欠とされている。このことからも、子どもの個性は、子ども自身の発達にとっての重要な足がかりを形成する基礎となると考えることができるのである。

引用・参考文献

Belsky, J., Fish. M., & Isabella, R. A. 1991 Continuity and discontinuity in infant negative and positive emotionality: Family antecedents and attachment consequences. *Developmental Psychology*, **27**, 421-431.

Kagan, J., & Snidman, N. 1991 Infant predictors of inhibited and uninhibited profiles. *Psychological Science*, **2**, 40-44.

鹿毛雅治 1998 個性や才能の発見・自覚 詫摩武俊（監修） 性格心理学ハンドブック 福村出版 pp. 806-807.

三宅和夫 1990 子どもの個性―生後2年間を中心に シリーズ人間の発達5 東京大学出版会

Schaffer, R. 1977 *Mothering.* （矢野喜夫・矢野のり子訳 1979 母性のはたらき―子どもにとって母養育者とは― ライブラリ育ちゆく子ども＝2 サイエンス社）

荘厳舜哉 1997 文化と感情の心理生態学 金子書房

Thomas, A., Chess, S., Birch, H., Hertzig, M., & Korn, S. 1963 *Behavioral individuality in early childhood.* New York University Press.

17

言語獲得の問題

1. 早期教育について——言語獲得期の言葉の遅れと障害

　言語獲得の時期には個人差が大きく，通常より言葉の発達が遅れる場合が見られる。こうした言語発達の遅れが見られるケースを大きく分けると，以下の3つに大別することができる。

　①平均的な子どもと比べると言葉が遅れるが，2歳頃から急速に言葉を獲得し，通常の発達と変わらなくなるもの：このケースに当てはまる子どもは言語にともなう生理的な機構の問題が存在しないこととともに，「呼びかけや拒否を表す発声」「アイコンタクトの確立」「コミュニケーション文脈の中での指差し」などの前言語的なコミュニケーションが見られる。

　②関係障害から言語発達に遅れを見せるもの：「親が過度に子どもの世話を焼きすぎて要求を伝える必要を生じない場合」「放任や無関心など，子どもとの関わりをもたない場合」「完璧な子育てを目指して神経症的な関わりを行う場合」などがあげられる。

　③ダウン症や自閉症などの障害が原因となって言語発達にさまざまな制約が生じてしまう場合：ダウン症をはじめとして知的能力に障害をもつ場合，構音能力などの歪み以外にも，その認知能力の発達が言語発達に影響を与える。ブラウン（Brown, 1973）は，言語の基礎となる格文法（それぞれの言葉の働きを基にした文法：主格，目的格など）が感覚運動期（Piaget, 1970）に形成されるシェマに起源をもつことを示唆している。つまりこの場合，ダウン症にともなう知的能力の発達の遅れがシェマの確立を遅らせ，結果的に統語能力の発

達を遅らせると考えられる。自閉症の場合には，社会的な関係性に問題があるといえる。言語とは意思を伝えるための単なる記号ではなく，気持ちのつながりや情動の共有をともなうものである。こうした情動共有の経験は，コミュニケーションをとることに対する動機づけを高める働きをもっている。つまり自閉症児の場合には，言語の獲得に不可欠な「コミュニケーションの蓄積」を行う機会が不足しがちになることが最も大きな問題となる。

　器質性構音障害とは，発声器官に何らかの問題があるために言葉を正確に発することができないことである。こうした障害には生まれつき舌が小さい「小舌症」や，口蓋（口の中で舌を上に上げたときに触れる上あごの部分）が閉じず，鼻腔とつながった「口蓋裂」，舌小帯（舌の下にある膜状の組織）が舌先までつながっているために舌の動きを阻害する「舌小帯短縮症」などがある。これらの生得的な障害の中には外科的な処置によって症状を改善できるものや，トレーニングによって構音を改善できるものなどがある。しかし最も問題となるのは，こうした障害をもった子どもが自らの障害を意識しすぎるあまりにコミュニケーションを積極的にとろうとしなくなることである。

2. 早期教育の効果

　現在の子どもたちは義務教育に先駆けてひらがなの読み書きを習得している場合が多い。こうした文字（日本語清音71文字）の読み書きについて東京，愛知で調査が行われた（島村・三神，1994）。この結果，子どもたちの文字の読み書きの分布は，ほとんど読めないレベルかほとんど読めるレベルのいずれかに偏っていることが示された（図16-1，2）。

　また，読みの習得時期と理解の関係について，縦断的な研究（高橋，1996，2001）が行われた。この結果，文字の習得時期は初期の段階において言葉の理解に対して影響を与えるが，長期的に見ると大きな影響を与えないことが示された。しかし小学校入学直後の学業への影響は無視できるものではなく，早期に読みを習得していない児童の学習への興味をどのようにして保つかが問題となる。

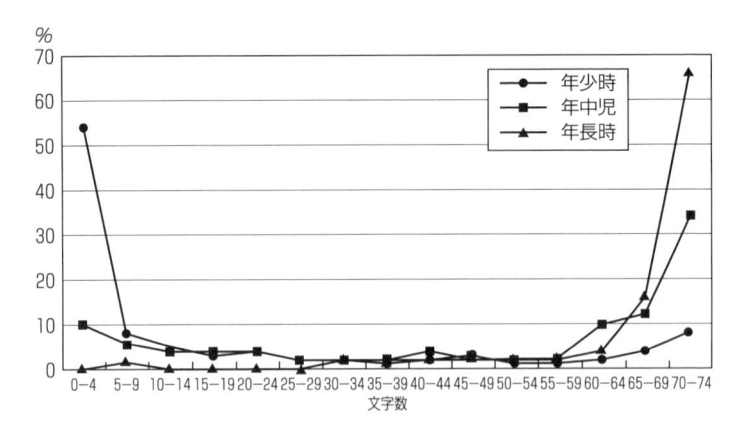

図 17-1　71文字の読字数分布（島村・三神，1994）

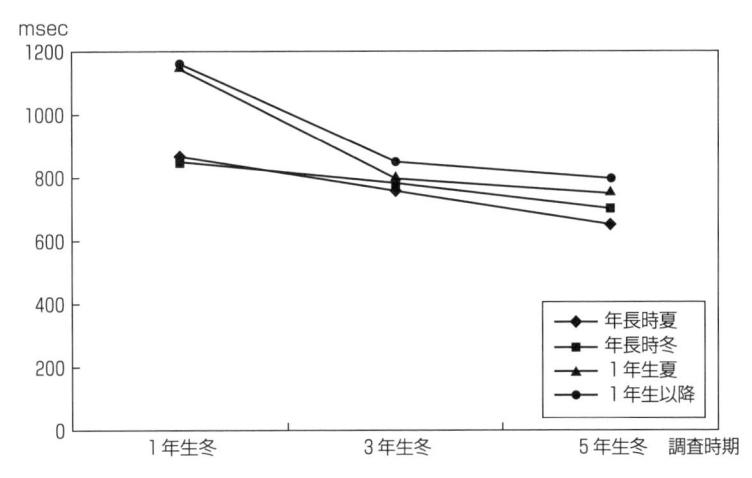

図 17-2　ひらがなの読みの習後時期と単語の命名時間（島村・三神，1994）

引用・参考文献

Brown, R.　1973　*A first language: The early stages.* Harvard University Press.

Piaget, J.　1970　Piaget's theory. In P. H. Mussen (Ed.), *Carmichael's manual of child psychology.* New York: Wiley.

島村直己・三神廣子　1994　幼児のひらがなの習得―国立言語研究所の1967年の調査との比較を通して―　教育心理学研究, **42**, 70-76.

高橋　登　1996　就学前の子どもたちの読解の能力の獲得過程について―縦断的な研

究　教育心理学研究, **44**, 166-175.
高橋　登　2001　学童期における読解能力の発達：1-5年生の縦断的な分析　教育心理学研究, **49**, 1-10.

18

発達の遅れ

1. 発達の個人差

　ヒトは生後すぐからこの世界に適応するために，心理的機能も身体的機能にもさまざまな発達的変化が起こる。しかし，どの月齢・どの年齢においてどの程度の能力や機能を獲得していると正常であるか，というのは平均的な目安であって，その基準への到達にはかなり個人差がある。

　子どもがある発達課題ができるようになるのは，決して何歳になったからという時間的要因からだけではない。その課題をクリアするためのさまざまな能力や知識，技能，動機などを，前段階として習得する必要があるのである。このような心身の発達のために必要な条件が用意されている状態を，レディネスという。たとえば，乳児がひとりで立てるようになる前には，はいはいをして筋力をつけ手足の動かし方を十分に修得する必要がある。また，発話ができるようになるには，周りの人が話しかけることによって多くの言葉を聞いたり，他者とのコミュニケーションの道具として使えるということを経験する必要がある。

　発達が遅れていると心配される子どもも，数年のうちにその差が解消される場合も少なくなく，レディネスが整えば，自ら興味をもったり積極的に発達課題に取り組むようになることもある。つまり，健常児の発達における個人差は，それぞれの子どもの能力や遺伝的特性の差だけではなく，レディネスを整えるための経験や環境に左右されると考えられる。

　しかし，発達が少し遅れているだけなのか，あるいは何らかの障害の結果遅

れが現れているのかという判断は，子どもが小さい時ほど難しい。また，何らかの遅れがあると心配される場合，それが子どもの機能的な問題であるのか，養育者や育児環境からもたらされる問題であるのかによって，対処や治療の仕方が異なってくる。他の子どもと比べて遅れているのではないか，という目に見える現象だけを問題にするのではなく，原因は何か，どのような対応が必要かということについて，総合的に見極める必要があると言える。

2. 発達の偏り（LD，ADHDなど）

　家庭で養育者が育児をしている時には，少し手のかかる子どもだという程度の認識であったが，幼稚園や小学校などの集団生活に入ると，じっとしていられない，友達とコミュニケーションがとれない，自分勝手でわがままである，などの問題行動が顕在化してくる場合がある。

　特に知的発達に問題はないが，注意力や集中力がなく，衝動的で落ち着きのない行動などが見られる場合，注意欠陥／多動性障害（AD/HD）と呼ばれる障害の可能性がある。AD/HDは日本では最近になってやっと一般にも認知されるようになった障害であるが，これまでは，単にしつけができていない，わがままであるといった養育上の問題や子どものパーソナリティの問題としてとらえられてきた。現在はその原因として，生まれつき中枢神経系に何らかの障害があると考えられているが，まだ定説はなく医学的な治療方法も確立していない。

　同じく全般的な知的発達に問題はないが，聞く，話す，読む，書く，計算する，推論するの能力のうち，特定のものの習得と使用に困難がある場合は，学習障害（LD）である（文部科学省，1999）。たとえば，聞いて理解することはできるが読み書きは全くできないとか，教科の能力は高いが動きや手先の動きが不器用であったりと，その能力の発達の偏りが非常に顕著であるため，学習に困難が生じてしまう。この障害は，やはり中枢神経系にある何らかの機能障害が原因であると考えられている。

　AD/HDの子どもたちや学習障害児は，本来もっている障害による困難だけではなく，それから派生する二次的問題に直面することも少なくない。たとえ

ば，周囲の理解のなさから心理的に不安定な状態になり，それが周囲とのトラブルをさらにひき起こしたり，読んで理解するという基本的な学習能力が弱いために，能力はあっても成績が悪くなり，それによって自信をなくしていったり，といったことが起こり得る。しかし問題の根本を解決する特効薬がない代わりに，周囲の対応によっては，問題行動が緩和されて適応的に振る舞えたり，うまく学習が進んだりする場合もある。

3. 発達障害（自閉症，言葉の遅れなど）

　発達障害とは，心理的機能や身体的機能の獲得といった発達過程において現れてくる障害であり，一般的には中枢神経系に何らかの障害があるために生じると考えられている。遺伝子レベルや胎児期に何らかの原因がある先天的なものと出生後の病気や事故などによる後天的なものとがある。精神遅滞などの知的障害，視覚障害・聴覚障害や脳性麻痺などによる身体的障害，言葉の遅れや吃音などの言葉の障害などに分類されるが，複数の障害を併せもつ場合もある。また原因は異なる障害であっても同じような症状を示す場合もある。

　社会的能力に障害が生じる自閉症も発達障害の1つである。自閉症の子どもは，生後早いうちから，あやしたり抱いたりしても反応しないという特徴が見られる。幼児期になっても，言葉の発達が遅く，表情や身ぶりなどの言葉以外のコミュニケーション能力も低い。他者への関心は薄く，特定のモノへの執着が強い。対人関係の障害，コミュニケーションの障害，独特のこだわりの3つの特徴が症状が見られた場合，自閉症である可能性が疑われる。自閉症児の多くは，知的障害も伴っているが，一部の子どもには暗記能力が高かったり，見たものをそのまま精密画として再現できたり，芸術的才能があったりと，特定の能力が飛び抜けて高い場合もある。しかしそのような場合でも，独特の手法のこだわりや，人への関心のなさから，社会生活の面では自立的に適応することは難しい。

　最近注目されているアスペルガー症候群も自閉症と同じように，社会的能力に関する障害である。アスペルガー症候群の場合，ほとんどの子どもに知的障害はなく，言葉によるコミュニケーションにも問題はない。しかし，対人関係

を築くときのスキルや暗黙の社会的ルールの理解に問題があったり，独特の話し方をしたりということが原因で，社会生活に不適応を起こすことが多い。

　自閉症やアスペルガー症候群の原因も，養育態度や環境にあるのではなく，発達段階のいずれかにおける脳機能に受けた障害が原因だと考えられている。その発生率が女児よりも男児に多いことから，生得的な原因によるものであることが推測されている。

　ところで，言葉が遅い，話しかけてもあまり反応がない，発音が不明瞭，文字に関心を示さないなどの症状があったからといって，すぐに自閉症やアスペルガー症候群の診断が下りるわけではない。言葉の発達の程度は周囲の大人に見えやすく，他の子どもと比較して不安になったり心配したりしやすいのであるが，発達の個人差も大きい。また，実際に言葉の発達が遅れていたとしても，その原因はさまざまである。

　たとえば，知的発達には問題がない場合でも，聴覚や発声器官に問題がある場合がある。この場合は，問題のある器官を特定し，早期にその治療や能力を補うための訓練が必要となる。また健常児であっても，乳児期から大人から話しかけられたり会話を聞く機会が少なく，テレビやビデオをよく見ていたような場合は，言葉を使って他者とコミュニケーションしたいという意欲が低く，言葉に遅れが見られる場合もある。さらに，幼児期には一般的に言葉や発音がうまくできないが，それに対して大人が指摘しすぎると，言葉を話すことが苦痛になる場合もある。

　症状の原因が何であるのかを適切に判断することが，よい支援や治療の第一歩となるのである。

4. 発達検査

　子どもに何らかの発達の遅れが見られたり，障害が疑われたりした場合，専門機関への相談が必要となる。公的には，自治体で行われる3ヶ月検診や，1歳半検診，3歳児検診など（自治体によって実施月齢／年齢は異なる）で，発達に関する問診やチェックリストへの回答などが実施され，発達障害のスクリーニングが行われている。発達障害が疑われた場合も，すぐに何らかの診断名

が下されるわけではなく，子どもの知能検査や発達検査をさらに詳細に行ったり，専門家による行動観察や養育者への聞き取りなど，さまざまな側面から総合的な判断を行う。また，年齢が上がることによって症状が改善したり，新たに問題が表出したりする場合もあるため，明らかな器官的な障害ではない限り，乳児時期や幼児期の早い時期に断定的な診断を下すことは難しいことが多い。

　就学前後の年齢になると「知能検査」を実施することができるが，乳幼児期には知的側面以外の領域も発達に大きく関わるため，言語・身体運動・社会性・基本的生活習慣など多領域にわたる発達の程度を調べる「発達検査」を行うことが多い。発達検査では，養育者が回答するものと，検査者が行動観察を行うもの，年齢に合わせて子どもに課題をやらせて発達段階を確認するものなど，乳幼児に実施できるような方法で行われる。

　たとえば，津守式乳幼児精神発達診断法では，0歳から7歳までの子どもを対象とし，「運動」「探索・操作」「社会」「食事／生活習慣」「理解・言語」の5領域について，年齢（月齢）ごとに発達課題ができるかどうか，養育者へ質問する形式で検査が行われる。各領域の得点と，それを合計した得点を算出することで，全体的な発達のレベルの確認と，特に問題のある領域があるかどうかの確認ができるようになっている。

　また，新版K式発達検査では，新生児から14歳すぎまでの子どもを対象としている。「姿勢—運動領域」「認知—適応領域」「言語—社会領域」の3領域にわたる検査問題があり，検査者が対象児と1対1で課題を出すことによって行われる。

　この他幼児期から実施できる知能検査としては，2歳からを対象とした田中ビネー式知能検査や，3歳児からを対象としたウェクスラー式知能検査（WPPSI，WISC-III）などもある。

　いずれの発達検査も，子どもの能力の高さや発達の早さを診断するために行うのではなく問題がある場合には早めに問題の領域を明らかにし，適切な治療や支援を行うためのものであることは言うまでもない。また，発達検査の実施は，子どもにとっては非日常的な出来事であり，緊張したり理解していても回答できなかったりということも起こり得るため，障害の診断においては検査結果と合わせて，日常的な子どもの実際の行動をよく観察する必要がある。

引用・参考文献

文部科学省　1999　学習障害及びこれに類似する学習上の困難を有する児童生徒の指導方法に関する研究者会議「学習障害児に対する指導について（報告）」

19

学級崩壊

1. 概　要

「学級崩壊」という言葉が最初に使われたのは，平成 10 年，朝日新聞の記事だった。「40 人もの子どもたちが集い，教師の知識伝達が一方的になされる空間。教師を王様と見立てた〈王国〉崩壊」(朝日新聞社会部, 1999) の現象は，その後，瞬く間に全国的な広がりを見せることになる。

学級経営研究会 (2000) は学級崩壊を，子どもたちの勝手な行動によって「学級がうまく機能しない状況」と定義している。勝手な行動とは，授業中に教室内を立ち歩く，突然奇声を発するなどの行為を指すが，佐藤 (1999) は過去に見られた「荒れ」とは区別をして，これらの行動をとらえるべきという。その特徴は，子どもたちの問題行動が幼稚かつニヒリズムに満ち，何の主義主張も見られないこと。唯一見られるのは，勉強が嫌だという理由のみであることだという。また，かつての荒れが，大都市に暮らす成績低位層の子どもたちによって引き起こされたものであったのに対し，学級崩壊は，都市郊外の成績中位層の子どもによるものであることに着目している。そして，経験豊かな教師をもってしても，この解決が容易ではないという特徴をあげている (佐藤, 1999)。学級経営研究会 (2000) は，全国的な聞き取り調査から，現象を 10 の典型にまとめている。佐藤の指摘は，これらの事例に通底するものと言える。

2. 子どもをめぐる状況

　この現象が頻発する都市郊外は，新興住宅の立ち並ぶ典型的な市民社会である。ここでは一般的に地域の人間関係が希薄化し，経済不況から親や教師はゆとりを失っている。そうした大人を見て，子どもたちは虚無性を育んでいる。さらに悪いことに，少子化や遊びの変化は，子どもたちの孤立を深める方向に作用している（佐藤，1999）。

　そうした子どもたちにとって学校は，どのような場であるべきだろうか。生涯発達の視点から見るこの時期は，その後の社会生活で求められるさまざまな役割を担えるよう，十分トレーニングを積む時期と考えられている。酒井（2004）は，映画『スタンド・バイ・ミー』を例に，友人関係（ギャング集団）の中で子どもの個性が育っていく様子を述べている。社会の縮図といわれ，多様な個性が集まる学校だからこそ，経験できる友人関係もあるだろう。この意味で学校は，子どもたちにとって，社会生活への基礎的な準備を行う大切な場と考えられる。

　また学校は，新たな学びに出会う場でもある。学びとは友人関係同様，自らを個性的にする作業である。さまざまな世界を知り，知識という道具を手に入れる。一方で，それらを用いる自己の適性を見極める。こうした作業は，誕生直後の全能感に見切りをつける意味ももつが，個性が受容される社会ではこの一連の過程こそが，自分らしく生きるということに他ならない（清水，2002）。いったい自分はどうなりたいのか。学び，知識を得て，初めて子どもたちは，何者かになるべく歩みを進めていけるのである（佐伯，2004）。

　しかしながら最も基本的な他者である親とさえ，満足に交流できない現代において，子どもたちはどのように友達を受容し，また受容されるのだろう。友人関係を通し，役割や居場所を見出せない子どもが，どうして教室の一員となれるのだろう。学級崩壊ではときに，子どもたちの意欲が問題となるが，意欲は学びの過程でこそ生じる。教室の一員となれず学びの態勢を整えられない子どもが，意欲をもつことなどできないのである。

3. 教師はどうすべきか

　現象がベテラン教師にも起きるという事実が象徴するように，40人の子どもが集い，教師の知識伝達がなされる従来の仕組み（一斉授業のスタイル）は，改められるべき過去の遺物である。とはいえ，文部科学省の施策する習熟度別（理解や習熟の程度に応じた）指導は，さまざまな個性に出会って自分を磨くという，学校の大切な機能を低下させる可能性があるとの指摘もある。そこで，関係しつつ学ぶというスタイルが求められるのである。

　そうした学びの1つのありようとして，関心を集める協同学習が，各地でデザインされ始めている（佐藤，2004）。ヴィゴツキー（Vygotsky, L.S.）の理論の中に「発達の最近接領域」という概念があるが，子どもたちが互恵的に，ちょっと手を貸し貸されるような関係を作るこのスタイルは，まさに理論を体現した学びといえよう。驚くことに多くのデータは，協同学習の教育効率の高さも実証している。佐藤（2004）の言葉を借りれば協同学習は，まさに子どもたちの「背伸びとジャンプ」を実現する学びなのである。

　心の時代といわれる昨今，学校では，スクール・カウンセラーをはじめとした専門家の活躍が目立つ。これに代表される役割分化の動向は，学びの場において必ずしも歓迎すべき事柄ではない。カウンセリング・マインドを基礎とし，教え，学ぶという関係性を自明のものとしない態度など，知識伝達に閉じない役割が今，教師に求められている（秋田，2000；佐藤，1999）。

引用・参考文献

秋田喜代美　2000　子どもをはぐくむ授業づくり　知の創造へ　岩波書店
朝日新聞社会部　1999　学級崩壊　朝日新聞社
学級経営研究会　2000　学級経営をめぐる問題の現状とその対応　―関係者間の信頼と連携による魅力ある学級づくり―　文部省委託研究（平成10・11年度　『学級経営の充実に関する調査研究』（最終報告書）
佐伯　胖　2004　「学ぶ」とはどういうことだろうか　河合隼雄・工藤直子・佐伯　胖・森　毅・工藤左千夫　学ぶ力　岩波書店　pp.129-150.
酒井　厚　2004　自分の性格を見直す　―性格心理学からのアプローチ―　尾見康

彦・進藤聡彦（編）　私たちを知る心理学の視点　勁草書房　pp. 90-128.
佐藤　学　1999　教育改革をデザインする　岩波書店
佐藤　学　2004　習熟度別指導の何が問題か　岩波ブックレット　No. 612
清水弘司　2002　なにが子どもの転機になるか　自分なりの人生を生きる子どもたち　新曜社

アイデンティティ拡散

　アイデンティティ達成とは，その拡散から抜け出す過程に他ならない。つまり，青年がアイデンティティを達成するには，拡散状態に陥り苦悩する経験が不可欠である。しかしこの経験は，深刻な問題を呼び起こすきっかけともなりやすい。ここでは，青年期に多い臨床的問題を2つ取り上げ，それらの状態像に「アイデンティティ拡散」という視点を交錯させてみたい。

1. アイデンティティ拡散と「ひきこもり」

　斎藤（1998）によれば，（社会的）ひきこもりとは，「20歳代後半までに問題化し，6ヶ月以上自宅にひきこもって社会参加しない状態が続くこと」をいう。これは青年期の男子に圧倒的に多い。ひきこもる期間は長ければ10年以上に及ぶケースもある。

　最初，たとえば不登校が引き金となって自宅（自室）にひきこもる。すると今度は，ひきこもること自体が家族・本人の葛藤を大きくし，さらにひきこもり状態が長期化する，といった悪循環をたどる。また，本人は家族以外の他者との接触を欠き，家族もひきこもりを抱え込むので，この悪循環を断ち切るのに必要な「社会参加」（他人の介入の機会）からどんどん遠ざかってしまう（斎藤，1998）。

　ひきこもりには，家族・親子のあり方を含めた社会‐文化的要因が大きく関与しているとともに，青年期特有の心理的葛藤が深く根ざしている（斎藤，1998, 2003）。エリクソン（Erikson, 1959）流に言えば，後者は「アイデンティティ達成 vs. 拡散」の危機により生じる葛藤である。そして，ひきこもるこ

とはまさに，社会的役割の試行の機会―モラトリアムの利用―を回避する行為とみなしうる。だとすれば，ひきこもりが続く限り，その青年の「自分が何者であるか」「どうなろうとしているか」という展望は陰っていくばかりで，拡散状態からの抜け出しは不可能となる。

ひきこもりが青年男子に多いという事実は，担うべき社会的役割（職業）の決定と自立を男性がより厳しく要請される社会において，彼らがアイデンティティをめぐる深刻な葛藤にさらされやすいことの反映だと考えられる。ひきこもりは，アイデンティティ達成に対する青年の無視・否定の帰結ではなく，むしろ根本的にはその課題にとらわれすぎていることの表れとみるべきだろう。

2. アイデンティティ拡散と「摂食障害」

ひきこもりとは対照的に，摂食障害は青年期の女子に圧倒的に多い。患者数はここ20年あまりで急増しているという。

摂食障害には主に，「拒食症（神経性食欲不振症）」と「過食症（神経性過食症）」がある。拒食症はダイエットなどをきっかけに発症するケースが多い。極端な減食により，顕著な体重の減少をきたす。しかしボディ・イメージに歪みがあるため，相当やせている（標準体重の−20％以上のやせ）にもかかわらず，本人は「まだ太っている」といってダイエットに励み続けたりする。ただし，部分現象として「気晴らし食い」がみられることもある。対して，過食症はこの「気晴らし食い」を主症状とする。大量に食べた後，激しい自己嫌悪に陥り，しばしば吐く，下剤を飲むなどするため，こちらも外見上はむしろやせていることが多い。拒食症から過食症に移行するケースも少なくない。

摂食障害にも社会−文化的な背景がある。そもそも，男性に比べて女性の身体的価値は重視されてきた。現代では特にスリムな身体がもてはやされる。患者がもつ「やせ願望」「肥満嫌悪」には，そうした社会的な価値観が関与していることは間違いないだろう。一方，ここ数十年間で女性の生き方は実に多様になった。結婚や出産も「選択する」時代である。このような今の日本社会のなかで，「女性としての自己の確立」は単純にはいかない。

青年期の「自己」をめぐる心理的葛藤が摂食障害の重要な要因であることは，

従来から指摘されている。ただし，かつてそれは成熟拒否，つまり「女性」「大人」になることへの拒否と解されていたが，最近では出産後の女性がかかるケースもあり，むしろアイデンティティ達成に向かう過程でのつまずきという見方が広がっている（遠藤，2000）。摂食障害は，アイデンティティ達成の過程で，上述のように女性を取り巻く複雑な社会的状況を過剰に取り込もうとした結果，かえって拡散状態が深刻化する，という病理が招くものなのかもしれない。

引用文献

Erikson, E. H. 1959 *Identity and the life cycle.* （小此木啓吾訳編 1973 自我同一性——アイデンティティとライフ・サイクル 誠信書房）
遠藤由美 2000 青年の心理——ゆれ動く時代を生きる サイエンス社
斎藤 環 1998 社会的ひきこもり——終わらない思春期 PHP研究所
斎藤 環 2003 ひきこもり文化論 紀伊國屋書店

母性・父性・親性のとらえ方

1. 親としての発達（母性・父性の発達）

　親は，いつから親になるのだろうか。母性や父性は人が本能としてもっているものなのか，あるいは学習されていくものだろうか。そして，親として人はどのように発達するのだろうか。

[1] 母性は本能か

　母性とは何かという問題に対して，明確に言葉の意味は定義されていない。大日向（1988）によれば，母性とは広義と狭義の意味をもつという。たとえば，保健衛生などの分野では，妊娠から始まる母体について示す狭義の意味であり，心理学においては，母親の愛情といった，感情の面を含んだ広義な意味を指すことが多いという。すなわち，心理学で母性研究といえば，母親の育児に関係する，行動・感情を示すことが一般的ではあるが，はっきりとした定義づけはなされておらず漠然としている。

　また，母性は生得的か否かといったことも議論されてきている。母性という言葉は，女性は母になって当たり前，といったステレオタイプを導いてきた。たとえば3歳児神話などに代表される「子どもは3歳までは母親の手で育てることが望ましい」とか，「子どもに対して母親が愛情をもつのは当たり前である」とする考え方である。これらは，現在では否定されつつあるが，いまだに社会の根底にあるという一面も垣間見られる。これらの考え方は，母親は育児をして当たり前であり，妊娠・出産を通して女性が子どもに愛情をもって育て

ていくのは，本能として組み込まれたものという通念に基づいてものである。すなわち母性的な感情は女性なら誰でもが当たり前にもっているとする考えを踏襲するものであり，子どもに愛情が感じられないとする母親を苦しめてきたともいえる。

しかし，母性がすべて本能によって生じるという考え方が正しくないということは，現在では証明されている。たとえば，飼育下のチンパンジーは，うまく抱くことができないなど不適切な育児行動をとる (Hobson et al., 1991；道家，2003) とされる。これらの原因として母親に育てられない，子どもを育てている様子を見たことがないなど経験の不足が考えられ，不適切な育児行動をとったチンパンジーに，育児のビデオを見せることによって適切な育児行動をとれるよう教育するといった試みもなされている (道家，2003)。これらのことを考えれば，ヒトの育児行動は学習行動であると言ってよい。

あるいは，子どもに虐待をしてしまう親の3割がやはり自分も親から虐待を受けていたという虐待の連鎖といわれることが，条件によっては起きることも (Kaufman & Zigler, 1987)，不適切な育児行動の学習とも考えられる。しかし，逆に言えば7割もの親が連鎖を断ち切っている。すなわち自分自身の親から学習するだけではなく，その後の環境にも左右されたり，また，育児行動の再学習もなされていると言える。

そもそも，母性感情には，もともと子どもに対する「かわいい」「あたたかい」「ふわふわした」などポジティブな感情を表すだけではなく，同時に「憎らしい」「うるさい」などのネガティブな感情を持つ二面性があることも証明されており (花沢，1992)，母性そのものが，慈愛にあふれた優しさだけではない。

一方，母親のラットの血小板を注射することで，母親経験のない雌のラットに育児行動が生じるとする研究結果も示されており，育児行動は内分泌の影響を受けているとする証明もなされている (Terkel, 1968)。しかし，この研究は，下等哺乳類で行なったものであり，人間に直接当てはめることはできない。しかし，人間の行動や感情も，身体的生理的な拘束を受けており，まったく否定することもできない。これらのことを総合すると，母性は生得的側面と学習・発達する側面の両面とも否定することはできず，系統発達によってその割

合は異なるにしても,この両面が複雑にかみ合わされていると言える。

　このように母親が母親として育児行動を行い,それを発達させていく過程は,生得的な面と,学習による面の両方が考えられ,一概に母性は本能である,あるいはない,と言うことはできず,それぞれをともに考えていく必要がある。

[2] 父性研究

　長い間,子育て研究といえば,母親が対象となってきた。それは,長い間,子育ては母親の仕事であり,子どもと過ごす時間も父親よりも長く,ひいては子どもに与える影響も母親の方が重要であるとされてきたためなど (Golombok & Fivush, 1994) であると考えられる。母親研究も,母親自身の問題が研究されているよりも,その母親の行動が,子どもへの影響を考えるうえでの1つの要因として考えられており,母親自身の成長や心の問題に焦点を当てた研究が注目され始めたのは,ここ 20 年ほどといっていい。

　母親に比べてその数は少ないが,父親に関する研究も 1970 年代から 1980 年代,ラム (Lamb, M. E.) を中心にアメリカで研究がなされるようになっており (柏木, 1993),父親の役割,存在の子どもへの影響についての知見が得られている。母親のように,妊娠・出産といった生理的な変化がない父親が,いつどのように父性を発達させていくのか,あるいは子どもとどのように関わっていくのだろうか。父性の研究としてたとえば,父親が子どもの要求に対して母親と同じように反応し,母親と同様な世話が可能であることや (Parke & Sawin, 1976),子どもの示す愛着の割合は,一方の親が安定していれば,もう一方の親も安定していることが予測される (Fox et al., 1991) などの父親の愛着についての研究などがあげられるであろう。しかし,子どもの愛着の起源は,父親母親に優先順位はないが,実情は日常的な世話は母親が受け持ち,父親が子どもと関わるのは遊びの場面がほとんどとなるため,幼児にとって異なった経験となっていく (Lamb, 1977) など,父性の役割や発達は,社会状況 (社会規範,文化,夫婦関係など) から生じた側面などの点をさらに加味して検討することも必要であろう。大日向 (1988) は父親としての成熟が獲得される過程についての検討が,現段階では不十分であり今後の課題としている。

[3] 親の成長

　親が親として子どもを受け入れ，発達成長していく過程とは何であろうか。たとえば多くの研究者たちが，障害者の親が障害を受け入れていく過程を研究しているが，その1つとして衝撃，否認，悲嘆，受容・適応といった段階を経ていくとする「段階説」（Klaus & Kennell, 1982；玉井, 2002）が挙げられよう。しかし，母性・父性を別のものとせず，親としての成長を研究したものはあまり見られない。

　どのような状況であっても，子どもは多様であり日々発達していくものである。子どもが成長を続けていく過程で，1つの段階を乗り越えれば，また異なった次の段階が生じ，親はその中で対応をしていかなくてはならない。母性・父性・親性の発達は，子どもとの相互作用の中にあるものであり，子どもの発達段階に呼応して，考えていかなくてはならない側面もある。

2. 子育ての危機

　近年，子育てに対する危機感は，社会現象となっている。少子化といった現実的な問題も生じ，なぜ，女性が子どもを生みたがらないのか原因はさまざま指摘されている。エンゼルプランが，1994年当時の厚生省から出され，各地で子育てを支援する動きが広がりつつあるが，少子化傾向になかなか歯止めがかからない。

　出生率低下の背景には，おおまかに分けて2通りの女性の考え方があるように思える。その1つには，もともと子どもを生みたくない女性の存在であり，第二は，すでに子どもは1人おりできればもっと欲しいが，事情があって生みたくないというものである。

　すでに子どもをもつ母親が，これ以上子どもが欲しくないと考えるその1つに育児ストレス・育児不安といった問題があげられる。母親が育児ストレスを抱えている場合，次子を考えるゆとりはなくなると考えられる。

　育児ストレス反応が起こる原因（ストレッサー）として，子どもの気質，夫との関係，ソーシャルサポートの不足，経済的問題，親自身が抱えている問題などがあげられている（牧野, 1988）。また，仕事をもっている母親よりも，

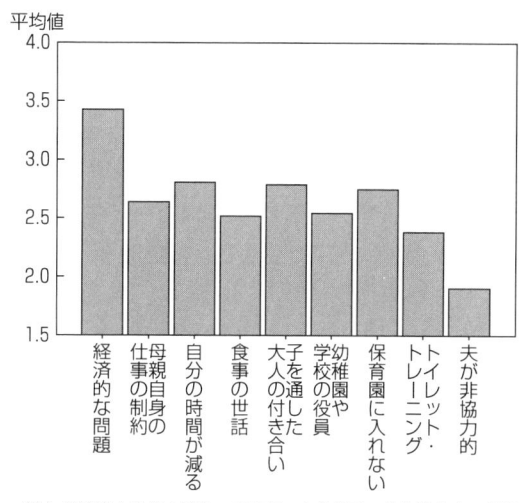

(注) 数値は4件法の平均。2004年、3歳以下の乳幼児をもつ母親へのアンケート（未発表）。

図21-1 次子出産に際して気になること

棒グラフの項目（左から）：経済的な問題、母親自身の仕事の制約、自分の時間が減る、食事の世話、子を通した大人の付き合い、学校の役員、幼稚園や保育園に入れない、トイレット・トレーニング、夫が非協力的

専業主婦の方が，育児不安を感じているといったことも指摘されている（牧野，1983）。核家族化が進み，母親と子どもがマンションの一室で閉じこもった結果，地域の目から遮断され母子の疎外が進み，その結果，誰も気がつかないうちに母親が追い詰められるといったことも起こるだろう。近年，育児ストレスや，育児不安に対する研究は非常に多い。

特に特殊な状況下に置かれた母親に対する支援は必要であると考えられる。たとえば，障害児を抱える親には，子どもに対する支援はもちろんのこと，親の発達をサポートしていく機関が必要になっていくであろう。

また，不妊治療などで，年々多胎妊娠が増える中（詫摩ら，2001），双子，三つ子それ以上の子どもを一度に育てる親に対しての育児への支援も考える必要がある。多胎児の母親は，気軽に外に出られない状態に置かれることが多く，世間からの疎外感が高い。子育てのサークル活動などが盛んになりつつあるが，外出が困難なこれらの親子が取り残されない工夫が必要である。また，多胎児は障害を抱えるリスクも高くなり，複数の子どもが障害をもっている場合はもちろん，1人だけが障害である場合なども，障害のある子，ない子の世話を同時にする親への援助は重要である。

いずれにしても，たとえば夫との関係が良好な母親，母親同士のネットワークの豊かな母親は，育児不安が低くなることが示されており（牧野，1988），1人で子育ての悩みを抱えないことが重要なことと言える。

[1] 地域で支える子育ての役割

地域社会で子育てを支えるといった動きが広がっている。たとえば，子育て支援センターが各地に設立され，母親をサポートするといった動きが定着しつつある。これらの子育てに関することを手軽に，何でも相談できる窓口の充実がさらに急がれるところである。これらの機関では保育士の専門性を生かすのはもちろんのこと，医師や看護師，心理職などの専門家が関わっていくことも必要になってくるであろうし，支援センターを中心として地域で親子を支えていくための連絡網の整備も重要である。さらにそうした子育て支援センターなどに，自らやってくる親ばかりとはいえない現状も課題である。

これらの制度が整ったカナダでは，「ファミリー・リソースセンター」などのサポートが広がり，子育てを支えているという（小出，1999）。しかし日本の子育て支援は，まだまだ発展途上にあると言わざるを得ない。これらの制度を参考にこれからの発展を期待したい。

引用・参考文献

道家千聡 2003 チンパンジーの出産と子育て 友永雅己・田中正之・松沢哲郎（編） チンパンジーの認知と行動の発達 京都大学学術出版会 pp. 21-22.

Fox, N. A., Kimmerly, N. L., & Schafer, W. D. 1991 Attachment to mother/attachment to father: A meta-analysis. *Child Development*, **62**, 210-225.

Golombok, S., & Fivush, R. 1994 *Gender development*. Cambridge University Press. (小林芳郎・瀧野揚三訳 1997 ジェンダーの発達心理学 田研出版 pp. 147-150.)

花沢成一 1992 母性感情の発達 母性心理学 医学書院 pp. 61-91.

Hobson, W. C., Graham C. E., & Rowell, J. J. 1991 National chimpanzee breeding program: Primate research institute. *American Journal of Primatology*, **24**, 257-263.

柏木惠子 1993 父親の発達心理学 川島書店

Kaufman, J., & Zigler, E. 1987 Do abused children become abusive parents?

American Joural of Orthopsychiatry, **57**(2), 186-192.

Klaus, M. H., & Kennell, J. 1982 *Parent-infant bonding.* Mosby.（竹内　徹・柏木哲夫・横尾京子訳　1985　親と子のきずな　医学書院）

小出まみ　1999　地域から生まれる支えあいの子育て　ひとなる書房

Lamb, M. E. 1977 Father-Infant and Mother-Infant interaction in the first year of life. *Child Development*, **48**, 167-181.

牧野カツコ　1983　働く母親と育児不安　家庭教育研究所紀要, **4**, 67-76.

牧野カツコ　1988　〈育児不安〉の概念とその影響要因についての再検討　家庭教育研究所紀要, **10**, 23-31.

大日向雅美　1988　母性の研究　川島書店　pp.25-26, 312-313.

Parke, R. D., & Sawin, D. B. 1976 The father's role in infancy: A reevaluation. *The family Coordination*, **25**, 365-371.

詫摩武俊・天羽幸子・安藤寿康　2001　ふたごの研究：これまでとこれから　ブレーン出版

玉井真理子　2002　障害児の親になっていくこと　こころの科学, **103**, 62-66.

Terkel, J. 1968 Maternal behavior induced by maternal blood plasma injected into virgin rats. *Journal of Comparative and physiololgical Psychology*, **65**, 479-482.

山口雅史　1999　いつ一人前の母親になるのか？―母のもつ母親発達感の研究―　家族心理学研究, **11**(2), 85-95.

22 児童虐待

1. 虐待の現状

　図22-1は、全国の児童相談所に寄せられた虐待相談の処理件数の推移を示したものである。このグラフを見ると、1999年から2001年にかけての相談件数の伸びが、それ以前に比べて大幅に増加していることがわかる（厚生労働省，2004）。

　この現象の背景要因としては、その当時に児童虐待報道が増加したことや（高橋ら，2002）、2000年11月の「児童虐待防止法」施行により児童相談所などへの通告の義務が課せられたことなどにより、児童虐待への社会的関心がここ数年で急激に高まったことがあげられる。しかし、虐待により失われる尊い命は後を絶たず、こうした統計に表れているのは氷山の一角であるという見方も依然として強い。

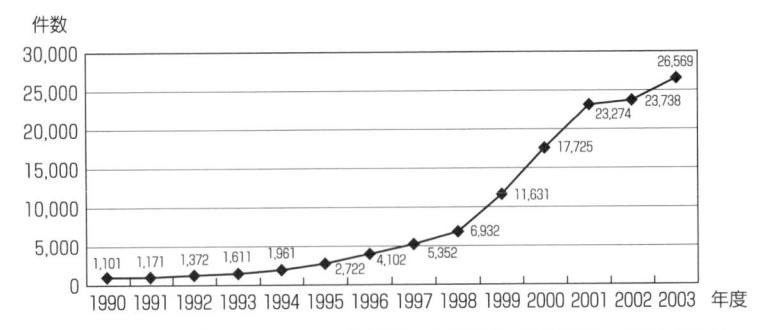

図22-1　全国の児童相談所における虐待相談の処理件数（厚生労働省，2004より作成）

児童虐待は，これまで大きく次の4つに類型化されてきた。1つめの「身体的虐待」とは，児童の身体に外傷が生じる（恐れのある）暴行を加えることであり，戸外に締め出すなどもこのカテゴリーに当てはまる。次の「心理的虐待」とは，言葉によるおどしや，きょうだい間で差別的に扱うなどを通じて過剰な心理的苦痛を与えることである。また「性的虐待」は，児童にわいせつな行為を強要し，性的行為や性的な内容の被写体を無理に見せようとすることなどもこれに含まれる。最後の「ネグレクト」は，食事や衛生面の管理を著しく怠るなど養育を放棄し，児童の心身の発達を阻害するほど無視する状態のことをいう。以上の4つの虐待カテゴリーの他に，最近では「ドメスティック・バイオレンス（domestic violence；家庭内暴力）の目撃」が加えられた。典型的なケースとしては，父親が母親に暴力を振るう光景に，子どもが長期間さらされることを意味する。このように，虐待行為にはさまざまなパターンが存在するが，どれも児童の心身の発達を阻害する危険要因である点で変わりはない。

2.　虐待の発生要因

　それでは，虐待はどうして起きてしまうのであろうか。虐待の背景要因をまとめた数井（2004）によると，養育者側の要因と子ども側の要因，さらに家庭が置かれている状況要因の3つから考える必要があるとしている。たとえば，子どもをしっかり育てる意志のある親でも，子どもが手のかかるタイプであれば養育へのストレスは大きくなってしまう。そのような場合にも，周囲に育児をサポートしてくれる他者や条件が整っていれば状況も違ってくるが，親族との交流がなく，夫も非協力的であり，経済的にも余裕がなく専門機関に預けられないなどの理由が重なると，養育はますます困難を極めていく。実際に，虐待の自覚はあるものの，自力ではどうすることもできず自ら専門機関に援助を求める親は少なくない。
　しかし，虐待する親の中には，育児に不向きなパーソナリティ（子どもに対する嫌悪感が強いことや攻撃的な性格特性など）のタイプや，精神疾患を患っているタイプなども存在し，そのような親による虐待はさらに危険度の高いものになると考えられる。西澤（2002）は，児童虐待をする保護者のタイプを表

表 22-1　保護者のタイプ (西澤，2002を改変)

タイプ	特徴
育児不安型	育児不安がベースとなって子どもへの暴力が生じたタイプ
完全主義的養育型	完全主義的傾向が強く，育児を「完璧」に行おうとする親が，完璧を阻害する子どもに対して怒りをもち，攻撃してしまうタイプ
愛情欠如型	「子どもへの嫌悪感」「子どもの依存に対する拒否感」を示すことが多いタイプ
暴力的衝動に対するコントロールの不足・欠如型	暴力的な衝動に対するコントロールが，子どもに対してのみならず全般的に不足しており，暴力的な行動化が，家族内にとどまらず，さまざまな人間関係において認められるタイプ。このタイプに分類されるのは父親が多い。
未熟型	親が心理的・精神的に「親性」を獲得できる準備が整っていないうちに生物的に親になったというタイプ
人格障害	親に何らかの人格障害が認められるタイプ (特に問題になるのが境界性人格障害)
精神障害	統合失調症，気分障害など精神障害を有するタイプ

22-1のように7つに分類している。虐待する親を類型化し，タイプごとの援助のあり方を検討することは，多様な児童虐待のケースへのより適した介入を可能にすると言えよう。

3.　虐待の防止にむけて

　虐待を受けた経験のある児童を対象とした最近の研究（坪井，2005）によると，虐待を受けた児童はそうでない子に比べて，社会性の発達が未熟であり，攻撃性や非行に関わる問題が多いといわれている。また以前から，幼少期に虐待を受けた個人が，自分が親になったときに子どもを虐待するという「世代間伝達」を示唆する報告もある（遠藤，1992）。このような虐待被害者の予後からすると，被害者本人の心理的発達や社会適応に対する援助はもちろんのこと，彼らが子どもを授かった際に生じる恐れのある，不適切な養育を防ぐ手立ても考えておかなければならない。

　最近では，児童虐待の知識を広めるための親を対象とした講演や，虐待の早期発見・再発防止を目的としたコミュニティ・ベースでの連携が各地で行われ

ている（児童虐待防止対策支援・治療研究会，2004）。児童虐待は，児童相談所や福祉事務所，病・医院，保育所や学校などの専門機関ばかりでなく，私たち国民の一人ひとりが責任をもって臨む問題である。

引用・参考文献
遠藤利彦　1992　内的作業モデルと愛着の世代間伝達　東京大学教育学部紀要，32，203-220.
児童虐待防止対策支援・治療研究会　2004　子ども・家族への支援・治療をするために―虐待を受けた子どもとその家族と向き合うあなたへ―　日本児童福祉協会
数井みゆき　2004　虐待はどうしておこる　無藤　隆・岡本祐子・大坪治彦(編)　よくわかる発達心理学　ミネルヴァ書房　pp.162-163.
厚生労働省　2004　平成15年度社会福祉行政業務報告結果の概要（福祉行政報告例）http://www.mhlw.go.jp/toukei/saikin/hw/gyousei/03/xls/08.xls
西澤　哲　2002　子どもたちの支援体制について（シンポジウム＆ワークショップ　トラウマを受けた子どもたちおよび家族への支援）　コミュニティ心理学研究，5，124-129.
高橋ゆかり・内藤和美・押田祐子・落合美沙記・熊谷真由美・島澤宏美・林　綾子　2002　新聞報道に見る児童虐待（第1報）　群馬パース看護短期大学紀要，4，19-36.
坪井裕子　2005　Child Behavior Checklist/4-18（CBCL）による被虐待児の行動と情緒の特徴―児童養護施設における調査の検討―　教育心理学研究，53，110-121.

人生の回顧

　ライフ・レビュー（life review）は高齢者の自己概念の創造的発達だと考えられる。つまり現在の自分，過去の自分そして将来の自分について理解するということである。

　一般に人は加齢にともない過ぎ去った思い出を懐かしむ傾向があり，高齢者の回顧（懐古）は現在からの逃避や昔の繰言など過去に執着する否定的行為とみなされてきた。しかし，バトラー（Butler, 1963）はこの回顧を自分の人生を振り返り，再度とらえ直すという積極的で自然な無意識に行う心理過程であると意味づけし回想法を提唱した。これはエリクソン（Erikson, E. H.）の提唱した高齢者の自我発達の課題である統合に向かう方法としても提示されている。

　回想法は高齢者が人生の意義や価値を認め，自らの生き方を肯定的に受け止める可能性をもつものとして，定年退職者，一人暮らし高齢者，認知症高齢者，うつ状態高齢者，ターミナルケアにある高齢者などさまざまな高齢者に行われている。特にライフ・レビューは，高齢者のライフ・ヒストリーを人生の発達段階に沿って系統的に聴き，人生を再評価し，生きてきた意味を見つけ出すことを通して現在と未来に生かし，自我の統合を目指す方法である。

　臨床発達的に考えれば，高齢なクライエントの人生や加齢現象について理解し，自己概念を再構築していくためにセラピストとしていかに援助していくかということになる。愛する者の死後も続く人生について，新しい自己像を構築する必要がある高齢者，慢性疾患や障害により今まで当たり前と考えていた能力を喪失し，新たな自己観が必要になる高齢者などがその対象となるだろう。

　ではライフ・レビューは高齢者にとってどのような意味をもつのだろうか。

①過去からの問題解決，②再組織化・アイデンティティの形成，③自尊感情の増大，④自己の連続性への確信強化，⑤対人関係の進展，⑥世代交流の促進などが考えられる。また，認知症高齢者への試みでは，情緒機能の回復，意欲向上，表情など非言語的表現の豊かさの増加，問題行動の軽減や支持的・共感的な対人関係の形成など多くの効果が出ている。

あるデイケアにおけるグループ回想法に参加した認知症高齢者（HDS-R:15）が，セッション開始から3ヶ月頃までは自分の話に終始し，他者の話には耳を傾けず独占するような傾向にあった。しかし，しだいに他メンバーの昔の話に共鳴し，自分自身を対比させながら自身の話を展開できるようになってきた。さらにセッションが進むと，メンバーの話を「待つ」（今までセッションを独占し，1人で話していたのが，「……についての話はあの人の方が詳しいから聞きましょう」と言えるくらい）ようになり，自分の発言を抑えられるようなことも増えてきた。家族は，デイケアでのグループ回想法に参加するようになって，家族に対しても明るく，優しい言葉をかけてもらえるようになり，笑顔が絶えなくなったと言っている。トータルで30回（およそ6ヶ月）のグループセッションの中で大きく変化したケースである。

グループか個人かという方法論は別にして，ライフ・レビューや回想法を通して，現実では不可能な過去の再構成から，現在へと継続する内在化されたその人自身の力をより明確にできるようになるのは前述のケースから理解できる。認知症高齢者に限らず，高齢者の人生回顧に関する研究は，今後の老年期における臨床発達研究において欠くことのできない生涯発達上の重要なテーマになると考える。

エリクソンはハーバート大学での『人間のライフサイクル』の講義の最後に毎回イングマール・ベルイマンの映画「野いちご」を使ったそうである。イサク老医師の夢と現実を回想形式で描いた作品である。さまざまな世代との親子関係や人間関係，青年期から老年期に至る発達の様相，個人のライフ・サイクルと世代のそれとの連関，危機の乗り越え方や発達観など生涯発達上の重要問題が純粋な形で提示されている。エリクソンが最終講義で毎回使用したこの映画のクライマックス部分では，主人公のイサク・ボールイが自らのライフ・ストーリーの再構築に向かい段階的に進んでいき，希望がもてるようなシナリオ

へと展開している。おそらく，この映画をエリクソンが毎回用いたのは，高齢者にとってのライフ・レビューは，それ自体で完結するものでなく，その高齢者の現在に応じ，将来を創出していくためのステップとして考えていたからではないだろうか。さらに現在の生活史を向上させるためのプロセスとして考えライフ・レビューの重要性を解いたものと考えられる。

　日本では，1997年赤瀬川原平の『老人力』なる流行語が世間を席巻した。これも老いや衰えという事象を力を抜いて考え，将来に向け明るく，気楽に考えていこうとするパラダイム・シフトと考えていいのではないだろうか。

引用・参考文献

赤瀬川原平　1998　老人力　筑摩書房
Butler, R. N.　1963　The life review: An interpretation of reminiscence in the aged. *Psychiatry,* **26**, 65-75.
Butler, R. N., & Gleason, H. P.　1985　*Productive aging.*（岡本祐三訳　1998　プロダクティブエイジング：高齢者は未来を切り開く　日本評論社）
Erikson, E. H., Erikson, J. M., & Kivnick, H. Q.　1986　*Vital involvement in old age.* New York: W. W. Norton.（朝長正徳・朝長梨枝子訳　1990　老年期―生き生きしたかかわりあい　みすず書房）
井上勝也・木村　周（編）　1993　新版　老年心理学　朝倉書店
伊藤隆二・橋口英俊・春日　喬（編）　1994　老年期の臨床心理学　講座人間の発達と臨床心理学6　駿河台出版社
Kimmel, D. C.　*Adulthood and aging* (3rd ed.) John Wiley & Sons.（加藤義明監訳　1995　To Be Adult, To Be Old―高齢化の心理学―　ブレーン出版）
南　博文・やまだようこ（編）　1995　老いることの意味―中年・老年期　講座生涯発達心理学5　金子書房
野村豊子　1998　回想法とライフレビュー―その理論と技法―　中央法規出版
下仲順子　2000　老人の心理がわかる本　河出書房新社
山本多喜司・ワップナー, S.（編）　1992　人生移行の発達心理学　北大路書房

Appendix

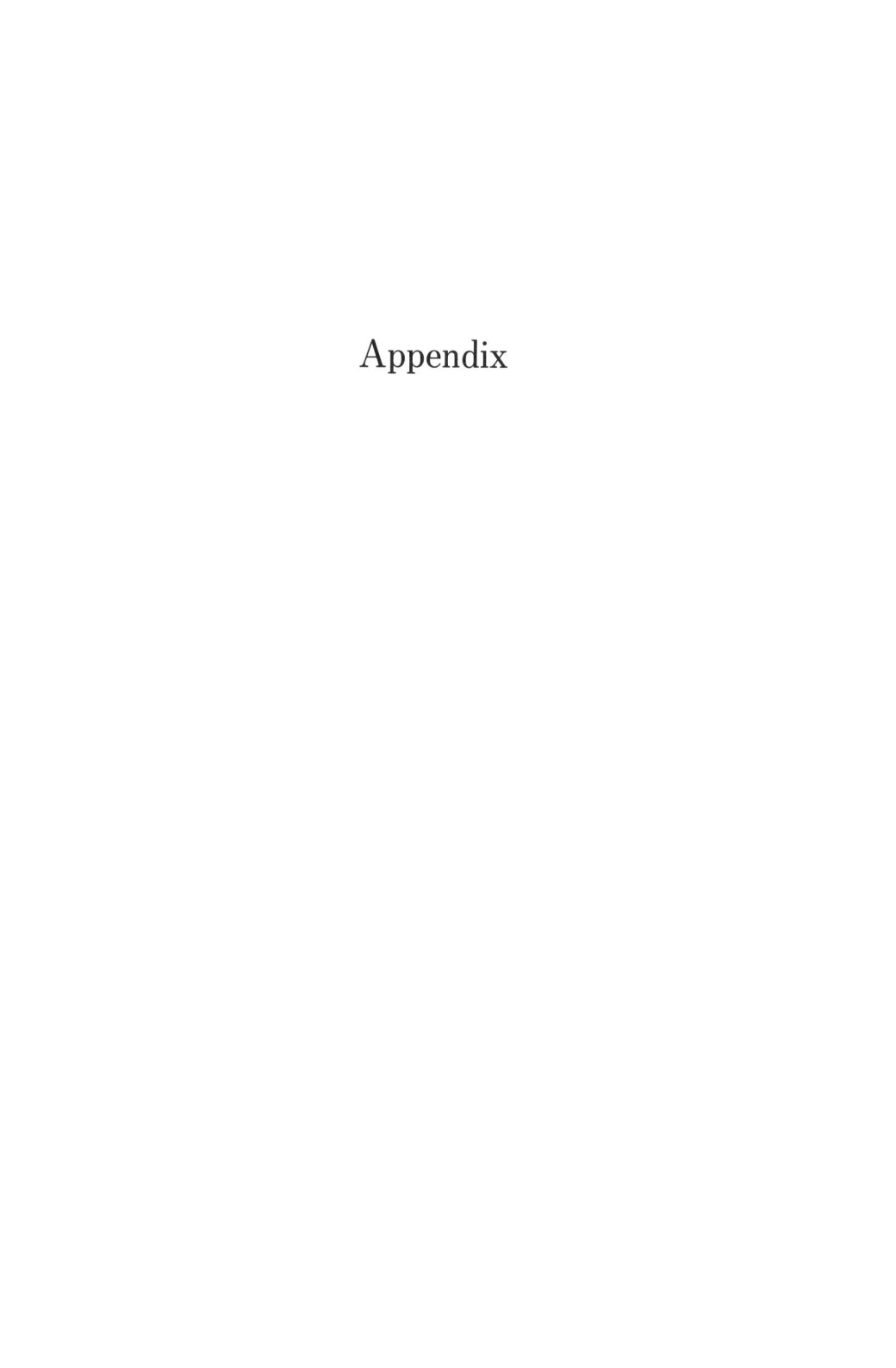

1 フロイト（Freud, S.）

　フロイトは，精神分析学の祖である。その理論は必ずしも発達心理学の理論を構築することを意図して作られたものではない。さらに，フロイトの発達に対する考え方は，必ずしも現在心理学では，全面的に受け入れられているわけではない。しかしながら，現在の心理学に多くの影響を与えてきたのは事実である。発達心理学に対しては，エリクソン（Erikson, E. H.）やボウルビィ（Bowlby, J.）は，その代表的な人たちである。また，フロイト生存当時は彼の理論を強く反対してきた実験心理学者たちも，彼の死後フロイト理論の実証という形で盛んにその概念の再検討をする時期もあった。

1. 無意識過程を含めた精神の体系化

　フロイトは，無意識の概念を最初に精神の中に組み入れ，体系化した精神科医である。それまで，正統派の心理学者は，無意識の存在を認めることをしなかった。それを科学的に証明できないからである。彼は，従来心理学が研究対象にしてきた意識過程を検討するだけでは，精神全体を述べることにはならないとした。人間の精神を氷山にたとえ，海面上に現れた部分（氷山全体の約1割）を意識，海面下の部分（約9割）を無意識であるという。意識は，無意識に支えられ，しかも無意識の方が大きい。したがって，無意識の部分を考慮することなく，精神を考えることはできないとした。無意識の存在については，フロイトが最も初期に提唱したわけではない。彼は，催眠術をシャルコー（Charcot, J. M.）に教わったが，シャルコーはすでに無意識の概念を提唱していた。しかし，人間の精神の一部として意識を含めて体系化したのは，フロイ

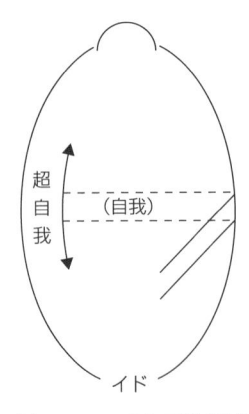

図1-1 フロイトの精神図式

トといってよい。彼は，図1-1のように，精神を模式化し精神図式とした。

精神の構造として，イド，自我，超自我の基本的な構造を仮定する。彼の精神図式では，自我より上部の構造が意識できる箇所を，自我の点線以下の部分を無意識の領域とした。意識できる部分のうち，現在は意識していないが思い出そうとすれば思い出せる場所を前意識と名づけた。無意識の部分は，イドと2本の斜線で示された抑圧された部分の「過去の思い出したくない不快な記憶」から成り立っている。

精神の3つの基本構造のうち，イドは身体と接触するところで本能衝動が存在すると仮定する。本能衝動は，リビドーともいう。リビドーは，後述するように性的な色彩を帯びた心的エネルギーである。イドの働きは，快楽原則に従う。快楽原則とは，快を求め不快を避けようとする傾向をいう。自我は，現実に意識し思考し行動する主体で，現実の世界に対応する。自己の内（イドや後に記す超自我），外（現実の外的環境）の状態を勘案して適切に対処する主体である。自我の働きは，以上述べたような現実に効果的な行動を考え出し行動するという現実原則に従っている。また，超自我は，幼児期に主として両親のしつけにより得られた倫理観，道徳観，社会規範であり，直截的に衝動を満たそうとするイドを抑制したり，現実の行動を価値的に高めようとする機能をもつ。フロイトは，この3つの構造のうち，イドを最も重視し，そこに存在するエネルギーであるリビドーの充足こそが，人間の精神安定につながるとした。十分に充足されないときには，神経症になる可能性が高いと主張する。

2. リビドーの概念

前節で，イドの構成要素としてのリビドーについて述べた。リビドーは，心理性的エネルギーである。このエネルギーは，物理エネルギーと同じ性質をもつとした。物理エネルギーは，置換の法則と保存の法則からなる。これらは，

たとえば燃えるエネルギーは，熱，力，光などに形を変えて置き換わることがある（置換の法則）が，その総量は一定である（保存の法則）。この2つの法則は，リビドーにも適応される。心理性的エネルギーは，身体的なエネルギーに置き換わるし，身体的エネルギーが心理性的なエネルギーにも置き換わりうる。しかも，置き換えられてもその総和は一定である。私たちは，運動するときのような身体的エネルギーを費やさなくても精神的に緊張（心理性的エネルギー）しただけで疲れてしまうことがあるのは，こうした理由による。リビドーは自己に向かう場合と対象に向かう場合があり，前者を自己愛的リビドー，後者を対象リビドーと呼んだ。

フロイトの発達理論は，リビドーが発達途上で，身体の各部位に集中する時期があることを示したものである。このリビドーが発達期に十分充足されないと欲求不満を起こしその時期に固着し，独特のパーソナリティを形成する。

[1] 発達理論

フロイトの発達理論は，生物学的に決定された生得的なもので，一定の段階を通過しながら進行し，その満足や不満足を通して，パーソナリティが形成されていくとしている。

1) 口唇期（0～2歳）　リビドーは口唇に集中し，吸乳活動を通じて心身の発達が見られる。乳を吸う活動には，大別して2種類ある。1つは，乳房をふくみ，吸い，乳を嚥下することを含む摂取活動であり，もう1つは，歯が生え初めて乳房を嚙むという活動である。この時期に固着が起こると摂取活動による快感（リビドー）は，「知識欲」や「所有欲」といった活動に置換される。また，嚙むことによる快感は，「皮肉屋」「議論好き」といった形に置換される。こうしたパーソナリティを「口唇性格」と呼んだ。

2) 肛門期（2～3歳半）　この時期では，大脳が発達し，肛門の括約筋が成熟するので，初めて自分の意思で，大便の保持と排泄を統制するようになる。括約筋を締めたり緩めたりする活動から生理的な快感を得ていると考えられる。この時期には，親からのトイレット・トレーニングが始まる。子どもは，自ら排泄の快感を得ようとするが，その欲求はトイレット・トレーニングにより阻止されることもある。特に，トイレット・トレーニングが早すぎたり厳しすぎ

たりすると,「我の強さ」「意地っぱり」「拒否的傾向」の素地になってしまい,さらに高じると両親のしつけに反対して攻撃的になり,不適切な時期に便を放出し怒りを表出する。「衝動的傾向」「かんしゃく」「加虐性」「被虐性」などの特性は,肛門期に形成されるとされる。フロイトは,肛門期に固着した場合,「頑固(排泄強要の拒否)」「倹約(便の出し惜しみ)」「几帳面(便の始末をきちんとすることへの強迫性)」といった肛門性格を生むという。

3)男根期(3,4〜5,6歳) この年齢になると,自分の性別を認識するようになる。それは,男根(ペニス)の有無による。ペニスの有無に気がつき始めるとそれへの興味がわいてくる。その結果,男女児ともに性器をもてあそぶことが生じる。いわゆる小児自慰である。そこで,性器への接触が快感を生むことに気づくようになる。一方,性別の有無の認識は,異性の親の独占を求め,愛着が強くなる。この愛着が強まると,同性の親を疎ましく思い,ライバル意識やねたましさなどを感じるようになる。フロイトは,こうした感情をギリシャ神話の「オイディプス王(エディプス王ともいう)」にちなみ「エディプス・コンプレックス」(女子の場合はエレクトラ・コンプレックスと言う場合があるが,女子の場合もエディプス・コンプレックスの用語を使うことが多い)という。この神話は,実の父を殺し,実の母と結婚した話である。

しかし,こうした感情は,男児の場合,性器をもてあそぶ行為に親から「ペニスを取ってしまうぞ」と脅されたり,女子の性器を見て,自分もあのように取られてしまうかもしれないとおびえることによって,大きな恐怖を引き起こす。これを「去勢不安」と呼ぶ。このような感情は,意識化されることは少なく,エディプス的願望(異性の親の独占と同性の親の排斥)は抑圧され,父親を憎むことをやめそれを見習って,男らしさを身につけていく。この過程を「同一視」と呼ぶ。この同一視は,幼児の本能的欲求の禁止を意味する。この禁止は,単にエディプス的願望のみばかりでなく,本能的欲求一般に作用し,さらには両親からの禁止事項にも波及する。したがって,従来までの本能のままイド中心に生きてきた行動をやめ,超自我ができてくる。

フロイトは,エディプス・コンプレックスに関するさまざまな体験が人格形成のうえで最も大きな影響を与えると考えた。たとえば,対人関係の面で,成長後の異性や目上の人に対する態度は,ほぼこの時期に形成されたものを繰り

返しているといわれる。また，神経症患者を分析してみると，その根源にこのエディプス期のしこりが解決されないままになっていることが多い。精神分析で，「幼児期が重要である」あるいは「抑圧された無意識を解明する」といった場合，このエディプス・コンプレックスを指していると言ってよい。

　男根期に固着した男根性格は，去勢不安に対して対抗したいという願望のために，乱暴で断固とした態度をとり，露出虚栄が見られる。男子は「女子に優越したい」，女子では「男子に負けたくない」という欲求が顕著になる。

　4）潜伏期（5，6〜11，12歳）　この時期は，リビドーが身体のどの部位にも出現せず，潜伏する。小児性欲的な活動が一時的に停滞し，男根期での両親との間で生じた葛藤が解消される。したがって，心身ともに安定期と言える。リビドーの潜伏は，関心を自分でなく，外界に向けさせる。したがって，親や教師ら大人の課す課題に取り組もうとする。同性少人数のグループと強い心理的な結びつきをもつ。この時期に固着すると同性愛傾向が強くなる。

　5）性器期（11，12歳以降）　それまで，身体各部に分散していたリビドーは，性器に統合化される。この時期は，身体発達とともに二次性徴が出現し始める。そうしたことから，青年は，再度自分に関心を示すようになり，不安が出現するようになる。この時期は，リビドーが特定の身体部位に固着することはない。

引用・参考文献
フロイト，S. 丸井清泰（訳）　1953　精神分析入門　フロイト選集第1，2巻　日本教文社
フロイト，S. 古沢平作（訳）　1953　続精神分析入門　フロイト選集第3巻　日本教文社
中島義明　2001　現代心理学「理論」事典　朝倉書店

2 エリクソン (Erikson, E. H.)

1. はじめに

　アイデンティティ（自我同一性），ライフサイクルという用語は，現在では広く知られており，一般的に使用されている。これらの用語と概念は，エリクソンにより提唱され，それまで精神分析では扱われなかった児童期以降の発達段階を明確化した。それは，個体の発達と社会組織の諸法則によって規定された各発達段階に特有な力動に関する論議である。フロイト（Freud, S.）の心理・性的発達論に対し，エリクソンは心理・社会的発達論に基づき，人間の生涯を8つの発達段階に分類した。また，古典的精神分析の生後から思春期までの発達が重要とされていた考え方に対し，人間の生涯にわたっての発達を考えた。フロイト以後の精神分析界の担い手であり，フロイトを超えた能力をもつともいわれる科学者であり，理論家であるエリクソンの生涯とその功績を概観する。

2. エリクソンの個人史

　エリク・H・エリクソンは，1902年に，ドイツのフランクフルトでユダヤ系デンマーク人の子どもとして誕生した。エリクソンが生まれた時，父親はすでに母親と離別していて，エリクソンは父親を知らない。その後，母親はエリクソンを連れてカールスルーエの町に移り住んだ。そしてこの町でエリクソンが病気をした時に治療にあたったユダヤ系ドイツ人の小児科医テオドール・ホ

ーンブルガーと再婚した。エリクソンが3歳の時だった。エリクソンは，このホーンブルガー医師の養子となった。それゆえ，青年期までのエリクソンは，エリク・ホーンブルガーである。

エリクソンの母親はデンマーク系ユダヤ人であった。彼女は，知的で芸術的な関心の高い人で，そのことをエリクソンはたいへん大事にしていた。それは，青年期なったエリクソンが画家志望であったことにも現われている。エリクソンは，画家として身をたてようとして修業し，ボヘミアンとしてヨーロッパを放浪したという。

そのころ友人のピーター・ブロスから招請状をもらい，エリクソンはウィーンへと旅だった。このウィーンへの招請は，フロイトのサークルに参加している家族の子どもたちの教育者として絵画を指導するというものであった。彼はブロスの影響で精神分析の世界に魅せられ，やがて，ジクムント・フロイトとめぐり会うことになる。フロイトと親交のあったある家庭の家庭教師をしていたとき，フロイトと直接出会う機会を得たのである。彼のフロイトに向けられた畏敬の念と父親への思いやりに似た感情は，後の「最初の精神分析家」という1956年の講演のなかににじみ出ている。その後，彼はフロイトの娘で精神分析家となっていたアンナ・フロイトに見出され，その指導のもと，本格的な精神分析の訓練を受けるようになったのである。エリクソンの才能は精神分析に触れることによって，急速に開花し，3～4年という短期間で訓練を修了している。精神分析の通常の訓練からすると非常に短期間で訓練を終えたということからも，彼の才能を推しはかることができる。この時期エリクソンは，生涯家庭生活と研究生活をともに送ることになるジョーン・サーソンと出会い，結婚する。エリクソンは，わずかの間に，精神分析家としての職業的アイデンティティを得るとともに，社会生活の基盤としての家族を得たのである。

エリクソンは，ウィーン精神分析学協会のメンバーとなり，国際精神分析学会のメンバーになるが，折しも第二次世界大戦の勃発により，ヒトラーが政権を握る中で，ユダヤ人迫害が勢いを増してきたため，1934年，一家はアメリカのボストンに渡った。ボストンではアメリカで最初の児童精神分析家として歓迎され，2年間児童臨床に携わり，その後，ハーバード大学，エール大学で研究をすすめ，市民権を得た。1938年には，カリフォルニア大学の「児童相

談研究」に参加し，考察を深めていった。そして，1950年には，『幼児期と社会』を公刊し，精神分析的自我心理学の指導者としての地位を確実なものにした。1951年には，東部に帰りマサチューセッツ州のオースティン・リッグス・センターの研究員となり，約十年間勤務するなかで，ラパポート (Rapaport, D.) らとの親交があった。その後，1960年の夏にはハーバード大学の人間発達講座の教授に就任し，1968年には『アイデンティティ：青年と危機』を出版し，自我心理学における卓越した地位を不動のものとした。さらに1970年には，著書『ガンジーの真実』で，ピューリッツァー賞，全米ブック・アウォードを授与され，エリクソンの名声は，人間発達学，精神分析学の範囲にとどまらず，広く世界に知られるようになったのである。1994年，92歳で波乱に満ちた生涯を閉じるまで，夫人とともに研究，執筆を続けたエリクソンの人生そのものが，生涯発達理論の実践であり，青年期に放浪し，自己の探求を続けた日々こそが，彼の言うモラトリアム（猶予期間）の実践であったと言える。エリクソンが提唱したアイデンティティとライフサイクル論は，彼の人生から生み出された理論であるといっても過言ではない。

3. ライフサイクル論とアイデンティティ

『幼児期と社会』のなかで，エリクソンは，ある個人の行動や感情を理解するには，少なくともそこに働いている3つの過程，生理学的過程，心理学的過程，社会・文化的文脈が考慮されなければならず，しかもその3つは互いに作用し合って不可分の全体をなしていると述べている。この著書に示されている「個体発達分化の図式」は，人間生涯全体を視野にいれた「ライフサイクル」のイメージであり，それまでの発達論には見られないものであった。また，この発達論のなかで，独特の青年期に関する考えが展開された。そのテーマが，「アイデンティティ」だった。「自分は何者か」という「アイデンティティ」を探求していくテーマは，実の父親を探し求めたエリクソン自身のテーマでもあった。そして，それは今や，青年期に関する研究ということに限定されず，人間存在の基本構造を表現し，解明する用語として使用されるに至っている。

4. エリクソンの発達論

　エリクソンの発達論の特徴は，第一にアイデンティティの概念を取り入れ，「心理・社会的」という視点に基づき，その年齢に要求される社会的な発達課題を展開したことであり，第二には「ライフサイクル論」に基づき，人間の生涯にわたっての発達を考えたということである。フロイトの提唱した古典的精神分析の発達論では，生後から思春期までの発達が重要であり，特に，初期の精神発達によって人格が規定されると考えられ，その考え方は今日も優勢である。それに対し，エリクソンが，人間を生涯全体を通して変化していくものととらえ「ライフサイクル」の考え方を提唱したことは，発達心理学への大いなる貢献であった。

　以下に，エリクソンの心理・社会的な発達課題とライフサイクル論に基づいた8つの発達段階を説明する。

[1] 乳児期：「基本的信頼 対 不信」

　人が世の中を信じ，周囲の人を信じ，自分を信じていくことは，生きていく上で欠かすことができない重要な感覚である。これが，基本的信頼であり，生後間もなく，母親や父親を通して得られるものである。この基本的信頼が得られない場合，不信感が根づき，世の中も，自分も人も信じられない苦しい状態に陥る。

[2] 幼児期前期：「自律性 対 恥・疑惑」

　幼児は，識別するという感覚がまだ十分に備わっていないため，正しい分別ができない混乱状態にある。そのため，大人の確固たる姿勢，しつけが必要になる。それを受け入れ，自分の混乱状態・衝動をコントロールしていくことが，自律性を築いていくうえで重要になる。このように，外からの要求と，自分の内からの要求とのバランスをとっていくことが，自律することである。自律性を獲得できないと，外の要求に応えられない恥ずかしさ，自分自身への疑惑が生じ，苦痛を感じることになる。

[3] 幼児期後期：「自発性 対 罪悪感」

　この時期は，幼児期に獲得した外的・内的な力が統制できる能力が展開され，あらゆるものに対する新しい希望と新たな責任の構成要素となる自発性の感覚が芽生えてくる。外的・内的なバランスを保ちつつ，より自分らしく自分の要求を表現するようになる。他への働きかけが活発になり，自分が自分の行動の中心となるのである。これがうまくいかないと，自分が計画した目標や，実行した行為に関して，「失敗した」という感覚をもち，罪悪感を抱くようになる。

[4] 学童期：「勤勉性 対 劣等感」

　前段階で，自発性を身につけた子どもは，いわば「人生への旅立ち」に向かって用意万端が整ったかに見えるが，学校生活という舞台に身を置くことを余儀なくされ，希望や願望を少なからず抑制することになる。学校生活は，読み，書き，算数など非人間的なものの法則に拘束され，勤勉に学び，いろいろな物を生産することによって周囲の承認を獲得し，「有能感」を身につけていく時期である。「自分なりにやっていける」という有能感は，人が社会の中で適応的に生きていくうえで，欠くことのできない感覚である。しかし，学校生活のなかで，「自分はついていけない」「能力がない」と感じたとき，劣等感を抱き，自発的な学習意欲は失われ，喜びを感じることもできなくなるのである。

[5] 思春期・青年期：「同一性 対 同一性拡散」

　この時期は，エリクソンが人生の中で，最も重要かつ混乱を起こしやすい時期として取り上げている発達段階である。主題としては，アイデンティティ（自我同一性）のテーマが出てくる。「自分は何者か」「自分はどの方向に進んで行くのか」ということがテーマになる。それまで，両親や周囲の尊敬できる大人を理想化し，同一化してきたが，自分独自の存在に気づき，自分とは何者かということを問題にする時期なのである。他人の影響から少しずつ離れ，自分を探求するというプロセスで，これをエリクソンは，「同一性」へのプロセスであると説明している。精神的にも身体的にも不安定になりやすいこの時期に，自分を発見していこうとする課題を果たすことは，多大なエネルギーを必要とする。孤独で，負担が重いプロセスの中で，その状態に耐えられない場合，

人はその決定を他人に任せたり，先延ばしにして回避したりするという状況に陥る。そうすることにより，「自分」についてますます混迷を深め，エリクソンのいう「アイデンティティ（自我同一性）拡散・混乱の危機（identity diffusion）」を招くことになる。それゆえに，精神障害をはじめさまざまな問題や障害が顕在化する好発期でもある。

[6] 成人期：「親密性 対 孤立」

アイデンティティの感覚を獲得した成人のこころの基本としては，家族をつくりあげていくという親密性がテーマとなる。エリクソンは，この時期に必要なこととして男女の出会いを取り上げ，その親密性が孤独を癒す力になると説いている。また，親密性を築いていくためには，それまで獲得してきた心理・社会的な能力が必要であるとしている。この時期の特徴として『幼児期と社会』のなかで，エリクソンはフロイトが晩年語った「愛することと，働くこと」という言葉を引用し，成人期のテーマを説明している。もし，成人期のテーマである親密性を特に異性との間につくりあげることができない場合には，孤立と孤独感に苦しむことになる。

[7] 壮年期：「世代性 対 停滞性」

この時期の重要な発達課題として，エリクソンはgenerativityという用語を用い，包括的な意味で生み出すこと，すなわち世代から世代へと生まれていくあらゆるものを産み育むことを取り上げている。Generativityは，「生殖性」「生産性」とも訳されているが，次の世代を支えていくものを育てていくことへの積極的関与を指している。この世代への関心や関与がないと，人は擬似的親密さを求め，極端に自己愛的になり，停滞感と人格的貧困に陥ることになる。

[8] 老年期：「統合性 対 絶望」

物事や人々の世話をし終え，子どもを産み育て，物事や思想の生産者になることに付随する勝利や失望に適応してきた後に，人は自我の統合という果実を実らせる段階を迎える。この時期のテーマは，死を受容し，これまでの生涯す

べて，すなわち肯定的な部分も否定的な部分も統合し，自分のものとして受け入れることである。そうすることにより，人は死に対する恐怖や痛みから解放され，人類への関心をもち，生き続けることを実現するのである。エリクソンは，これを自我が統合された状態であると説いている。この積み重ねられた自我の統合が欠如した場合は，死の恐怖に襲われ，自分の人生を受け入れられない状態に陥る。そして，人生をやり直し，統合へ到達する別の道を試みるには短すぎることを自覚したときに，焦りが絶望となって表現されるのである。

図2-1は，エリクソンの発達論について，ライフサイクル論に含まれる全領

段階	心理・社会的危機所産	人格的活力(徳)	重要な対人関係の範囲	社会価値，秩序に関係した要素	心理・社会的行動様式	儀式化の個体発生	心理・性的段階
I	信頼：不信	望み	母および母性的人間	宇宙的秩序	得る，見返りに与える	相互的認知	口唇期
II	自律性：恥・疑惑	意志	両親的人間	"法と秩序"	つかまえ，はなす	善悪の区別	肛門期
III	自発性：罪悪感	目的感	核家族的人間	理想的原型	ものにする（まねる），らしく振る舞う（遊ぶ）	演劇的	エディプス期
IV	勤勉性：劣等感	有能感	近隣，学校内の人間	技術的要素	ものを造る（完成する），ものを組み合わせ組み立てる	遂行のルール	潜伏期
V	同一性：同一性拡散	忠誠心	仲間グループ，グループ対グループ・リーダーシップのモデル	知的，思想的な将来の展望	自分になり切る（あるいはない），他人が自分になり切ることを認め合う	信念の共同一致	青年期
VI	親密性：孤立	愛情	友情における相手意識，異性，競争・協力の相手	いろいろな型の協力と競争	他人の中に自己を見出す，見失う	世代継承的認可	性器期
VII	世代性：停滞性	世話	分業ともち前を生かす家族	教育と伝統の種種相	存在を生む，世話をする		
VIII	統合性：絶望	知恵	"人類""私のようなもの"（自分らしさ）	知恵	一貫した存在を通して得られる実存，非存在への直面		

図2-1　個体発達分化の諸領域

域を示す図である。

引用・参考文献

Erikson, E. H. 1959 *Identity and the life cycle*. *Psychological Issues*, Vol. 1. Monograph 1. International Universities Press.（小此木啓吾訳編　1973　自我同一性　誠信書房）

Erikson, E. H. 1950 *Childhood and Society*. New York: W. W. Norton.（仁科弥生訳　1977　幼児期と社会1　みすず書房）

Erikson, E. H. 1950 *Childhood and Society*. New York: W. W. Norton.（仁科弥生訳　1980　幼児期と社会2　みすず書房）

Evans, R. I. 1967 *Dialogue with Erik Erikson*. New York: Praeger Press.（岡堂哲雄・中園正身訳　1981　エリクソンは語る　新曜社）

鑢　幹八郎　1990　アイデンティティの心理学　講談社

3

ピアジェ（Piaget, J.）

1. 生い立ちと経緯

　ピアジェは，スイスのヌーシャテルに1896年8月9日誕生する。父は歴史家で大学で中世文学を教えていた。11歳のとき，白スズメの研究に関する論文をまとめている。その論文が，ヌーシャテル自然博物館館長ゴデーの目にとまり，軟体動物学の大家として成長していく。研究員の申し出もあったが，若すぎたため辞退している。入学したヌーシャテル大学では自然科学を学び学位を取得する。この時期ベルグソン（Bergson, H.）から始まりさまざまな哲学や思想への関心が芽生え「青年の仕事」と呼んでいる2本の哲学エッセイを出版している。その後チューリッヒ大学では精神分析への関心を示し，フランスへ発つことになる。1年間，知能検査を開発したビネー（Binet, A.）やシモン（Simon, T.）の研究所で，知能検査の標準化の仕事を行っている。彼にとっての実験的な発達研究の始まりであった。

　1923年結婚し，ジャクリーン，ルシェンヌ，ローランの3人の子どもをもうけるが，子どもたちの乳児からの知能の発達が研究対象となった。同時に複数の要職を兼ねることなり，1955年には発生的認識論センターをジュネーブに創設し，1980年に亡くなるまで膨大な数の論文・著書を残すこととなった。

2. シェマ

　ピアジェは生物学出身の心理学者ということもあり，子どもの精神的な発達

を認識が発生してくるものという見方でとらえている。かなり多くの用語が生物学から借用されているが，最初に紹介するシェマ (schéma; scheme) もそれらの1つである。

　生物の世界では変化したり適応したりするうえで，生物のもつ構造が変化していくという見方をするが，ピアジェは行動においてシェマという概念の変化を想定した (Piaget, 1947)。シェマは，1つのまとまりをなす一連の行動を指す。たとえば，単純なものとしては指くわえのようなサッキングや，つかむ，握るなどというシェマがある。これらが成長とともに相互に結びつき，新しいシェマとなる。つまりより複雑な行動ができるようになると見ている。

　ピアジェは最初，シェマ (scheme) という用語で議論していたが，後に形象的シェマ (figurative schemes) と，操作的シェマ (operative schemes) の違いを想定するようになった。前者は，心的イメージのようなもので，現実 (reality) を表す対象の概念のような性質を意味するが，後者は対象にどのような変換が行われるのかについての知識で，現実を変換するためのものと考えている。言い換えると形象性は，いかに対象を見つけ出すかという面，操作性は，いかに対象を分類するかという側面をとらえていると言えよう。

3. 同化と調節，均衡化

　認識の発達を環境との相互のやりとりで進めていくという考え方の基本にシェマの同化 (assimilation) と調節 (accommodation) という概念を用いている。同化とは，自分のもっている構造への外的情報の取り入れであり，調節は外的事象に応じて構造を変えていくことと定義できる。たとえば，すでにもっているシェマを，玩具に適応するといった場合，最初はそれまでと同じく手を伸ばしてつかもうとするだろう（同化）。しかし，形状や材質他が異なっているために，つかみ方や力の入れ方を変えねばならない（調節）。今までとは異なる行動が求められるからである。常に同化と調節とは均衡を図ろうとしていく，これが認識の発達を促すのだと考えている。

4. 発達段階

ピアジェは感覚運動期（0〜2歳），前操作期（2〜7，8歳），具体的操作期（7，8〜11，12歳），形式的操作期（11，12歳〜）の4区分に分けている。認識の仕方の違いを思考や認識のレベル（操作性）により区分したものである。

[1] 感覚運動期（0〜2歳）
外界への感覚運動的な対応の仕方により，6つの下位段階に分かれる。

1) 第1段階（0〜1ヶ月）　生得的な反射を用い，それらが安定してくる時期とされ，ピアジェはサッキング，把握，視覚的調節，眼球運動を重視している。

2) 第2段階（1〜4ヶ月）　最初の適応行動がなされる時期である。活動そのものに興味が向けられた形で，繰り返し現れる行動が見られる（第一次循環反応）。

3) 第3段階（4〜8ヶ月）　第二次循環反応と意図的な適応行動が見られるようになる。たとえば紐を揺する（活動）とガラガラが鳴る（環境の変化）といった場合，そのガラガラの変化に興味があって再現しようとする。つまり目的と手段が分化し始めてくる時期である。

4) 第4段階（8〜12ヶ月）　道具的行動の獲得と隠したものの能動的探索を始める時期である。これは，ある目標を得るためにシェマを協応することを意味する（志向性）。ここには対象物が見えなくなってもなお存在し続けているという確信（対象の永続性）が背景にある。

5) 第5段階（12〜18ヶ月）　第三次循環反応と新しい手段の発見が示される時期である。玩具をただ落とすのではなく，いろいろな場所から落としてみる，といったいわば実験的な行動が見られるようになる。対象への影響から性質を理解しようとする。

6) 第6段階（18〜24ヶ月）　認知的表象の始まりを示す時期である。表象により新しい手段を獲得できるようになり，試行錯誤によらず洞察ができるようになる。たとえば，ソファの下のボールを取るのに家具が邪魔をしている

場合，回り道をとれるようになってくる。

[2] 前操作期（2～7，8歳）

　ピアジェはこれら前操作期を前概念的思考と直感的思考の時期とに2区分している。まず，前概念的思考の時期（2～4歳）では，感覚運動的シェマが内化し，表象できるようになってくる。対象のイメージを保ったまま，目の前にその対象がなくても真似をしようとする延滞模倣が出現してくる。また木の葉をお皿に見立てるといった見立てが可能となってくる。これをソシュール（de Saussure, F.）の言語学から所記と能記の概念を援用し，「意味されるもの（お皿＝所記）」と「意味するもの（木の葉＝能記）」とを区別し始めると説明している。この機能により，ごっこ遊びといった象徴的遊びが可能になるとしている。また，直感的思考の時期（4～7，8歳）では，思考が知覚に支配されるという特徴や，外観や1つの側面だけに注意してしまう。前者に対しては保存，後者は自己中心性という概念で幼児の思考特徴をとらえている（詳細は11章，学習・認知・言語の発達，pp. 117-136参照）。

[3] 具体的操作期（7，8～11，12歳）

　もとの状態あるいは出発点に戻るといった可逆性の獲得により，論理的な思考ができるようになってくる。類（クラス）と関係（系列）の認識が発達する。類の理解とは具体的には分類を扱えることを意味する。たとえば，包摂関係に基づく分類では，アヒル（A），鳥（B），鳥以外の動物（C）を用いた場合，A＜B＜Cとなる。2重の分類（マトリックス分類）の例では，四角（A）－丸（A'），大（B）－小（B'）それぞれの次元で分類させている。これは図形の形（A）×図形の大きさ（B）＝四角で大（AB）＋四角で小（AB'）＋丸で大（A'B）＋丸で小（A'B'）という具合に一度に2つの属性を考慮させている。一方，関係の理解とは，順序づけが扱えるかを意味する。たとえば，何本かの長さの違う棒を長さの順に並べさせ，関係の連鎖を見る（A＜B＜C, D…）。その際2つの棒の比較を順次行い（A＜BとB＜C），関係づけていくという操作ができあがってくる。数の性質である類と関係が統合されて，数概念が完成していく時期でもある。また可逆性により物質量や重さ体積等の保存が獲得され

ていく。

[4] 形式的操作期（11，12歳〜）
　それまでの思考の対象は現実の具体的な事物であったが，形式操作の思考は対象を命題として扱えるようになる。この時期は仮説演繹的思考と命題操作の2つによって特徴づけられている。課題に対して，可能な限りの仮説を立て正しい答えを推測できるようになる。一例として振り子の実験がある。長さの異なる糸と重さの異なる錘を使い，振り子の振れる速さがどのような要因によるのかを推測させている。正しい要因を分離させていく過程で，仮説の背景にある論理の組み合わせから，不適切な要因を排除していくことができるようになる。

引用・参考文献

Inhelder, B., & Piaget, J. 1970 *The early growth of logic in the child classification and seriation.* New York: Humanities Press.
Jean Piaget Archives.　www.unige.ch/piaget/
Piaget, J. *La psychologie de l'intelligence.*（波多野完治・滝沢武久訳　1967　知能の心理学　みすず書房）
Piaget, J.　1947/2001　*The Psychology of Intelligence.* London: Routledge Classic.
渋谷憲一・井上尚美　1971　ピアジェによる論理的思考の構造　明治図書
Smith, L.　1997　*Jean Piaget.* London: Routledge.
滝沢武久・山内光哉・落合正行・芳賀　純　1980　ピアジェ　知能の心理学　有斐閣新書

4

ヴィゴツキー（Vygotsky, L. S.）

　ロシア（旧ソヴィエト）の心理学者，レフ・セミョノビッチ・ヴィゴツキー（Лев Семёнович Выготский）(1896-1934) は，モスクワ近郊の町ゴーメル出身で，ユダヤ人である。ピアジェ（Piaget, J.）と同年の1896年に生まれた。モスクワ大学で文学と文化史を学び，ソヴィエト革命の起った1917年に卒業。この年からゴーメルの教員養成大学で文学と心理学を教え始める。1924年に開催された第2回全ロシア心理神経学会議で，『反射学的研究と心理学的研究の方法論』と題する報告を行った。これは機械論的な反射学を批判し，心理学は「ことば」を媒介として意識を客観的に研究すべきであると主張するものであった。この報告を契機として，モスクワ大学附属心理学研究所に招かれることとなった。

　ヴィゴツキーの心理学理論は，弁証法的唯物論（マルクス主義）にその基礎を置くものであったが，スターリン体制が強化されるにつれて弾圧の対象となった。児童心理学，教育心理学，臨床心理学に関して多くの著作を残したが，38歳という若さで亡くなったこともあり，西欧では1960年代にブルーナー（Bruner, J. S.）らによって紹介されるまでは，あまり知られなかった。

　ヴィゴツキーの心理学理論は，①高次心理機能の記号による被媒介性，②高次心理機能の社会的起源を特徴とし，人間の行動と心理過程の発達における文化的・歴史的な影響を重視するものであり，「文化-歴史的理論」と呼ばれる。

1.　高次心理機能の記号による被媒介性

　ヴィゴツキーは，人間に固有の高次心理機能を明らかにするため，発生過程

および発達過程について歴史的アプローチによる分析を行った。

　まずケーラー（Köhler, W.）によって行われたチンパンジーの知能に関する研究に基づいて，類人猿から人間へとつながる知能の進化が検討された。類人猿と人間は，道具を作製し使用することができるという意味では，連続性をもっている。しかし，エンゲルス（Engels, F.）に「労働」の概念を学んだヴィゴツキーは，道具の使用が生存にとって決定的な意味をもつかどうかという点で，類人猿と人間は区別されるとした。人間の祖先は，道具の使用によって自然を支配し，さらに自然の一部として人間そのものの行動をも支配することで適応していった。人間の祖先は，社会的な共同的労働の中で，ことばによって他の個体の行動をコントロールするようになり，やがて自分自身の行動をもコントロールするようになった。このように，外的な自然の支配は道具によって，内的な行動の支配は記号（特にことば）によってもたらされた。人工的な補助的手段としての記号の使用により，歴史的発達が始まる。

　歴史的発達における次の大きな変化は，「原始人」から現代人への過程である。むろん現存しない「原始人」を直接研究することはできないが，ヴィゴツキーは人間社会の文化化の過程から類推を行った。文化的人間と未開人を比較すると，未開人の言語には語彙が豊富で表現が詳細であるという特徴が見られるが，これは未開人の思考が概念をもっておらず，具体的な事物をそのまま表すものであることを示している。また，ルーリヤ（Лурия, А. Р.）が行った文化化の過渡期にある社会の研究は，読み書きができず伝統的な生活形態を続けていた住民は表面的な近接関係のみに依存して事物をひとまとめにする思考（複合的思考）を示すことを明らかにした。ヴィゴツキーによれば，これらの事実は「原始人」の文化的発達の不全を傍証するものである。現代人の心理機能（知覚，記憶，思考など）は，文字や書きことばといった抽象的な記号を使用するなかで歴史的発達を遂げたとされる。

　このように，ヴィゴツキーは人間に固有の心理過程をもたらした最も本質的な要因は記号であり，その中でも特にことばであると考えたのである。

2. 高次心理機能の社会的起源（内言理論）

　ヴィゴツキーは，さらに子どもの文化的発達について考察を進めた。子どもの発達においては，生物学的発達と文化的発達の過程は，より複雑な様相を示すとされる。

　子どもの思考とことばは，生後しばらくの間は独立した発達過程を示す。10～12ヶ月齢の子どもは，チンパンジーの道具的思考と類似した問題解決様式を示す。この時期までのことば（泣き声や喃語など）は，指示対象をもっておらず，情動表出や社会的接触の手段であり，知能以前のことばである（自然的段階）。2歳半頃までに，ことばは指示対象をもつ「記号」の役割をもつようになるが，まだ具体的な事物と完全には切り離されておらず，表面的な関係をそのまま反映する複合的性質を有する（魔術的段階）。この段階で初めてことばと思考は関連をもつようになるが，この時点ではまだことばは行動をコントロールすることはなく，行動を後から説明し強化するだけである。4歳から5歳にかけて，ことばは自己中心語の形で現われる。自己中心語は，形式的には外に向かって発話されているものの，他者に伝える意図や機能はなく，ひとりごとや集団的独語として観察される。これは記号としてのことばという意味では過渡的な形態であり，外的な記号として思考を媒介し，行動を調整する機能をもつ（外的記号段階）。学齢期に入ると，自己中心語は減少し，内言へと移行していく。内言は外的には発話されず，いわば頭の中のことばである。行動に先んじて行動を計画化する機能をもち，それらに従って行動が行われるようになる（内的記号段階）。

　このようにヴィゴツキーは，ことばは当初，社会的相互作用（コミュニケーション）の手段として発達し，その後に自分自身への働きかけの手段となると考えた。すなわち，ことばは「社会的言語（外言）→自己中心語→内言」という発達過程をたどる。このような心理間機能から心理内機能への転回は，記憶，注意，意思など，あらゆる心理機能において見られる発達過程である。個々の機能は新たな高次心理機能のシステムとして統合されて自覚性と随意性をもつようになる。

3. 発達の最近接領域

ヴィゴツキーの提唱した最も重要な概念の1つは、「発達の最近接領域」の概念である。ヴィゴツキーによれば、子どもの知的発達の水準は2つに分けられる。1つは、子どもが独力で到達可能な水準である。もう1つは、教師による教授を受けることによって到達可能な水準である。これら2つの水準の間にある領域が、発達の最近接領域である。教授される内容が子どもの最近接領域よりも上回っていれば、どのような指導を行ったとしても子どもは理解できず、逆に下回っていれば、子どもはその時点の能力で容易に解決できてしまう。子どもの学習を促進する教育は、この最近接領域に適合している必要があるとされる。

ヴィゴツキーは、学校における基礎教科の教授-学習という文脈の中で、この概念を構築した。さまざまな概念により階層的に構築される科学概念は高度な体系性をもっており、科学概念の操作は高次心理機能の代表である。科学概念の習得はそこで用いられている概念自体の意識的・意図的な使用を可能にし、やがて心理過程全体についての自覚性と随意性をもたらす。しかし、科学概念をただ字義どおりに学んだり丸暗記すればよいわけではなく、一定の生活概念という基礎をもっていることを前提として、それらに基づいて発達するとした。ここでの生活概念とは、子どもが日常生活の中で獲得する、感覚的・印象的なまとまりであり、複合的心性を示すものである。教師によって教授される科学概念と自然発生的な生活概念が相互に浸透するなかで、統合されて新しいシステムとして機能するようになる。そこで初めて自覚性と随意性をともなった高次心理機能が形成されるのである。

ヴィゴツキーの心理学理論の特徴は、同時代に活躍したピアジェと比べると、発達における文化や社会の役割を強調した点にある。なかでも、高次心理機能の文化的発達をもたらす教授の主導的役割を表したものが、発達の最近接領域の概念であるといえよう。

ヴィゴツキーの理論的見地やその構想は、多くの示唆を含んでおり、その後

の理論化や実践活動においても高く評価されている。たとえば，共同活動や共同学習の有効性を主張する立場は，発達の最近接領域の概念を理論的根拠の1つとしている。レオンチェフ（Леонтьев, A. H.）らは，ヴィゴツキーを活動理論の先駆者とみなしている。また，『精神発達の理論』（ヴィゴツキー，邦訳1970）の草案となった『人間の具体的心理学』でヴィゴツキーが個人の心理過程の独自性をも視野に入れていたことを再評価しようとする動きもある。いずれにせよ，ヴィゴツキーの心理学理論は現代心理学に対しても大きな示唆を与えるものとなっている。

引用・参考文献

中村和夫　1998　ヴィゴツキーの発達論：文化-歴史的理論の形成と展開　東京大学出版会
ヴィゴツキー, L. S. 柴田義松（訳）　2001　新訳版・思考と言語　新読図書
ヴィゴツキー, L. S. 柴田義松（訳）　2005　文化的―歴史的精神発達の理論　学文社

事項索引

あ

Rh因子　31
ICF（国際生活機能分類／国際障害分類改訂版）　177
愛他性　158
愛着（アタッチメント：attachment）　44, 55, 154
愛着行動　45
アイデンティティ　84, 210, 234
　——・ステイタス　85
　——拡散　84, 86, 210, 211
　——達成　84, 210-212
　——の概念　180
アスペルガー症候群　202
遊び　71, 157
　——仲間（playmate）　88
アドレナリン　35
アメリカ版知能検査（スタンフォード・ビネー）　178
アルコール摂取と喫煙　34
荒れ　206
安全基地（secure base）　45, 55, 102
医学モデル　177
育児　213
　——語　129
　——ストレス　100, 216
　——不安　216, 222
依存　87
一語文　53
1年生問題　73
一般不妊治療　187
遺伝説　164
医療モデル　182
インフォームド・コンセント（説明と同意）　21, 22, 24
インプリンティング　119

HDS-R　223
エイズ（後天性免疫不全症候群）　33
ATI理論　181
A$\bar{\text{B}}$エラー　123
エクソシステム　74
エスノメソドロジー　16
M空間モデル　127
LAD　128
嚥下　30
エントレインメント　129
横断研究　13, 180
お受験　67
親子関係　83, 87, 88
親性　216
親離れ　83

か

快・不快　156
回想法　224-225
解発　121
外部基準妥当性　18
過干渉傾向（overprotection）　102
可逆性　125
核家族化　100
拡散　85, 86
学習障害（LD）　201
学習性無力感理論　77
過食症（神経性過食症）　211
仮性痴呆　111
可塑性　122
過大般用　51
学級崩壊　73, 206, 207
褐色細胞　30
カテゴリー説　144
仮面うつ病　111
空の巣症候群　106

感覚運動期　48, 244
感覚間協応　42
環境説　164
関係　82
観察法　16
感情　142
感情発生理論　146
完全主義　222
機会　71
危機　76, 85
気質　193-195
器質性構音障害　197
希死念慮　111
規範（group norm）　155
規範研究　17
気分　142
基本感情　145
基本的信頼　237
基本的生活習慣　64, 155
キャリア発達　96
吸啜　30
共感覚　122
きょうだい　56
協働（コラボレーション）　177
共鳴動作（co-action）　165
巨細胞ウィルス　33
拒食症（神経性食欲不振症）　211
均衡化　243
勤勉性　76
具体的操作期　72, 245
形式的操作期　246
ケータイ　89
原因帰属理論　77
言語発達の遅れ　196
検査法　18
原始反射　154
語彙獲得の第一段階　51
語彙獲得の第二段階　52
口蓋裂　195
合計特殊出生率　169, 170

向社会的行動　158
構成概念妥当性　18
抗体　31
巧緻性　49
肛門期　54
心の理論　62
個性　193
子育て支援　75
　　　──センター　218
好み　142
コホート　14
コミットメント　85

さ
サーファクチン　30
最恵モデル（preferential model）　181
再検査法　18
臍帯　28
サクセスフル・エイジング　109
三項関係　165
産後うつ病　100
３歳児神話　45, 213
参与観察　16
CDS　129
generativity　239
シェマ　243
視覚的断崖　124
自我心理学　179
叱る　65
時間見本法　17
次元説　144
自己　82-85, 89, 211
　　　──意識　149
　　　　　──的感情　149
　　　──開示　88, 89
　　　──概念　224
　　　──主張　54
　　　──像（自己表象）　85
　　　──喪失　85
　　　──中心語　249

――中心性（egocentrism）　60, 126, 156
――中心的な思考　72
――統制　155
――評価的感情　150
思春期　82, 87
――スパート　82
事象見本法　17
次世代育成支援事業　75
自尊感情　224
実験研究　15
実験法　20
実証研究　180
質問紙法　18
児童期　69
自発性　238
自閉症　202, 203
社会・文化的変容　79
社会的学習　118
社会的感情　149
社会的刺激価（social stimulus value）　163
社会的微笑（social smile）　165
社会モデル　177, 178
周産期　26
習熟度別指導　208
就巣性（晩成性）　37
縦断研究　13, 180
周辺症状　111
主観年齢　105
種間普遍性　145
受精　27
種内普遍性　145
絨毛　28
生涯発達　69
小学校入学　73
小舌症　197
情緒　156
象徴機能　132
情緒的サポート　100

情緒の分化　154
情動　142
――共有の経験　197
小頭症　34, 35
漿膜　28
初期産出語　52
初期経験　119
職場のストレス　97
初語　51, 128
自立（成熟）　83, 87
自律性（autonomy）　87, 237
事例研究法　17
進化説　147
神経線維鞘　30
新生児　37
新生児反射　38, 40
心臓疾患　34
身体発達　69
心的ストレス　35
親密性　239
親友（chum）　88, 89
心理・社会的　237
心理-社会的危機　84
心理検査　19, 20
心理的離乳　87
進路選択　82
スクランブルフェース　124
巣立ち　83
スポーツ　71
性　89, 90
斉一性（sameness）　85
生活習慣の自立　55
性交経験率　90
生産率　190
成熟　117, 118
生殖補助医療　185, 187
精神運動性興奮　112
成人期　83
性染色体　27
生態学的システム・モデル　73-76

精緻化　127
性的成熟　82, 89
青年期　82, 83
性役割観　99
生理的早産　38
世代間伝達　222
舌小帯短縮症　197
接触欠如性被害妄想　112
摂食障害　211, 212
折半法　18
前駆症状　112
前言語的なコミュニケーション　196
前操作的段階　48, 59
相関研究　15
早期完了　85, 86
早期教育　66
相互作用　153
　——説（interactionism）　165
粗大運動　49

た
ターミナルケア　224
第一反抗期　54
胎芽期　28
退行現象　56
胎児期　28
胎児性アルコール症　34
対象関係論　179
対象の永続性　123
対人関係　82
体制化　127
第二の誕生　82
第二反抗期　87
胎盤　28
多重役割　103
多胎児　217
多胎妊娠　217
達成　85, 86
タドラー　48
　——期　48

段階説　216
単純ウィルス　33
知的遅滞　34
知能検査　204
着床　27
注意欠陥／多動性障害（AD/HD）　201
中核症状　111
中胚葉　28
調節　243
直観思考型の思考　72
直観的思考段階　59
治療モデル（rimedial model）　181
ディセプション（欺瞞）　22
適性処遇交互作用　181
手先の器用さ　50, 51
Depression（うつ病）　111
Delusion（妄想）　112
Delirium（せん妄）　112
問いかけ　52
トイレットトレーニング　55
同一性　238
同化　243
動機づけ　77
道具的サポート　101
統合　239
統合結語発話　53
トキソプラズマ　33
特性論　163
ドメスティック・バイオレンス　221

な
内胚葉　28
仲間　88
ニート（Not in Employment, Education or Trainning：NEET）　83, 94
二語発話　53
日内変動　112
乳児　37
認知（cognition）　155
　——発達　72

認知症　109
濡れ落ち葉症候群　106
ネグレクト　221
囊　28

は
把握反射　40
パーソナリティ　163
パーフェクト・ベビー願望　190
背景的感情　142
梅毒　32
発達
　──課題　76, 237
　──検査　204
　──障害　202
　──心理学　153, 179
　──的変化　83, 182
　──の最近接領域　208, 250
　──モデル　182
ハビチュエーション　123
パラサイト・シングル　83
パラノイア　112
ひきこもり　210, 211
非叫喚音　128
非参与観察　16
非統合結語発話　53
人見知り　154
批判臨床法　18
皮膚寄生虫妄想　112
被包脱落膜　28
表象（representation）　157
フィードバック　21-23
フィールドノート　16
風疹　32
複合喪失　107
輻輳説（convergence theory）　164
父性　215
不妊症　185
プライバシー　21, 23, 24
ふり　60

振り遊び　132
フリーター　94-96
プリテスト　20
プレリテラシー　132
プロトコル分析　18
分化説　145
文化-歴史的理論　247
平行遊び　61
ヘルペス　33
歩行　50
補償モデル（compensatory model）　181
ポスト青年期（後青年期）　83
ポストテスト　20
母性　213-215
保存概念の誤った転用　76
保存の法則　59
褒める　65

ま
mind-mindedness　166
マイクロシステム　74
マクロシステム　74
マザリーズ（motherese）　41, 129
マタニティ・ブルーズ　100
見立て　60
メタ認知　82
メルトモ　89
面接法　18
メンタルヘルス　101
目標理論　77
模倣　129
モラトリアム（猶予期間）　85, 95, 211

や
友人関係　87-89
夢判断　179
養育態度　102
養育の暖かさ（care）　102
幼児図式　121

羊水穿刺　32
羊膜　28
読み書き　197

ら

ライフ・ヒストリー　224
ライフ・レビュー（life review）　224
ライフサイクル　105, 180, 234, 236, 237, 240
ライフスタイル　99
卵体期　27
ランドマイゼーション　21
リーダーシップ行動　98
離巣性（早成性）　37
リハーサル　127
リファレンシャル・コミュニケーション　130
臨床心理学　178, 180
類型論　163
劣等感　76
レディネス　117, 118, 200
恋愛関係　87, 89, 90
連合遊び　61
連続性（cotinuity）　85
老賢者　108
老人力　226
老性自覚　105

人名索引

A

阿部明子　157
Ackerman, B. P.　130
Ainsworth, M. D. S.　102
赤瀬川源平　226
秋田喜代美　208
Allport, G. W.　140, 163
Anderson, J. W.　55
Anisfeld, M.　53
青柳　肇　78, 163, 168
荒木重雄　186
東　洋　169

B

Baillargeon, R.　123
Baltes, P. B.　9, 10
Bandura, A.　118
Bedrosian, J. L.　130
Belsky, J.　194
Benedict, R.　168
Berenthal, B. I.　125
Bergson, H.　242
Berk, L.　126
Binet, A.　179, 242
Bjorklund, D. F.　127
Blakemore, C.　120
Boas, F.　168
Borke, H.　161
Bornstein, M. H.　41
Borton, R.　42
Boswell, S. L.　41, 124
Bower, T. G. R.　41
Bowlby, J.　44, 45, 90, 180, 229
Brennan, W. M.　41
Bridges, K. M. B.　145, 146, 147, 156, 157

Bronfenbrenner, U.　43, 73, 74, 167, 168
Brown, R.　196
Bruner, J. S.　118, 125, 247
Butler, R. N.　224

C

Case, R.　127
Cattell, R. B.　143, 164
Charcot, J. M.　178
Charcot, J. M.　229
Chomsky, N.　128
Cole, M.　28
Cole, S. H.　28
Condon, W. S.　129
Cooper, G. F.　120
Cronbach, L. J.　181

D

Damasio, A. R.　142
Dannemiller, J. L.　124
Darwin, C.　144
de Saussure, F.　245
DeCasper, A. J.　41
Deci, E. L.　140
Dethier, V. G.　8
Dempster, F. N.　127
Derrah, C.　41
Dipellegrino, G.　119
道家千聡　214
Dunn, R. E.　161
Dweck, C. S.　77
Dymond, R. F.　161

E

Eimas, P. D.　41

Eisenberg, N. 159, 160, 161, 162
Ekman, P. 144, 145, 149
遠藤利彦 143, 145, 222
遠藤由美 212
Engels, F. 248
Erikson, E. H. 55, 76, 84, 94, 106, 180, 210, 224, 225, 229, 234-241

F

Fantz, R. L. 43, 123, 124
Feinkind, L. 34
Ferguson, C. A. 129
Feshbach, N. D. 161
Field, T. 43
Fifer, W. P. 41
Fiske, S. T. 142
Fivush, R. 215
Flavell, J. H. 82
Fox, N. A. 215
Freud, S. 54, 119, 140, 178-180, 229-233, 234, 235, 237, 239
Freud, A. 235
Friesen, W. V. 144
Froebel, F. 6
藤永　保 118, 177
藤田英典 77
福井靖典 29
福富　護 43, 73
古澤頼雄 21

G

Gallese, V. 119
Garvey, C. 130
玄田有史 83, 95
Gesell, A. 49
Gessel, A. 117, 118
Gibson, E. J. 41, 124, 125, 132
Glucksberg, S. 130, 131
Golombok, S. 215
権平俊子 56

Graham, J. M. 34
Greenberg, D. J. 124
Grusec, J. E. 35
Guilford, J. P. 164

H

Haeckel, E. H. 6, 7
Hall, G. S. 6, 7, 179
浜田寿美男 179, 180
花沢成一 214
Harlow, H. F. 44
Harris, J. R. 31
Harris, P. L. 42
春木　豊 118
林　安紀子 42
Hart, S. J. 147
Hazan, C. 91
Hebb, D. O. 119
Hess, E. H. 121
平井　久 77
Hobson, W. C. 214
Hollingworth, L. S. 87
本郷一夫 178
Hull, C. L. 140

I

池田政子 101
Inhelder, B. 82
石黒広昭 77
磯貝芳郎 43, 73
Istvan, J. 35
糸魚川直祐 121
伊藤裕子 101
Izard, C. E. 144, 145, 147-149

J

Johnson, M. H. 124
Jung, C. G. 108, 163, 179, 180
Jusczyk, P. W. 41

K

Kagan, J.　193
鹿毛雅治　193
Kail, R.　14
柏尾眞津子　108
柏木惠子　75, 100, 215
加藤隆勝　87
Kaufman, J.　214
川浦康至　101
数井みゆき　221
Kellman, P. J.　123
Kennell, J.　216
Kienapple, K.　146
菊池章夫　161
木村　駿　77
Klaus, M. H.　216
Klein, M.　180
小林晴美　52
Kohlberg, L.　159, 162
Köhler, W.　248
小出まみ　218
小泉智恵　100
小泉令三　77
今野一雄　5
子安増生　63
Kretschmer, E.　163
久保ゆかり　166
倉島加奈子　54
黒沢　香　21

L

Lamb, M. E.　215
Leontiev, A. H.　251
Levin, H.　132
Lewis, M.　149, 150
Liebert, M.　31
Lorenz, K.　119, 121
Lurija, A. P.　248

M

MacFarlane, A.　42
前田紀代子　52
前田富祺　52
曲沼美恵　83
Mahler, M. S.　180
牧野カツコ　216-218
Mandler, G.　145
Marcia, J. E.　85, 86
正高信男　42
Mascuich, S.　146
Maslow, A.　138, 139
松井　豊　89-91
Maurer, C.　34, 41
Maurer, D.　34, 41
May, M. A.　163
Mead, M.　168, 169
Meins, E.　166
Meltzoff, A. N.　42, 43, 129
三神廣子　197, 198
Minkoff, H. L.　34
三隅二不二　98
宮川知彰　108
三宅和夫　194
宮本みち子　83
宮本美沙子　77
宮下一博　86
宮下充正　69, 70
Mondloch, C. J.　124
Moore, M. K.　43, 129
茂呂雄二　132
村上　龍　79, 97
村田孝次　129
Mussen, P. H.　159
無藤清子　86

N

長崎　勤　178
内藤和美　220
奈須正裕　77

根ヶ山光一　71
Neugarten, B. L.　106
仁科弥生　76
西野泰広　39, 181, 182
西澤　哲　221, 222
野田　満　125, 132

O

落合良行　88
落合　優　157
O'Donnell, W. J.　124
Ogden, C. K.　132
荻野美佐子　52
岡　宏子　39
岡田　努　89
岡本祐子　84
尾身康博　22
大平泰子　98
大日向雅美　75, 213, 215
大家まゆみ　77
大倉得史　86
押田祐子　220
Oster, H.　146, 147

P

Parke, R. D.　215
Parker, G.　102
Parten, M. B.　61, 157
Pascual-Leone, J.　127
Peck, R. E.　106
Perner, J.　62
Pestalozzi, J. J.　6
Piaget, J.　48, 59, 60, 72, 82, 123, 125, 130, 132, 137, 155, 162, 179, 196, 242-246, 247
Plutchik, R.　145
Portmann, A.　7, 8, 37, 38

R

Ramey, C. G.　138

Rapaport, D.　236
Richard, I. A.　132
Roffwarg, H. P.　39
Rosenstein, D.　146, 147
Rousseau, J.-J.　5, 82
Ryan, R. M.　140

S

佐伯　胖　77, 207
斎藤　環　210
Sakai, A.　101
酒井　厚　207
Salapatek, A.　43
Salomon, G.　179, 181
Sander, L.　129
佐藤　学　77, 206-208
佐藤眞一　105
佐藤有耕　88
佐藤達哉　167
Scammon, R. E.　8, 9, 71
Schaffer, H. R.　56
Schaffer, R.　194
Schlosberg, H.　144
Seligman, M. E. P.　77
Selman, R. L.　162
Sheldon, W. H.　163
柴田義松　77
柴山真琴　16
繁多　進　180
島村直己　197, 198
清水弘司　207
下田博次　78
下山晴彦　179
霜山徳爾　110
Shirley, M. M.　48, 49, 55
Simon, T.　242
Singh, J. A.　122
Skinner, B. F.　128
Snidman, N.　193
Snow, M. E.　56

荘厳舜哉　46,193
Spelke, E.　123
Spitz, R. A.　165
Steiner, J. E.　42
Stephens, B. R.　124
Steller, E.　8
Stevens, S. S.　163
Stewart, R. B.　56
Stotland, E.　161
Streissguth, A. P.　34
菅原ますみ　71,75,99,100,101
杉原一昭　177
杉山憲司　168
杉山　亮　79
Sullivan, H. S.　88
Super, D. E.　96,97

T
高木秀明　82,87
高橋恵子　88
高橋　登　197
高橋ゆかり　220
高橋道子　165
竹中晃二　72
滝沢武久　72
詫摩武俊　217
玉井真理子　216
Taylor, W. E.　142
Terkel, J.　214
Terman, L. M.　178
Thomas, A.　193,194
Thompson, H.　118
Thompson, R. A.　35
Tiedemann, D.　6
Tomonaga, M.　165
Trehab, S. E.　41

Treverthen, C.　165
坪井裕子　222

V
Vygotsky, L. S.　77,118,208,247-251

W
若松素子　100
Walk, R. D.　41,124,125
Wanska, S. K.　130
綿巻　徹　52
Watson, J. S.　138
Watson, J. B.　164
Weiner, B.　77
Wendel, G. D.　32
White, R. W.　137
Wimmer, H.　62
Witmer, L.　178
Wolff, P.　41
Woodworth, R. S.　144,178
Wundt, W.　144

Y
薮川　悟　98
山田昌弘　83
山口俊郎　180
山本　力　86
矢野喜夫　73,76.77
鑪　幹八郎　86
吉田　甫　76
吉田利子　41
湯沢雍彦　90

Z
Zeifman, D.　91
Zigler, E.　214

[執筆者一覧]（執筆順，＊は編者）

青柳　肇（あおやぎ・はじめ）＊
早稲田大学名誉教授
［担当］第Ⅰ部第1・3章，第Ⅱ部第12章第1・2節，Appendix 1

野田　満（のだ・みつる）＊
江戸川大学社会学部人間心理学科教授（博士）
［担当］第Ⅰ部第2章第1節，第Ⅱ部第11章，Appendix 3

青木弥生（あおき・やよい）
こども教育宝仙大学教授
［担当］第Ⅰ部第4章，第Ⅲ部第16章

芳野郁朗（よしの・いくお）
東京工学院専門学校専任講師
［担当］第Ⅰ部第5章・第Ⅲ部第17章

高崎文子（たかさき・ふみこ）
熊本大学教育学部准教授
［担当］第Ⅰ部第6章・第Ⅲ部第18章

梅﨑高行（うめざき・たかゆき）
甲南女子大学人間科学部准教授
［担当］第Ⅰ部第7章，第Ⅲ部第19章

松岡陽子（まつおか・ようこ）
大阪国際大学国際教養学部准教授
［担当］第Ⅰ部第2章第2節，第8章，第Ⅲ部第20章

酒井　厚（さかい・あつし）
東京都立大学人文社会学部准教授
［担当］第Ⅰ部第9章，第Ⅲ部第22章

永田俊明（ながた・としあき）
九州看護福祉大学看護福祉学部准教授
［担当］第Ⅰ部第10章，第Ⅲ部第23章

澤田匡人（さわだ・まさと）
学習院女子大学国際文化交流学部准教授
［担当］第Ⅱ部第12章第3・4節

密城吉夫（みつしろ・よしお）
聖ケ丘教育福祉専門学校保育系学科専任講師
［担当］第Ⅱ部第13章

曽根美恵（そね・みえ）
青山心理発達相談室・臨床心理士
青山学院大学兼任講師
［担当］第Ⅲ部第14章，Appendix 2

井上典子（いのうえ・のりこ）
淑徳大学短期大学部非常勤講師
神奈川県立衛生看護専門学校スクールカウンセラー
精神保健福祉士
［担当］第Ⅲ部第15章

石川理恵（いしかわ・りえ）
子育て相談員
［担当］第Ⅲ部第21章

黒石憲洋（くろいし・のりひろ）
国際基督教大学教育研究所研究員
［担当］Appendix 4

ヒューマン・ディベロップメント

2007 年 5 月 20 日	初版第 1 刷発行	定価はカヴァーに	
2021 年 3 月 30 日	初版第 7 刷発行	表示してあります	

編 者　青柳　肇
　　　　野田　満
発行者　中西　良
発行所　株式会社ナカニシヤ出版
　　　〒606-8161 京都市左京区一乗寺木ノ本町 15 番地
　　　　　　　　　　　　　Telephone 075-723-0111
　　　　　　　　　　　　　Facsimile 075-723-0095
　　　　　　　Website http://www.nakanishiya.co.jp/
　　　　　　　Email　iihon-ippai@nakanishiya.co.jp
　　　　　　　　　　郵便振替　01030-0-13128

装幀＝白沢　正／印刷＝創栄図書印刷／製本＝吉田製本
Copyright © 2007 by H. Aoyagi & M. Noda
Printed in Japan.
ISBN978-4-7795-0116-6

◎本書のコピー，スキャン，デジタル化等の無断複製は著作権法上での例外を除き禁じられています．本書を，代行業者等の第三者に依頼してスキャンやデジタル化することは，たとえ個人や家庭内での利用であっても著作権法上認められておりません．